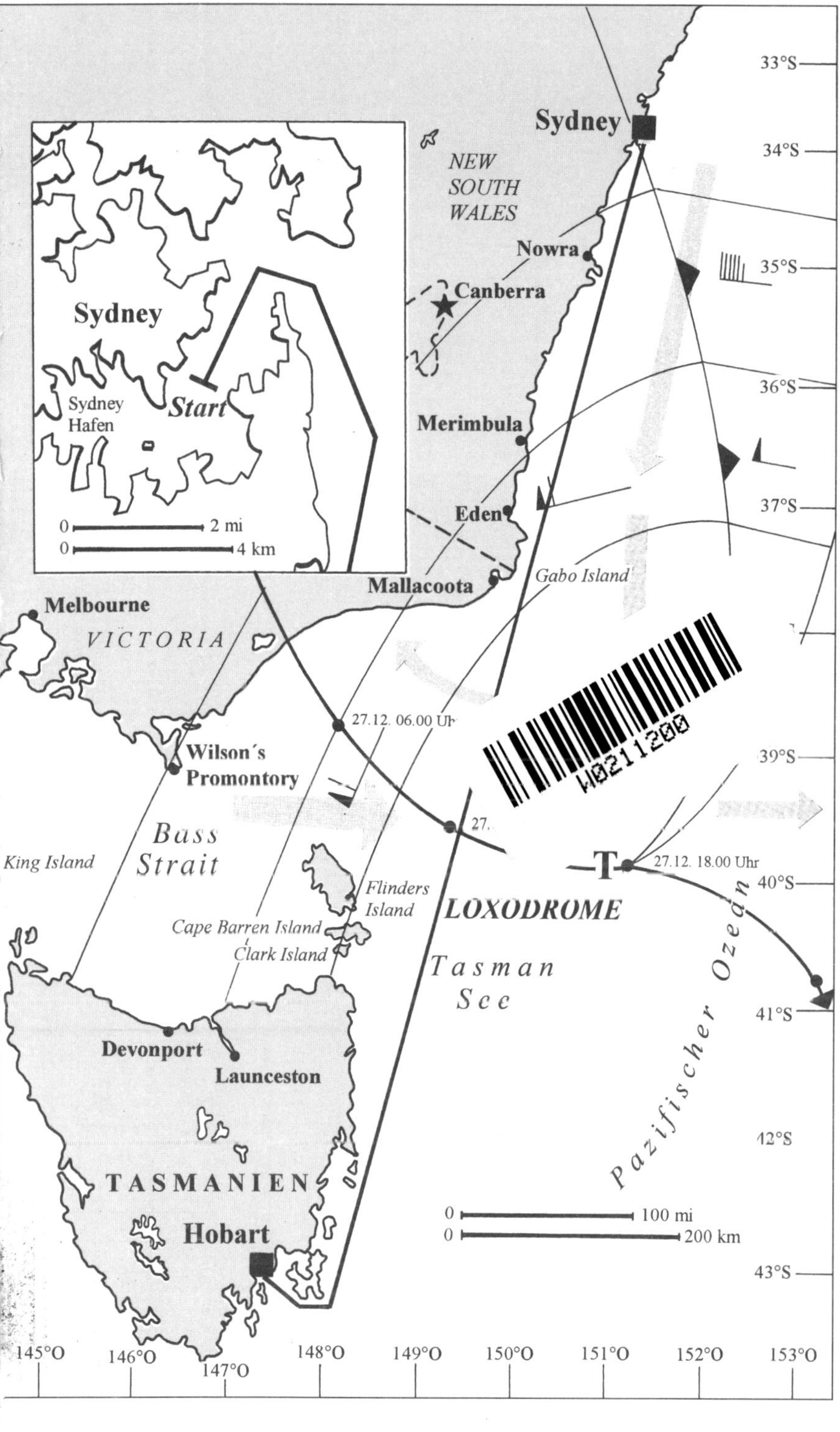

Sydney
NEW SOUTH WALES
Nowra
Canberra
Merimbula
Eden
Gabo Island
Mallacoota
Melbourne
VICTORIA
Wilson´s Promontory
Bass Strait
King Island
Flinders Island
Cape Barren Island
Clark Island
Devonport
Launceston
TASMANIEN
Hobart
LOXODROME
Tasman See
Pazifischer Ozean
27.12. 06.00 Uhr
27.12. 18.00 Uhr
T
Sydney
Sydney Hafen
Start
0 2 mi
0 4 km
0 100 mi
0 200 km
33°S
34°S
35°S
36°S
37°S
39°S
40°S
41°S
42°S
43°S
145°O
146°O
147°O
148°O
149°O
150°O
151°O
152°O
153°O

Martin Dugard

TODESREGATTA

Das Sydney-Hobart-Rennen

Aus dem Amerikanischen von
Hedda Pänke

Ullstein

Titel der amerikanischen Originalausgabe; Knockdown,
erschienen bei Pocket Books,
a division of Simon & Schuster Inc., New York 1999

Für Calene, die nie die Zuversicht verliert.

Der Ullstein Verlag ist ein Unternehmen
der Econ Ullstein List Verlag GmbH & Co. KG

ISBN 3-550-07116-7

Gesetzt aus der Sabon bei
Franzis print & media GmbH, München
Druck und Bindung: Bercker, Kevelaer

Inhalt

Danksagungen

Ohne Graem Sims und Adrian von Friedberg hätte dieses Buch nicht geschrieben werden können. Ein besonderer Dank für all ihre Unterstützung und Hilfe.

Gleichfalls geht mein Dank nach Australien an die Mitarbeiter von *Inside Sport-Australia*, an die Royal Australian Air Force, Ed Psaltis, den Cruising Yacht Club of Australia, Hugo van Kretschmar, Phil Livingstone, Shane Pashley, Pat Sullivan, Peter Campbell, David Gray, Peter Gearin und seine Familie sowie an Shirley und Heath Sims für die Cricketbälle.

In England danke ich dem Royal Ocean Racing Club, Margaret Charles, Anne Goodman.

In Park City geht mein Dank an Sean und Al Railton für den Durchblick.

In Orange County gilt mein Dank Mach Two and the Rose, Tom und Norene Danley, Craig Stutzman, Eric und Lynne Nachtrieb, Forrest Ropp, Gary Gosper und Chuck Wright, Brian Myers, Bill und Brigitte Otto, Groover Bentley, Rich und Laura Caruso. Ein besonderer Dank gebührt Ted Newland für seine stetige Motivationshilfe und die Art, wie er mich angespornt hat.

In Texas danke ich Carl Johnson.

Für Kay Yerkovich: Du hast eine große Begabung.

In Los Angeles danke ich Dick Shephard von der Artists Agency, dem Mann, der sie alle kennt. Und Bill Baker, einem echten Freund.

In New York danke ich Jason Kaufman für Lektorat und Korrektur, Scott Waxmann für die graphische Gestaltung und Tris Coburn dafür, auf derselben Wellenlänge zu funken.

Und – wie stets – geht mein Dank an Calene, Devin, Connor und Liam für ihre Liebe und ihr Verständnis während des Schreibens.

Und die Menschen gehen hin und bewundern die Berggipfel, die gewaltigen Meeresfluten, die breit daherbrausenden Ströme, des Ozeans Umlauf und das Kreisen der Gestirne und vergessen darüber sich selbst.

AURELIUS AUGUSTINUS
»Bekenntnisse«

Vorwort

Portsmouth

»Eine Hölle bei Höchstwasser« nennen Segler die Bass Strait und fügen hinzu: Sie ist eine Sirene. Unberechenbar. Fordernd. Abweisend. Zickig. Jedes Jahr überfahren Männer die Ziellinie des Sydney to Hobart Yacht Race und schwören felsenfest, die Bass Strait nie wieder angehen zu wollen. Für australische Segler ist das ein außergewöhnliches Eingeständnis der Schwäche und wird für gewöhnlich mit gesenktem Blick und vor einem Bier während der Nachfeier in Hobart abgegeben, die in eklatanter Untertreibung als »kleiner gemütlicher Umtrunk« bekannt ist. Sie begründen ihre heilige Scheu mit haarsträubenden Geschichten von tückischen Wellen, Monsterwinden und der Tatsache, nie zuvor eine derartige Angst empfunden zu haben.

Aber jedes Jahr ruft die Sirene sie wieder hinaus. Manche Männer schwören ihren Ehefrauen bis zum Heiligen Abend, daß sie diesmal zu Hause bleiben werden. Wahrscheinlich glauben sie sogar selbst daran. Aber am zweiten Weihnachtsfeiertag verlassen sie Sydney Harbour und brettern nach Süden, nach Hobart.

In den meisten Jahren gibt sich die Bass Strait sanftmütig und gestattet den Teilnehmern eine ruhige Fahrt – »ruhig« heißt in diesem Fall bei Winden von vierzig Knoten, also fast fünfzig Meilen die Stunde. Das sind die Jahre, in denen man dazu neigt, den Blizzard zu vergessen, der in den fünfziger Jahren über die Flotte herfiel und jeden Teilnehmer nach etwas, irgend etwas, an Bord suchen ließ, das entfernt einer Schneeschippe ähnelte, um die Cockpits freizuschaufeln. Oder sogar 1993, als aus dem Nichts eine Sturmfront mit Stärke zehn herantobte. Diese ruhigen Jahre sind es, die die Frischlinge dazu bringen, ihren Herzallerliebsten zu erklären, daß zwischen Sydney und Hobart nichts schiefgehen kann. Schließlich hätten nur sehr wenige ihr Leben verloren, so argumentieren sie – und kein einziger, weil sein Boot gesunken wäre. Sogar der Bursche, der 1993 über Bord fiel und fünf Stunden im Wasser verbrachte, wurde gerettet. Es wird alles in Ordnung gehen. Es ist nur ein Segeltörn.

»Alle, die es nach Hobart schaffen, behaupten, daß sie die Bass Strait bezwungen haben«, bemerkt der dreifache Syd-Hob-Veteran Adrian von Friedberg. »Aber insgeheim wissen sie, daß die Strait sie gewinnen ließ.«

Ein Blick auf die Landkarte läßt die Rennstrecke täuschend simpel wirken. Sydney befindet sich im Südosten Australiens. Südlich der riesigen Hauptinsel des fünften Kontinents und durch eine Meerenge von zweihundert Meilen Breite – die Bass Strait – von ihr getrennt, liegt Tasmanien mit seiner Hauptstadt Hobart. Das Sydney to Hobart Race bedeutet 735-Meilen-Nonstop-Streß entlang der australischen Ostküste, über die Tücken der Bass Strait und dann die tasmanische Küste entlang. Keine andere Regatta der Welt bietet diese Kombination aus Wind, Wellen, Strömungen und unberechenbarem Wetter. Im Gegensatz zu anderen Rennen, dem Whitbread oder dem Around Alone beispielsweise, haben die Syd-

Hob-Segler keine Chance, widrigem Wetter auszuweichen. Es ist eine echte Herausforderung. Ein australisches Rennen. Schlechtes Wetter oder nicht: Der siegreiche Segler hält sich von Sydney bis Hobart eng an die Loxodrome.

»Man sagt, es sei das härteste Rennen der Welt«, stellt George Snow, Eigner der *Brindabella*, sachlich fest, »und das ist es.«

Die Segler bezeichnen »das Hobart« als ihren Everest und stimmen darin überein, daß kein anderes Rennen Crews wie Boote härter fordert. Die Regatta startet am 26. Dezember, und die teilnehmenden Boote reichen von 80- (den Maxis) bis zu 30-Fußern. Anders als bei den übrigen großen Segelkonkurrenzen verzeichnet die Namensliste des Syd-Hob zahlreiche Teilnehmer mit ganz alltäglichen Berufen: Ingenieure, Installateure, Versicherungsvertreter und Industrievorarbeiter messen ihre Fähigkeiten mit denen der Profis. Diese Vielfältigkeit gibt dem Wettbewerb das Gefühl eines Jedermann-Ereignisses. Und während vor dem Start aufmunternde Sprüche und Glückwünsche die Regel sind, atmet die Atmosphäre unterschwellig auch Besorgnis bis hin zum Horror. Jeder Skipper fürchtet den Augenblick, in dem das australische Festland hinter ihm liegt und sich sein Boot in die Bass Strait hinauswagt.

Aber die Furcht wird natürlich verdrängt, das Rennen mit Verve angegangen. Die Ursprünge dieser Regatta mit ihren extremen Bedingungen liegen weit zurück. Als Captain Arthur Phillip am 13. Mai 1787 von Portsmouth in England aus aufbrach, hatte er nicht den Auftrag, neues Land zu entdecken, sondern er sollte eine Strafkolonie gründen. Er segelte der *Terra Australis* entgegen, einer Insel, die bei malaiischen und chinesischen Seeleuten seit langem wegen ihrer unvorstellbar heftigen Winde in üblem Ruf stand und 1770 von Captain James Cook für England in Besitz genommen worden war. Sein Schiff HMS *Endeavour* ankerte zunächst in der Botany Bay, einer sandigen, den Winden ausgelieferten Bucht. Auf der Suche nach Süßwasser und Windschutz segelte Cook nach Norden und stieß dabei zufällig auf den größten natürlichen Hafen der Welt. »Dies ist ein Ort«, schrieb Cook später über Sydney Harbour in sein Tagebuch, »an dem tausend Schiffe friedlich nebeneinander ankern können.«

Der Zugang zu dieser mehr oder weniger wie ein zusammengedrücktes Hufeisen geformten Bucht war eine Meile breit, zu beiden Seiten ragten hohe Basaltklippen aus dem Pazifik. Diese Hafenwächter wurden North Head und South Head genannt. Nach Tausenden, durch keinerlei Land behinderten Meilen trafen die Wogen hier auf die Heads und prallten derart wuchtig zurück, daß außerhalb des Hafens stets hoher Wellengang herrschte, während sich innerhalb kaum eine Welle kräuselte.

In den tiefsten Hafeneinschnitten auf der Südseite war das Wasser am ruhigsten. Wie Tentakel schoben sich Flußläufe landeinwärts. Große Buchten bildeten Häfen im Hafen. Das Wasser war klar, keine Brandung schlug auf die Sandstrände, und die nahen Hügelketten boten Schutz vor den Küstenwinden. Die phantastische Lage dieser Buchten – die später die Namen Rushcutter's Bay, Double Bay und Rose Bay erhielten – sollte sie schließlich zu den begehrtesten Wohngegenden von Sydney werden lassen. Wälder wurden gepflanzt, imposante Villen an den Hängen errichtet, Cricketplätze in öffentlichen Parks angelegt und eine Straße von der Rushcutter's Bay zum South Head gebaut.

Sie wurde zur schönsten Straße von ganz Sydney, die heute einen unvergleichlichen Panoramablick auf den

Hafen mit seinen zahllosen Segelbooten bietet, wenn man sie langsam aus Meereshöhe bis zum South Head, hoch über dem Pazifik, hinauffährt. Mit jeder Meile spürt man den Wind stärker, und wenn die Autofahrer ihre Wagen verlassen, um beeindruckt zum tief unter ihnen liegenden Meer hinabzuschauen, weht der Wind so stark, daß ihnen die Haare am Kopf kleben und ihre Gesichter rot anlaufen. Und sie sprechen mit jedem, der gerade neben ihnen steht, darüber, wie heftig der Wind im Vergleich zur Rushcutter's Bay bläst, die sie gerade erst verlassen haben. Und doch bleiben sie auf dem South Head und starren minuten-, mitunter stundenlang auf den Pazifik, bis sie den Wind nicht mehr spüren. Sie sind fasziniert, gebannt, fast wie hypnotisiert. Wenn sie schließlich zu ihren Autos zurückgehen, fühlen sie sich eigentümlich angeregt, voller Leben, wie wohl alle Menschen nach dem Anblick des Ozeans.

Doch als Phillip am 27. Januar 1788 Anker warf, bestand seine Flotte aus sieben Schiffen mit 759 Sträflingen an Bord. Diese Männer sind Ahnen der heutigen australischen Bevölkerung, denn im Laufe der Deportationsstrategie wurden zwischen 1788 und 1849 Tausende von Sträflingen auf den fünften Kontinent verbannt.

Die Deportationen haben unauslöschliche Spuren in Australien hinterlassen. Die Nation zeigt eine gewisse Underdog-Mentalität – Großbritanniens ungebärdiges Stiefkind – mit einem deutlichen Hang zum Egalitarismus. »In Australien ist es durchaus nicht ungewöhnlich, daß ein Klempner und ein Herzchirurg miteinander einen Tag beim Segeln verbringen«, erzählt ein Bewohner von Sydney. In Australien ist Segeln nämlich nicht nur ein Sport für Reiche. Mit Ausnahme der Aborigines kamen die Vorfahren sämtlicher Bewohner irgendwann mit einem Schiff hier an, und alle Australier verbindet eine leidenschaftliche Begeisterung für das Meer. Dieses Land gehört zu den wenigen auf dem Globus, in denen sich ein Fabrikarbeiter von einer anstrengenden Woche erholt, indem er Segel setzt und mit dem Wind ausläuft.

Der moderne australische Segler ist eine besondere Spezies, die es sonst nirgendwo auf der Welt gibt: eine Mischung aus Liebe zum Meer und Underdog-Mentalität. Australische Seeleute sind geradezu verbissen auf Wettbewerb aus, schrecken vor keinem Risiko zurück, scheinen sich ständig selbst beweisen zu müssen und sind ihrer Crew in unverbrüchlicher Loyalität verbunden. In seinem Bericht über eine Regatta im Jahr 1948 im Hafen von Sydney sprach der *Sydney Daily Mirror* dieses Phänomen an. Nachdem zwei 18-Fuß-Skiffs beim Finale »mit ohrenbetäubendem Krachen kollidiert waren, kämpften fünfzehn Männer im seichten Wasser mit den Fäusten um den Sieg; und keine Crew gab sich geschlagen, solange noch ein Mann aufrecht stand, um die Keilerei fortzusetzen«.

Das war weder ironisch noch hämisch gemeint, denn es war nur selbstverständlich, einen Wettbewerb in dieser extremen Form zu entscheiden. So ist es nun einmal in Australien. Und das gilt für Männer wie Frauen gleichermaßen.

Es ist keine Überraschung, daß Sydney den Beinamen *City of Sails* führt: Stadt der Segel. Dieser Spitzname ist in der Seitenansicht des weltberühmten Opernhauses verkörpert: Man kann in ihr eine Reihe von Spinnakern vor dem Wind erblicken. Es ist auch keine Überraschung, daß Australier heutzutage als die besten Segler der Welt gelten, nachdem sie 1983 mit dem Gewinn des America's Cup den Seglern aus den Vereinigten Staaten diesen Ruhm streitig gemacht haben.

Von Portsmouth, dem englischen Hafen, von dem aus die ersten britischen Schiffe Richtung Australien in See stachen, brach 1998 auch der britische Weltklasse-Segler Glyn Charles auf, um im Dezember Richtung Sydney zu segeln. Er steht bereits auf der Schwelle zum Ruhm. 1985 schockierte Charles, damals noch mittellos und seinen gelben Ford-Van als Schlafstätte nutzend, das britische Segel-Establishment durch seinen Sieg bei den nationalen Meisterschaften in der Laser-Klasse. Seither verlief seine Karriere mit Ausnahme von zwei Niederlagen gegenüber seinem Rivalen Lawrie Smith bei den olympischen Vorentscheidungen 1988 und 1992 geradezu kometenhaft nach oben. Vom Einmann-Laser bis zu Admiral's Cup-Yachten hat er buchstäblich alles gesegelt.

Vor den letzten Olympischen Spielen 1996 schlug Charles seinen Konkurrenten Lawrie Smith und ging in Atlanta als elfter durchs Ziel. Experten munkeln, daß er beste Aussichten hat, 2000 in Sydney die Goldmedaille zu gewinnen.

Glyn fliegt also nach Australien, um sich vorzubereiten. Übung macht den Meister. Bevor er Portsmouth wiedersieht, will Glyn jede Strömung, jeden Wind in Sydney Harbour kennenlernen. Er will auch in Erfahrung bringen, wie kabbelig der Wellengang unter der Harbour Bridge und wie riskant Shark Island bei auslaufender Flut werden können. Glyn will sich mit Ortskenntnissen vollstopfen, bis er so gut ist wie die Aussies – nein, besser. Denn sein sehnlichster Wunsch ist es, eine Goldmedaille zu gewinnen. Diesen Traum träumt er, seit er acht Jahre alt war. Damals malte er seinen Traum auf seine Schulmappe, um jedermann mitzuteilen, wer er ist und wohin es ihn treibt. Bemerkenswert daran ist, daß Glyn damals noch gar keine Segelerfahrung hatte. Er war nur ein Junge aus Wales, der davon träumte, über die Meere zu segeln. Irgendwie würde er schon einen Weg finden, diesen Wunsch zu verwirklichen.

Jetzt, im Alter von dreiunddreißig Jahren, hat Glyn Charles' glühender Kindheitstraum »erwachsene«, pragmatischere Formen angenommen. Er ist ein gutaussehender, schwarzhaariger, selbstbewußter Mann mit schneller Auffassungsgabe, der sich insgeheim über die Einschätzung amüsiert, es sei schwierig, ihn zu mögen, aber noch schwieriger, ihn nicht zu mögen. Glyn betrachtet sich als permanenten Verlierer. Vielleicht liegt das daran, daß er in jungen Jahren gleich zweimal den Vater verlor. Erstmals im Alter von sechzehn durch die Scheidung seiner Eltern, und dann, nachdem sein Vater nach Andorra gezogen war, durch den tödlichen Sturz von einer Leiter, als Glyn gerade neunzehn Jahre alt war.

Glyn läßt sich von den anderen nicht beeindrucken, sondern vertraut auf seine Fähigkeiten und Zähigkeit, um seinen Triumph einzufahren. Bei den Vorentscheidungen für Atlanta 1996 legte er einen miserablen ersten Durchgang hin. Um doch noch an Lawrie Smith vorbei ins Olympia-Team zu gelangen, mußte er alle weiteren Läufe gewinnen. Es ist ihm gelungen.

Manche nennen ihn einen Perfektionisten. »Es ist eine Freude, mit diesem Mann zu segeln. Er ist enthusiastisch, konzentriert, engagiert – doch nicht übermäßig mit Geduld gesegnet«, urteilt John Derbyshire, der britische Olympia-Teamchef, über Glyn. »Doch diese Ungeduld«, fügt Derbyshire schnell hinzu, »wird stets durch seinen Charme und seine Integrität mehr als wettgemacht.«

Glyns Olympia-Trainer Rod Carr formuliert sogar noch enthusiastischer und nennt ihn »einen der herausragenden Segler seiner Generation«.

Glyn Charles will also mit seiner Freundin Annie nach

Sydney fliegen, um ein wenig zu segeln, beim Aufbau eines Vorbereitungsteams zu helfen und dann kurz vor Weihnachten nach England zurückzukehren. Noch weiß Glyn nicht, daß ihm sein australischer Freund Steve Kulmar vorschlagen wird, auf der *Sword of Orion* am Sydney to Hobart Race teilzunehmen. Es wäre Glyns erstes Syd-Hob, und eine Chance, seinem Ruf in der Segelwelt ein weiteres Glanzlicht aufzusetzen.

Noch hat Glyn keine Ahnung, daß er zwei Tage vor Weihnachten seine Mutter anrufen und fragen wird, ob es ihr sehr viel ausmachen würde, das Fest allein zu verbringen, da er erst kurz nach Neujahr nach Hause käme.

Und Glyn Charles wird mit der *Sword of Orion* nach Hobart aufbrechen, ohne die Rede zu kennen, die 1982 gehalten wurde. Vor dem Royal Ocean Racing Club of Australia hatte der Bootsdesigner Alan Payne vor dem Tag gewarnt, an dem ein Hurricane das Sydney to Hobart heimsuchen würde. Er äußerte dabei die Sorge, daß die modernen leichten Komposit-Rennyachten einem solchen Unwetter nie standhalten könnten. Und ein Sturm von einhundert Knoten oder mehr würde irgendwann zuschlagen, warnte Payne. »Vielleicht dauert es noch hundert Jahre, aber der Tag wird kommen.«

Paynes Vorhersagen sollten sich 1998 erfüllen. Ein Sturm von nahezu biblischer Gewalt fällt über die Flotte her. Es wird das größte Segel-Desaster der Geschichte und mit doppelt so heftigen Winden und doppelt so hohen Wellen noch katastrophaler als das britische Fastnet Race 1979 (ein unheimlich anmutender Zufall, daß diese Regatta wie auch das Syd-Hob im jeweiligen Katastrophenjahr ihr vierundfünfzigstes Jubiläum feierte).

»Beim Fastnet blies es lediglich fünf Stunden lang«, erinnert sich Andrew Buckland, der an beiden Regatten teilnahm, »aber beim Sydney to Hobart zwei Tage lang.«

Zahllose Boote werden zerfetzt oder schlagen um und sinken, von 100-Meilen-Böen und mehr als dreißig Meter hohen Wellen herumgeschleudert wie Spielzeuge in einer Badewanne. Unvorstellbarer Heldenmut und unsägliche Verzagtheit werden über manches Schicksal entscheiden. Erwachsene Männer brechen in Tränen aus, unter ihnen der Milliardär Larry Ellison, der Eigentümer der Oracle Corporation und Skipper auf der *Sayonara*. Als sich der Mann, dem einst ein »gottähnliches« Charisma zugeschrieben wurde, nach dem Sturm der Presse stellt, ist seine sprichwörtliche Großmäuligkeit der Demut eines Menschen gewichen, dem etwas begegnet ist, das größer ist als er selbst. »Eine Regatta muß immer schwierig sein, aber nicht unbedingt gefährlich. Und auf keinen Fall lebensbedrohlich. Und selbst wenn ich tausend Jahre alt werden sollte, wage ich mich da nie wieder hinaus.«

Vor allem wird es eine Katastrophe, die wie alle Katastrophen Menschen trifft, die das Abenteuer suchen – eine grausame Bestätigung dafür, daß die Elemente Menschen ohne Rücksicht auf ihre Erfahrung oder ihr Bankkonto auslöschen können. Und natürlich stellen sich Fragen nach dem Warum.

Viele werden in der Bass Strait sterben.

Glyn Charles kann nicht wissen, daß er einer von ihnen sein wird. Sein Traum endet in der Bass Strait. Er wird niemals nach Portsmouth zurückkehren.

Weihnachten auf See

Wir gehören zu denen,
die tief in sich die Überzeugung tragen,
daß es keine Sünde ist,
sich des Lebens zu freuen.

Bruce Springsteen, »Badlands«

Hochseesegler sind Abenteurer. Ihre Gegnerin und große Liebe ist die unbeständige, hinterhältige, gewalttätige See, und deshalb setzen sie sich und ihre Boote lieber elenden Situationen auf dem Meer aus, als irgendwoanders zu sein. Erprobte Hochseesegler versichern immer wieder, daß das, was sie tun, absolut ungefährlich sei, wissen jedoch nur zu gut, wie übel sich die Dinge innerhalb von Sekunden entwickeln können: Decks sacken in sich zusammen, Taue durchschneiden Finger, und eine einzige Woge kann Männer von Bord reißen. Aber der anschließende Schritt an sicheres Land wirkt jedesmal wieder berauschend, und die Probleme und Leiden einer Passage sind schnell vergessen. Bald sitzt der Hochseesegler wieder in seinem Büro und starrt zum Fenster hinaus auf eine Böenlinie an einem ansonsten schönen Tag, und prompt melden sich gefährliche Gedanken …

So ein Mann ist Ed Psaltis. Für Ed Psaltis ist Weihnachten kein Feiertag, sondern eine Zeit höchster Nervenanspannung. Er gehört zu einer Familie australischer Hochseesegler, und am 26. Dezember startet das Sydney to Hobart Race. Tannenbaum, Festbraten und Geschenke sind für ihn nette Traditionen, die erduldet werden müssen, damit Weihnachten endlich seiner wahren Bedeutung – Sydney to Hobart – gerecht werden kann. Weihnachten ist die Ouvertüre zum Kampf.

Weihnachten ist, wenn sich die Crews auf dem Gelände neben dem Cruising Yacht Club of Australia einfinden und die Boote wieder zu Wasser lassen. Man hat sie einige Tage auf Slips gelegt, weil ein trockenes Boot leichter und schneller ist als eines mit durchtränkter Beschichtung.

Dann geht es über den drangvollen CYCA-Patio, auf dem sich die Konkurrenten in Augenschein nehmen und so tun, als wären sie die Ruhe selbst. Und versuchen, nicht daran zu denken, daß sie morgen ihre Frauen zum Abschied küssen, sich von ihren weinenden Kindern trennen, nach Hobart segeln. Mit etwas Glück werden sie in drei Tagen dort sein. Mit etwas mehr Glück und viel Können werden sie als erste dort ankommen.

Als erster anzukommen ist Eds größter Traum.

Jedes Jahr versichern sich Ed und Sue Psaltis, irgendwann hätte das alles ein Ende. Irgendwann würden sie Weihnachten wirklich feiern und vielleicht sogar ein paar Lieder singen, während sie das Geschenkpapier einsammeln. Aber obwohl Ed es in diesem Moment wirklich ernst meint, Sue sogar küßt, wenn sie ihn direkt anblickt und erklärt, er sei das Beste, was ihr jemals widerfahren konnte, liegt sein letztes traditionelles Weihnachtsfest gut drei Jahrzehnte zurück. Er kann nicht anders, das wissen sie beide. Für ihn ist Weihnachten das Sydney to Hobart Race, seit sein Vater vor dreißig Jahren am ersten seiner neunzehn Syd-Hobs teilnahm. Und wenn es nach ihm geht, wird das für Ed Psaltis auch so bleiben, bis er sich aus Altersgründen vom Sport zurückzieht.

Wie sein Vater ist Ed Psaltis kein schlichter Hochseesegler, sondern ein Hochseeskipper. Erster Steuermann!

Ein As! Sein Boot ist die *Midnight Rambler* (nach einem Sponsor offiziell: *Australian Financial Review-Midnight Rambler*). Mit seinen achtunddreißig Jahren hat er an sechzehn Syd-Hobs teilgenommen und könnte, wenn die Auszeiten infolge seines Studiums und einer privaten Krise nicht eine Unterbrechung gefordert hätten, bereits eine »runde Zwanzig« feiern.

Wäre Ed Filmstar, würde man ihn vielleicht mit Kevin Costner in *Feld* der *Träume* vergleichen oder mit dem jungen Jimmy Stewart: groß, breitschultrig, gelassen, fast bescheiden, und mit einer Vorliebe für das Wort »klasse«. Sein Vater begann zu einer Zeit mit dem Segeln, als das in Australien noch bedeutete, ein ganzer Mann zu sein: Hanfseile, bare Brustkörbe, knielange Khakishorts, Deckschuhe nur manchmal, meistens nackte Füße. Segeln gehörte zum Urinstinkt. War angeboren. Ein Skipper war König, Mentor, Gebieter, Alphamann. Und Bill Psaltis besaß die natürliche Autorität, von der andere nur träumten.

Ed dagegen ist ein Teamtyp, ein ruhiger Mann, der an Bord nicht gern den Boss herauskehrt, sondern nur, wenn es unbedingt notwendig ist. Sein seglerisches Können macht ihn zum geborenen Skipper, seine beruflichen Kenntnisse machten ihn zum Partner eines Wirtschaftsberatungsbüros im Zentrum von Sydney. Wie bei seinem Vater entspricht ein Familien-Törn Eds Vorstellung von Erholung. Der vierjährige Benjamin und sein zweijähriger Bruder Matthew haben den Hafen von Sydney bereits von Daddys Boot aus erkundet.

Eine andere Form von Entspannung sind für Ed Bücher über Männer, die er als »echte« Abenteurer bezeichnet: Bergsteiger, Entdecker, Einhand-Weltumsegler. Man hat den Verdacht, daß Ed in seinem Büro im dreiundzwanzigsten Stock des NMI Centre hockt, oft in Richtung Hafen starrt und von dem Tag träumt, an dem er die Wirtschaftsberatung anderen überlassen und ein Fulltime-Abenteurer sein kann. Um die Welt segeln ... Die Nadelstreifen mit dem Ruder eines Whitbread-Bootes vertauschen ... Was für eine Idee! Was für eine gefährliche Idee ...

Es gibt kein Abenteuer ohne gefährliche Ideen. Es ist eine Begabung, zum Abenteurer geboren zu sein. Hat vielleicht mit den Genen zu tun: Ein Bruder erbt die Abenteuergene und ein anderer die Neigung zur Philatelie. Und wie bei jedem Talent hat jeder vom Schicksal Begünstigte die Verpflichtung, seine Begabung voll auszuschöpfen. Wäre er zu einer anderen Zeit geboren worden, hätte Ed Psaltis vielleicht die Aufgaben von Bass oder Flinders übernommen – das sind die beiden Männer, die die Bass Strait kartographierten. Oder vielleicht hätte er John Hanning Speke, dem britischen Entdecker, der den Victoriasee und seine Verbindung mit dem Nil erkundete, Konkurrenz gemacht. Aber der Hang zum Abenteuer bringt es mitunter mit sich, als Egozentriker oder Spinner bezeichnet zu werden. Und vielleicht ist es kein Zufall, daß Spekes schlichtes Denkmal im Londoner Hyde Park neben einer Peter Pan-Statue steht. Häufig als Symbol ewiger Jugend mißverstanden, ist Peter Pan in Wahrheit ein Symbol für das Abenteuer. Wie ein Schatten durchzieht die Erzählung von J. M. Barries ein Hauch von Sterblichkeit.

In diesem Schatten leben Hochseesegler. Die meisten sind ganz normale Burschen mit Fulltimejobs. Ihr Beruf unterwirft sie einer 40-Stunden-Woche und einem Mindestmaß an Anpassung und Unterordnung. Davon befreit die »Segler-Seite«, und das Schlüsselwort für diese Seite ihres Lebens heißt Selbstvertrauen: persönliche Verantwortung für alle Handlungen, sowenig Autoritätskonzentration wie möglich.

Den meisten Menschen fällt es schwer, Hochseesegler zu verstehen. Zum Beispiel der Fernsehreporterin, die vom CYCA-Präsidenten Hugo van Kretschmar wissen wollte, wer beim Sydney to Hobart eigentlich Entscheidungen träfe.

»Nun ... niemand«, erwiderte er, als wäre sie ein wenig begriffsstutzig.

»Niemand trifft Entscheidungen? Niemand ist verantwortlich?«

»Selbstverständlich ist jemand verantwortlich.«

»Wer?«

Die Reporterin glaubte, van Kretschmar kalt erwischt zu haben, aber er kam ins Stottern, weil dieser Frau das Prinzip der Entscheidungsfreiheit offenbar fremd war. Wie sollte er der Nichtseglerin erklären, daß niemand von Land aus irgendeine Kontrolle ausüben kann, sobald ein Boot auf See ist? Auf See hat ausschließlich der Skipper das Sagen. Und er wird seine Entscheidungen gründlich überdenken und notfalls noch ein weiteres Mal überdenken. Denn da draußen spielt er mit den Göttern Schach, mit seinem und dem Leben seiner Männer als Einsatz.

Während eines Familientörns durch die griechische Inselwelt träumte Ed erstmals davon, das Syd-Hob zu gewinnen. Damals war er erst zehn Jahre alt, er erinnert sich aber heute noch lebhaft daran und verwendet Worte wie »Freiheit« und »Erregung«. Sein Vater hatte den Kurs festgesetzt, die Segel getrimmt und war für eine Ruhepause unter Deck gegangen. Ed stand am Steuer und glitt vor dem Wind durch azurblaue Wogen. Sein drei Jahre jüngerer Bruder Arthur hockte auf der Reling. Würde man, dachte sich Ed, diese Freiheit, diese Erregung auch empfinden, wenn man den Derwent River hinaufsegelte, um als erster die Ziellinie im Sydney to Hobart Race zu überfahren?

Der Gedanke ließ ihn nicht mehr los, und so, wie Glyn Charles seinen Traum von einer Goldmedaille auf seinen Schulranzen malte, erzählte Ed Psaltis jedem seiner Mitschüler, daß er irgendwann das Syd-Hob gewinnen würde.

Sechs Jahre später nahm Ed zum erstenmal an einem Hochseerennen teil. Mit seinem Vater Bill segelte er auf der *Meltemi* entlang der australischen Küste nach Norden. »Es blies ein kräftiger Südwind, und unser 45-Fuß-Boot hatte alle Segel gesetzt, auch den Spinnaker. Nie werde ich das Gefühl von Macht vergessen, als das Boot mit dieser beeindruckenden Geschwindigkeit die Wellen durchschnitt«, erklärt Ed mit seiner ruhigen, gelassenen Stimme. »Es war wie ein Wunder.«

Doch obwohl Ed der geborene Segler ist, erlaubte ihm Bill nicht, vor seinem achtzehnten Geburtstag am Syd-Hob teilzunehmen. Das frustrierte Ed, machte ihn wütend. »Warum darf ich mich nicht melden?« schrie er Bill an. »Zu den anderen Rennen mit der *Meltemi* hast du mich mitgenommen. Ich bin besser als die Hälfte deiner Crew.«

Bill hörte sich den Wutausbruch seines Sohnes schweigend an. »Nicht bevor du achtzehn bist«, wiederholte er bestimmt. Dann drehte er sich ohne ein weiteres Wort um und überließ Ed seiner Erbitterung über diese Ungerechtigkeit.

Erst viel später begriff Ed, daß Bill ihn nur beschützen wollte. Die Wetterbedingungen beim Syd-Hob können einem körperlich und psychisch schwer zu schaffen machen. Ein Crewmitglied eines Bootes aus Queensland fiel sogar einmal in einen katatonischen Zustand und brachte während der Durchquerung der Bass Strait bis zum Andocken in Hobart zwei Tage lang kein Wort über die Lippen. Wurde ein Junge diesen Strapazen zu früh ausgesetzt, könnte ihn das für immer vom Segeln abhalten. Und was, wenn das Boot in eine heikle Situation geriet? Für einen unerfahrenen Segler konnte eine falsche Entscheidung den Tod bedeuten. Nein, das Syd-Hob war nichts für einen jungen Segler, und für den eigenen Sohn schon gar nicht.

Seit dem ersten Syd-Hob hat es sich immer wieder bewiesen, daß Vorsicht die Mutter der Porzellankiste ist. Im Jahr 1945 kamen ein paar Segler auf die Idee, über die Bass Strait nach Hobart zu segeln. Der Zweite Weltkrieg war gerade zu Ende, und an der Rushcutter's Bay war der Cruising Yacht Club of Australia als Antwort der Angestellten auf den elitären Royal Yachting Squadron and Royal Ocean Racing Club mit dem erklärten Ziel eröffnet worden, Segeln zu einem Massensport zu machen. An einem Julinachmittag saßen neun Segler in der holzgetäfelten Bar, tranken vom Hahn gezapftes Bier und plauderten über ihre Segelpläne während der Weihnachtsfeiertage. Schon bald rankte sich das Gespräch um die Frage, wer von ihnen das schnellste Boot besaß. Die Atmosphäre heizte sich auf. Einer forderte den anderen heraus. Die Antwort konnte nur eine Wettfahrt bringen.

Eine Regatta nach Hobart.

Wenige Monate später erschien in der Oktoberausgabe eines australischen Segelsportmagazins folgende Meldung: »Segelregatta nach Tasmanien: Von Sydney nach Hobart ist ein Hochsee-Yachtrennen geplant. Als Starttermin ist der 26. Dezember 1945 vorgesehen. Interessierte Segler werden gebeten, sich bei Vice-President Mr. P. Luke, 62 Castlereagh Street, Sydney, weitere Informationen zu holen. Meldeschluß ist der 1. Dezember 1945.«

Neun Skipper beteiligten sich an diesem ersten Syd-Hob, mit schweren Yachten, die natürlich keinerlei Ähnlichkeit mit den heutigen Hochsee-Flitzern hatten. Eines der Boote war ein 52-Fußer, das in einer Anwallung von Kriegs-Patriotismus den Namen *Winston Churchill* erhalten hatte. Huonpine-Planken, Kupfernägel, Tuchsegel ... Die Boote wurden zwei Tage vor dem Start an Land geholt, damit der Rumpf trocknete, dann sollte eine Schicht Johnson's Bohnerwachs helfen, Speed zu machen. 1942 auf der tasmanischen Schiffswerft Percy Coverdale gebaut, galt die *Winston Churchill* damals allgemein als prachtvollste Yacht in ganz Australien. Es heißt, daß ihr sogar ihr Namensgeber bei einem Aufenthalt in Australien seinen Segen gab.

In dem allgemeinen Rummel vor dem Start blieb die *Rani* völlig unbeachtet, ein 34-Fußer mit dem Skipper John Illingworth von der Royal Navy. Auch die *Rani* war aus Huonpine-Planken gebaut, die mit Kupfernägeln auf die Spanten genagelt waren. Sie hatte handgenähte Baumwollsegel. Alle Seile bestanden aus indischem Hanf. Der Mast war aus Oregon-Kiefer, die Wanten aus Gußeisen, und die Bilgenpumpe zierten zwei kleine Seemannsfiguren, die einen Zinkeimer und eine Bratpfanne umklammerten. Die Crew trug die Ausstattung der Royal Australian Navy, die damals hauptsächlich aus mit Wachs imprägnierter Baumwolle gefertigt wurde.

Illingworth nahm das Syd-Hob so ernst, daß er bereits Monate vorher an der australischen Südküste auftauchte, um sich mit Fischern über Strömungen und Windverhältnisse der Bass Strait zu beraten. Er freundete sich auch mit den Mitarbeitern des Wetteramtes in Sydney an, um Details über das Wetter in Ost-Australien und Tasmanien zu erfahren.

Aber alle Informationen schienen sich für Illingworth nicht auszuzahlen. Die Bass Strait zeigte sich ungnädig, überzog die Flotte mit einem Sturm und trieb die Boote weit auseinander. Die *Rani* verschwand. In einer Zeit, in der der Funk an Bord noch nicht zur Standardausrüstung von Rennbooten gehörte, gab es keine Möglichkeit, etwas über die Position oder den Zustand der Crew herauszufinden. Sicher war nur, daß die Yacht Sydney mit den üblichen navigatorischen Hilfsmitteln verlassen hatte: See- und Küstenkarten, einem Kompaß sowie einem Sextanten zur Positionsbestimmung. Der CYCA rechnete mit dem Schlimmsten. Es wurde als eklatante Fehlentscheidung betrachtet, ein so kleines Boot an der Wettfahrt über die Bass Strait teilnehmen zu lassen.

Aber fünf Tage nach Beginn des Sturms kam die *Rani* plötzlich den Derwent River nach Hobart hinaufgesegelt. Das verblüffte das CYCA-Empfangskomitee aus zwei Gründen: Erstens war die *Rani* offiziell als vermißt aufgegeben worden, und zweitens hatte kein anderes Boot bisher die Ziellinie überquert. Nach sechs Tagen, vierzehn Stunden und zweiundzwanig Minuten hatte die kleine *Rani* das erste Syd-Hob gewonnen. Das blieb für immer das langsamste Finish der Regattageschichte, aber seither erhält das erste Boot, das über die Ziellinie fährt, die Illingworth Trophy. Die *Rani* gewann darüber hinaus mit Handicap, als erstes von nur vier Booten in der Syd-Hob-Geschichte. Die *Winston Churchill* beendete die Regatta an dritter Stelle.

Wie bei allen von Katastrophen überschatteten Ereignissen sproß die Faszination der Öffentlichkeit wie Pilze nach dem Regen. Gelegenheitssegler empfanden zunächst eine heilige Scheu vor der Regatta, und während der nächsten zehn Jahre nahm die Zahl der Konkurrenten nur langsam zu. Doch das erwies sich als Segen, da die Syd-Hob-Teilnehmer als Segelelite von Sydney angesehen wurden. Es gab der Regatta ein gewisses Macho-Flair. Im Australien der vierziger Jahre war das Sydney to Hobart Race ein so bewegendes und abenteuerliches Ereignis wie die Mondflüge der Astronauten in den Vereinigten Staaten der sechziger Jahre. Die Segler waren Helden, die das Schicksal herausforderten, um sich selbst zu beweisen. Und wie bei den Astronauten gab es nach dem Start kein Zurück.

»Diese Regatta forderte alles – und mehr«, lauteten die Schlagzeilen. Oder: »Eine Bewährungsprobe für Yachten und Crews«.

Im Laufe der Zeit wurde das Syd-Hob zu einer Tradition in Australien und so beliebt, daß das Fernsehen den Start heute landesweit überträgt. Die Teilnahme ist eine Art Ritterschlag für australische Männer. Auch viele Nichtsegler versuchen, wenigstens einmal in ihrem Leben einer der Crews anzugehören. Mittlerweile kann man sich einkaufen. In Australien ist es wichtig, sagen zu können, man hätte das Sydney to Hobart gesegelt. Wenigstens einmal. Man war dabei. Auf jeden Fall ist es etwas, um vor seinen Freunden zu renommieren. »Es ist eine Seuche und kein Bootsrennen«, kommentierte der *Sydney Daily Telegraph*.

Trotz ihrer Ansprüche an Mut und Fähigkeiten der Teilnehmer galt das Syd-Hob doch als kaum mehr als eine australische Besonderheit, bis 1979 das Fastnet Race auf der anderen Seite der Welt in einer Katastrophe endete. Benannt nach dem Fastnet Rock, einem Leuchtturm vor der irischen Südküste, war diese Regatta der absolute Gipfel des Hochseesegelns. Kein anderes Rennen konnte sich mit ihr messen. Ein Sieg bei dieser Regatta krönte ein Seglerleben. Nach dem Start aus der Isle of Wight (vor Portsmouth) segelten die Boote die englische Südküste entlang und in die stürmische Irische See. Nach der Umrundung des Fastnet Rock-Leuchtfeuers nahm das Feld Kurs auf das Ziel in Portsmouth. Wie bei vielen Hochseeregatten reichte die Größe der Boote vom 48-Fußer bis zur neunundsiebzig Fuß langen Maxi-Yacht *Kialoa* (»Maxis« sind extrem lange Boote mit übergroßen Segeln, die hohe Geschwindigkeiten erreichen). Die Teilnehmerliste verzeichnete America's Cup-Gewinner wie Ted Turner neben Londoner Büroangestellten, die nur eine vage Vorstellung davon hatten, wie der menschliche Körper auf das Wogen des Meeres reagiert, wie man sich die Seele aus dem Leib kotzen kann, wie Seekrankheit auf manche Menschen buchstäblich paralysierend wirkt.

Am 11. August 1979 schickte um 13.30 Uhr der Startschuß aus einer Royal Yacht Squadron-Kanone die Yachten auf ihren Weg. Dreihundertunddrei Boote gingen an den Start, die höchste Teilnehmerzahl der Renngeschichte. Jeder Skipper wußte, daß die Irische See zu vernichtenden Winden und Wellen fähig ist. Alle waren informiert, daß 1931 eine Bö einen Segler von Bord gerissen hatte. Ihnen war bekannt, daß 1957 nur zwölf von den einundvierzig gestarteten Booten ans Ziel gelangt waren. »Die Wellen waren Gebirge aus Wasser«, berichtete damals ein Segler.

Das alles war schlimm genug, aber den Teilnehmern am Fastnet Race 1979 stand sehr viel Ärgeres bevor. In nur vier Tagen fegte ein über den nordamerikanischen Großen Seen entstandener Sturm mit Stärke zehn über den Atlantik. Irgendwie war er der Aufmerksamkeit der Meteorologen entgangen, bis er in der dritten Nacht des Rennens über die Flotte herfiel. Der Wind pfiff und heulte, daß allein schon der Lärm, den er machte, beängstigend war. Fünfzehn Segler verloren das Leben, entweder durch Unterkühlung im eiskalten Atlantik oder durch Ertrinken, denn zehn Meter hohe Wellen ließen Boote kentern. Manche schlugen ganz um und wurden entmastet. Crews steckten in diesen treibenden Särgen fest und konnten nur hoffen, daß eine Welle das Boot wieder drehte, bevor die Luft knapp wurde. Bei der späteren Untersuchung offenbarten sich wahre Schreckensszenarien: Männer hatten in Panik ihre Rettungsleinen gelöst und waren dann ins Meer gespült worden. Söhne sahen, wie ihre Väter von Bord gerissen wurden, um nie wieder aufzutauchen. »Man sitzt in absoluter Dunkelheit an Deck und lauscht auf dieses Brüllen der Wellen, wartet darauf, daß die See einen holt«, erzählte ein Überlebender. »Das war mit Sicherheit das Grauenhafteste, was ich jemals erlebt habe.«

Die hohe Zahl an Todesopfern wäre jedoch vermeidbar gewesen. Doch leider verfügten viele Crews lediglich über unzulängliche Rettungsinseln oder -flöße. Angesichts des kalten Klimas kann es nur verwundern, daß viele Segler auf Thermo-Unterwäsche verzichtet hatten. Manche trugen unter ihrer Schutzkleidung sogar Cotton-Trainingsanzüge, obwohl jeder weiß, daß nasse Baumwolle dem Körper Wärme entzieht.

Bliebe noch als Fußnote nachzutragen, daß es unter diesen katastrophalen Umständen absurderweise zu einer Art Rennen im Rennen kam. Das Fastnet Race war nämlich der letzte Rennabschnitt um den zweijährig ausgetragenen Admiral's Cup – einer bei herausragenden Segelnationen wie Großbritannien, Irland, den Vereinigten Staaten, Australien und Italien höchst begehrten Trophäe. Australien hatte seit 1967 den Admiral's Cup nicht mehr gewonnen, lag aber zu Beginn des Fastnet Race gut im Rennen. Das australische Kontingent wurde von dem ehemaligen Rugby-Star Syd Fischer an Bord seiner *Ragamuffin* angeführt. Ein zweites australisches Boot war die *Police Car*. Während andere Boote ums Überleben kämpften und dem Sturm zu entkommen trachteten oder den Schutz des nächsten Hafens suchten, bretterte die *Police Car* unverdrossen weiter. Später berichtete die Crew, eine heisere Stimme hätte sie über Funk angespornt und weitergetrieben. Die Stimme gehörte Fischer, der unermüdlich drei Sätze wiederholte: »Nicht aufgeben, Australien. Los, weiter. Niemals aufgeben.«

Police Car gewann in diesem Jahr für Australien den Admiral's Cup. Vier Jahre später ging der America's Cup an Australien. Ohne daß je groß darüber gesprochen wurde, fand beim Fastnet Race 1979 ein Wechsel statt. Die Söhne aus der Sträflingskolonie hinkten nicht länger hinter Großbritannien her. Und mit der Erkenntnis, daß australische Segler eine zähere Rasse sind, kam die gleichfalls unausgesprochene Feststellung, daß auch ihre Hochseeregatta härter ist. Die Wetterbedingungen beim Fastnet Race waren mörderisch, aber beim Syd-Hob sind solche Schwierigkeiten die Regel. Und obwohl an beiden Regatten Elitesegler wie abenteuerlustige Einheimische gleichermaßen teilnehmen, haben die Stürme in Australien noch keine Menschenleben gekostet. Für britische Segler waren derartige Wetterbedingungen die Ausnahme. Australische Segler stellen sich ihnen, weil ihnen keine andere Wahl bleibt: Ihr Land grenzt an die Bass Strait. Nach 1979 wurde das Sydney to Hobart Race die Richtschnur, an der Hochsee-Regatten gemessen werden: das härteste Bootsrennen der Welt.

Ed und Sue beginnen den 26. Dezember mit einer Tasse Kaffee. Sie sitzen sich am Küchentisch gegenüber. Unter dem Weihnachtsbaum liegen ausgepackte und unausgepackte Geschenke. Da die Jungen noch schlafen, ist es ihre letzte ruhige Minute für eine ganze Woche. Ed fällt das Stillsitzen schwer. Vor dem Start ist noch so vieles zu erledigen. Und wenn er nun irgend etwas vergißt? Aber er zwingt sich zur Ruhe. Es wird noch betriebsam genug werden. Jetzt gilt es zu relaxen, den Moment zu genießen.

Sie trinken ihren Kaffee, reden über dies und jenes – nur nicht über das Naheliegende. Trotz aller Nervenanspannung durchzuckt Ed, als er zu Sue hinüberblickt, der Gedanke, wie sehr er sie doch liebt. Gescheit, sportlich, blond und von überschäumendem Temperament, das seine eigene ruhige Gelassenheit perfekt ergänzt. Er betet sie an und sie ihn.

Sue war Krankenschwester in einem Hospital von Sydney, als die beiden sich kennenlernten. Ein CYCA-Segelneuling namens John Whitfield wollte sich im Hochseesegeln versuchen und beschwatzte Ed, ihn zu einem Wochenend-Törn auf der *Nuzulu* mitzunehmen, die damals Ed gehörte. Ed und John kamen ins Gespräch, eins führte zum anderen, und bald stellte John Ed seiner Schwester Sue vor. Als Ed und Sue 1993 heirateten, fungierten Arthur Psaltis, John Whitfield und Eds Jugendfreund Michael Bencsik als Trauzeugen. Ein Jahr später kam Benjamin zur Welt, und Pate wurde Bob Thomas, der Miteigner der *Nuzulu*.

Alle Männer werden an Bord der *Midnight Rambler* sein, wenn sie an diesem Vormittag um elf Uhr das CYCA-Dock verläßt. Sue hat Anlaß zur Sorge, da sie im Fall eines Unglücks ihren Mann, ihren Bruder, ihren Schwager und den Paten ihres Sohnes verlieren könnte.

Es gab eine Zeit, in der Sue nach Hobart flog und die Jungs am Ziel empfing. Dort konnte sie sich mit den Frauen der anderen Segler austauschen, und das Warten wurde ein bißchen erträglicher. Aber mit kleinen Kindern ist eine solche Reise recht problematisch. Und im Gegensatz zu vielen anderen Frauen weiß Sue, daß sich am Silvesterabend viele alkoholisierte Segler lauthals damit brüsten, die Bass Strait überquert zu haben. Am nächsten Morgen auf dem Flughafen ist die Szene fast noch komischer: Noch in den Sachen des Vortages steckend, entschuldigen sich Segler bei anderen Crewmitgliedern für diese oder jene Entgleisung. »Ich war voll«, erklären sie, was im bierliebenden Australien nahezu jeden Ausrutscher rechtfertigt.

Also bleibt Sue zu Hause und betet insgeheim, daß Ed wohlbehalten zurückkehrt. Mit den Jungen spricht sie nicht über ihre Ängste, obwohl Ben sie mit Sicherheit spürt. Sie versucht sich zu beruhigen, indem sie zweimal täglich Bill oder den CYCA anruft, um sich zu vergewissern, daß sich Ed – wie vorgeschrieben – über Funk gemeldet hat. Während des gesamten Rennens geben die Boote in alphabetischer Reihenfolge um 3.05 Uhr nachts und 2.05 nachmittags ihre exakten Positionen durch. Es ist zwar nicht korrekt, aber mitunter läßt ein Skipper auch mal eine Meldung aus, weil er gerade ein strategisch wichtiges Manöver durchführt und nicht will, daß die Konkurrenten seine Position erfahren. Wenn sich ein Boot jedoch zweimal hintereinander nicht meldet, werden Suchboote losgeschickt. Ed hat zwar noch nie eine Funkmeldung versäumt, aber bei der Bass Strait kann es immer ein erstes Mal geben.

Ed und Sue gehen die Checkliste des Bootes durch. Wurde irgend etwas übersehen, zurückgelassen? Das führt zu einer Diskussion über die Reaktion der Jungen auf Eds Abwesenheit. Das ist ein heikles Thema, denn die Kinder lernen gerade erst, damit fertig zu werden. Matthew ist noch zu klein, um zu verstehen, was vor sich geht. Aber Benjamin befindet sich in einem Alter, in dem er Ed braucht. Schon wenn sein Vater auf eine kurze Dienstreise geht, läßt er den Kopf hängen. Und jetzt wird Daddy für eine ganze Woche fort sein. Ist das nicht zu hart für Ben?

»Mach dir keine Gedanken«, sagt Sue. »Ben wird schon damit klarkommen. Sorg du dafür, daß dir nichts geschieht.«

Ed läßt Sue nicht aus den Augen, als sie erzählt, womit sie und die Jungen sich die Zeit während seiner Abwesenheit vertreiben werden. Er neigt nicht zu übertriebener Sorge, aber die Meteorologen haben die Rennteilnehmer gewarnt, daß sich über der Bass Strait ein Tiefdruckgebiet entwickeln könnte.

Ed denkt nicht an den Tod – und falls doch, würde er das auf keinen Fall für Sue zu erkennen geben –, aber immer dann, wenn es so aussieht, als könnte das Wetter mies werden, fragt er sich doch, ob seine Leidenschaft die Sorgen und Ängste wirklich wert ist, die sie bei Sue auslösen. Ob die *Midnight Rambler* hinaussegelt oder nicht, ist allein Eds Entscheidung. Regel vier der Internationalen Bestimmungen für den Segelsport besagt eindeutig: »Es ist allein die Entscheidung des Bootes, ob es an den Start geht oder ein Rennen fortsetzt.« In diesem Fall ist »Boot« gleichbedeutend mit »Skipper«.

Ed blickt auf seine Armbanduhr. Die Fahrt von seinem Haus an der Lane Cove bis zum CYCA dauert fünfzehn Minuten. Er hat noch Zeit. Wenn er doch nur stillsitzen, Sue zuhören könnte ... Aber ihm geht so vieles durch den Kopf.

Nie würde Ed seine Crew wissentlich einer Gefahr aussetzen. Aber er würde das Boot auch nicht aus einem Rennen zurückziehen, weil die Wettervorhersage ungünstig ist. Wenn er einmal damit anfinge, würde die *Midnight Rambler* nie mehr den Hafen verlassen. Außerdem wird das Wetter erfahrungsgemäß nie so schlecht, wie sich die Vorhersage anhört. Das Wetter ist eben eine der Unwägbarkeiten des Hochseesegelns und springt mit den Sportlern um wie ein boshafter Witzbold. An einem Tag droht Regen, am nächsten knallt die Sonne. Das sind die kleinen Scherze des Tunichtguts.

Wieder sieht Ed verstohlen auf die Uhr. Es ist Zeit.

»Ich verspreche dir, wohlbehalten zurückzukommen«, sagt er zu Sue, beugt sich vor und küßt sie zärtlich. Sie halten sich kurz und innig umschlungen, lehnen sich zurück und sehen einander in die Augen. Ed prägt sich diese Augen ein, diesen Moment. Genau wie Sue.

»Ich verspreche es dir.«

Sydney

Trotz seines nobel klingenden Namens ist der Cruising Yacht Club of Australia kaum mehr als ein zweigeschossiger Holz-Klinker-Schuppen mit einer sonnenbeschirmten Veranda an der Rushcutter's Bay. Er wurde nach dem Zweiten Weltkrieg mit dem einzigen Ziel gegründet, auch weniger Betuchten und Arbeitern Zugang zum Segelsport zu gewähren. Dieser Geist ist auch heute noch prägend, und jeder gewählte Präsident fungiert mehr als *primus inter pares* denn als »Vorsitzender«. Elf Monate des Jahres ist der CYCA ein idealer Ort für einen gemütlichen Lunch auf der Veranda oder ein paar Bierchen nach einer abendlichen Segeltour. Es gibt zwei Bars, einen Umkleideraum, ein Sitzungszimmer, eine Reihe von Vitrinen mit Trophäen und auch etliche Besprechungsräume im CYCA, aber die Veranda ist der mit Abstand beliebteste Aufenthaltsort.

Von hier aus kann man die Segelboote sehen. Die Motorboote liegen in einer entfernten Ecke des Sydney Harbour, die Eignern vorbehalten ist, denen der Sinn für feine Unterschiede fehlt. Hinter dem CYCA gibt es nur Segelboote. Ihre eleganten, weißen Rümpfe wiegen sich an den

Schlippen. Im Winter ähneln ihre unzähligen Masten einem Wald aus Carbonfaser. Leicht schlägt das Wasser gegen die Bootskörper. (Es gibt eine Theorie, nach der bewegtes Wasser negative Ionen besitzt, die dem Menschen fehlen und die deshalb ein Gefühl des tiefsten Friedens und Ausgeglichenheit erzeugen.) Obwohl von der Veranda aus praktisch unhörbar, wirkt sich das Plätschern immer wohltuend auf die gesamte Stimmung aus.

Am 26. Dezember jedoch ist der CYCA alles andere als ruhig und friedlich. Tausend Segler und ihre Familien streifen durch die Räume, bestürmen am Empfang den Wachhabenden, nehmen seine Dienste in Anspruch und ballen sich auf der Veranda. Rushcutter's Park, die an die Stützmauer der Bucht und den CYCA angrenzende Grünfläche, ist mit Autos vollgestopft. Das Parken auf der New Beach Road, an der der CYCA liegt, ist eingeschränkt, daher wird die Grünfläche während der Syd-Hob-Saison zum Abstellplatz. Selbst auf dem heiligen Cricketfeld stehen Mietwagen und Mini-Vans.

Dezember ist Hochsommer in Australien. Es gibt keinen spannenderen Familienausflug, als ans Wasser zu fahren und sich den Start zum nationalen Spektakel des Sydney to Hobart Race anzuschauen. Väter mit Kindern auf den Schultern, langbeinige Studentinnen in knappen Oberteilen, Mütter mit Kinderwagen drängen sich vor den Mauern und starren wie gebannt aufs Wasser. Aufkleber an beiden Seiten des Bugs unterscheiden die Syd-Hob-Teilnehmer von anderen Booten. Die blau-orangefarbenen Sticker sind sechzig Zentimeter breit und zeigen die Karikatur eines Segelboots und das Syd-Hob-Logo.

Das 98er Rennen erregte bereits Mitte November öffentliche Aufmerksamkeit, als Larry Ellison dem CYCA mitteilte, daß er mit der *Sayonara* erneut versuchen würde, den Streckenrekord anzugehen. 1995 hatte Ellison zwar gesiegt, aber den zwei Jahrzehnte alten Rekord der *Kialoa* nicht brechen können. Als die *Morning Glory* 1996 einen neuen Rekord aufstellte, war es nur eine Frage der Zeit, bis der ambitionierte Ellison und seine hochklassige Crew nach Sydney zurückkehren würden. Seine Ankündigung löste ein wahres Rennfieber aus, da der hervorragende Bootdesigner Scott Jutson gerade an Mast und Takelage der Vorjahressiegerin *Brindabella* Veränderungen vorgenommen hatte. Jetzt war sie höher, verfügte über mehr Segelfläche, und Jutson zeigte sich zuversichtlich, das Boot damit um einige Stunden schneller gemacht zu haben.

An Bord der *Sayonara* wollte auch Rupert Murdochs Sohn Lachlan an der Regatta teilnehmen. Gerüchte besagten, daß der alternde Milliardär Murdoch, der 95 zur Crew der *Sayonara* gehört und dabei eine Fingerspitze verloren hatte, den siebenundzwanzigjährigen Lachlan offiziell zum Erben seines weitgespannten Medien-Imperiums machen wollte. Offensichtlich verfügte der junge Mann mittlerweile über ausreichende Fähigkeiten fürs Big Business. Aber das Syd-Hob würde zeigen, aus welchem Holz er wirklich geschnitzt war.

Die lokale Presse schlachtete dies und weitere Facetten des Kräftemessens zwischen *Brindabella* und *Sayonara* genüßlich aus, und die Teilnehmerliste wurde immer länger. Jeder Bootseigner in Sydney wußte – wie auch viele Segler aus Melbourne und dem Ausland wie Schweden und Deutschland –, daß 1998 ein entscheidendes Jahr für das Sydney to Hobart Race war. Langfristige Vorhersagen verhießen beständige Nordostwinde für den Start, als könnte die Flotte mit dem Wind im Rücken die australische Küste hinunterrasen. Farbenfrohe Spinnaker würden sie so problemlos dahingleiten lassen wie Schlitten auf Kufen. Wenn am zweiten Weihnachtstag auch noch die Sonne schien, würde der Rückenwind ideale Segelbedingungen schaffen: Schnelligkeit und angenehme Temperaturen. »Ein Segelwetter wie Champagner«, wird so etwas genannt. Am Starttag würden sich 115 Boote auf den Weg nach Hobart machen, damit war es die zweitgrößte Flotte nach dem Jubiläumsrennen zum fünfzigjährigen Bestehen.

Anfang Dezember wurde bekannt, daß SuSie O'Neill, die olympische Goldmedaillengewinnerin im Schwimmen, die gerade durch ihre Heirat unzählige Männerherzen gebrochen hatte, den Startschuß für das Syd-Hob mit Hilfe einer Kopie der Kanone von Cooks HMS *Endeavour* abgeben würde. An Bord eines Katamarans vor Shark Island sollte SuSie O'Neill eine Salve über den Hafen dröhnen lassen.

Channel 10, einer der vier landesweiten Fernsehsender, sicherte sich die Exklusivrechte für die Übertragung des Starts. Die Reportagen sollten während der gesamten Regatta fortgesetzt werden, wobei allabendlich Sportreporter nach Hobart flogen, um live vom Constitution Dock zu berichten, wo sie auf das Eintreffen der Teilnehmer warteten. Durch eine Kooperation mit der staatlichen Australian Broadcasting Corporation, die einen Hubschrauber bereitstellte, würde Channel 10 den gesamten Rennverlauf filmen. So etwas hatte es noch nicht gegeben. Der bekannte Sportreporter Bill Woods wurde damit beauftragt, vom Start bis zum Ziel aktuelle Zusammenfassungen zu liefern. Keine Minute lang sollte Australien über den Stand des Kopf-an-Kopf-Rennens zwischen *Sayonara* und *Brindabella* im unklaren bleiben.

Für die Kommunikation mit der Flotte sollte die über Relaisstation funkende HMS *Young Endeavour* sorgen. Die Mannschaft dieses Ausbildungsschiffs der Royal Australian Navy (RAN) besteht aus Kadetten im Alter von siebzehn Jahren oder jünger. Die Hauptsponsoren der Syd-Hob, Telstra und der CYCA, verpflichteten den Funker Lew Carter, eine Art Doppelgänger von Newt Gingrich, für den Rund-um-die-Uhr-Dienst am Funkgerät. Die Boote sollten sich täglich um 2.05 Uhr nachmittags und 3.05 Uhr frühmorgens bei »Telstra Control« und Carter melden.

Dann wurde angekündigt, daß auch ein Boot von historischer Bedeutung an den Start gehen würde: die *Winston Churchill*. Sie hatte an siebzehn Syd-Hobs teilgenommen, und Experten betonten, daß 1945 nicht einmal ihr spektakulärstes Jahr war, sondern 1959, als sie in der Bass Strait mit einem Wal zusammenstieß und zu sinken begann. Ihr Eigner Arthur Warner rettete sie, indem er die Lecks im Rumpf mit Hilfe der Segel abdichtete, die *Winston Churchill* zur Küste steuerte und am Wreck Beach auf Land setzte.

Danach erfreute sich die *Winston Churchill* eines angenehmeren Lebens. So unternahm sie eine Kreuzfahrt rund um die Welt. Anschließend setzte die Royal Australian Navy sie als Ausbildungsschiff ein. Um sie für das 98er Syd-Hob herzurichten, investierte ihr neuer Besitzer Richard Winning, der 90 000 Dollar für sie bezahlt hatte, weitere 270 000 Dollar in ihre Renovierung. Unter Deck verschwand alles, was an ein Kreuzfahrtschiff der vierziger Jahre erinnerte. Moderne Navigationsgeräte – GPS (Globales Positioning System), Wassertiefen- und Windgeschwindigkeitsmesser, Laptop-Computer – und modernste Funkgeräte wurden installiert. Elektronische Bilgenpumpen ersetzten die Bratpfanne und den Zinkeimer. Der Holzmast wurde durch einen höheren aus Aluminium ersetzt. Moderne Winschen und Taue ersetzten die alten Taljen und den indischen Hanf. Eine hydraulische Steuerung wurde eingebaut, das Ruder verkleinert sowie

Wasser- und Treibstofftanks erneuert. Dazu kamen unverzichtbare Ausrüstungsgegenstände wie Seenotbojen, spezielle Notsender (EPIRBs) und ein Medikamentenkasten.

Die *Winston Churchill* hat zwei Rettungsinseln an Bord, von denen jede etwa fünfzig Kilogramm wiegt und über eine orangefarbene, tipiähnliche Plastikhülle verfügt, die vor Sonne und Regen schützt. Sie sind unter Deck verstaut. Eine bietet vier Personen Platz, die andere fünf. 1945 besaß die *Winston Churchill* kein einziges Rettungsfloß, und obwohl sie in den Folgejahren zwei mitführte, sollte 1998 doch das Jahr sein, in dem sie tatsächlich gebraucht wurden.

Richard Winning hat Sinn für Gefühle. Er hat sein ganzes Leben in Sydney zugebracht, das Familiengeschäft für Haushaltsgeräte von seinem Vater übernommen, und er ist der Typ, der Freundschaften fürs Leben schließt. Er hatte die *Winston Churchill* gekauft, weil sie einen wichtigen Platz in der australischen Regattageschichte innehat. Sie war also bei einem Mann, der die Sydney Harbour-Tradition kennt und den Wert dieser Yacht zu schätzen weiß, genau in den richtigen Händen. Winning war stolz auf die *Winston Churchill*. Abgesehen von den inneren Modernisierungen bewahrte Winning äußerlich das Erscheinungsbild des Bootes. Die *Winston Churchill* sieht bei Rennbeginn also fast noch so aus wie 1945. Unter Deck dominiert eine Kabine mit jeweils sechs Bullaugen an jeder Seite und einem Oberlicht die Mitte des Bootskörpers. Ein mit Fenstern versehenes Doghouse befindet sich direkt vor der Ruderpinne und schützt einen Mann beim Aufenthalt an Deck perfekt vor dem Wind. Die Bezeichnung »Hundehütte« mag nicht sonderlich fein sein, aber die Vorstellung, während der Wache vor den Elementen geschützt zu sein, ist immer irgendwie anheimelnd.

Winning stört es nicht, daß die einzige Glattdeckfläche an Bord die schmalen Planken längs der Reling sind. Angesichts des Alters seiner Crew – die meisten der Männer sind über fünfundvierzig – ist es wichtiger, sich vorsichtig zu bewegen, statt schnell. Er hört andere Segler munkeln, wie töricht – nein, idiotisch – es doch wäre, mit einer Holz-Yacht nach Hobart zu segeln. Kurz nach dem Kauf der *Winston-Churchill* hatte sie Winning 1997 aber bereits durch seine Teilnahme am Syd-Hob eines Besseren belehrt. Obwohl die Bedingungen in diesem Jahr geradezu ideal waren, ist sich Winning sicher, auch diesmal gut abzuschneiden.

Die Crew wird von Winning und seinem einundfünfzigjährigen Freund John »Steamer« Stanley zusammengestellt, der als Schiffsbauer auch für die Modernisierung der *Winston Churchill* verantwortlich ist. Die Crew besteht hauptsächlich aus alten Freunden. Mit zwei Ausnahmen kennen sie das Meer mit dem sechsten Sinn eines lebenslangen Seglers. Bruce Gould beispielsweise hat einunddreißig Teilnahmen am Syd-Hob vorzuweisen, Jim Lawler fünfzehn. John Dean war früher Präsident des Vaucluse Amateur Sailing Club. Mike Bannister, ein selbständiger Fuhrunternehmer, ist ein in Sydney wohlbekannter Segler. John Gibson arbeitet als Anwalt.

Aber im Leben geht es nicht nur ums Segeln, und so reichen die Bindungen in der Crew weit tiefer. Winning, Dean und Bannister sind zusammen aufgewachsen und gemeinsam aufs College gegangen. In den sechziger Jahren waren sie *die* Segler in Sydney Harbour, die mit schöner Regelmäßigkeit alle Team- und Einzeltitel gewannen.

Der erst neunzehnjährige Freund der Familie, Michael Rynan, und der zweiunddreißigjährige Paul Lumtin, ehemals Stuntman und inzwischen Steuerberater des Winning-Unternehmens, sind relativ unerfahrene Hochseesegler (allerdings nahm der risikofreudige Lumtin, der »Nach-Haien-Tauchen« als Hobby nennt, schon 1997 auf der *Winston Churchill* am Sydney to Hobart Race teil). Die Crewuniform besteht aus blauen Segelshorts und kurzärmeligen, blauweißgestreiften Polohemden. Das Hauptsegel der *Winston Churchill* trägt die Nummer 27. An Bord fehlt diese bestimmte Erregung der ehrgeizigen Crews, dafür herrscht eine andere, seltenere Atmosphäre: die der Freundschaft. Die Männer der *Winston Churchill* kennen sich gut, unterstützen und helfen einander. Die älteren Männer kennen sämtliche Ehefrauen und Kinder der Crewmitglieder und haben Rynan als Ersatzsohn angenommen. Sie besprechen hin und wieder auch Persönliches, ohne Angst zu haben, damit irgendeine unsichtbare Grenze zu überschreiten. Ihre Zeit auf See soll ein wahres Segelfest werden – im Gegensatz zu früher, als sie mit Fremden oder unter egozentrischen Skippern segelten, die nicht einmal halb so fähig waren wie sie.

Am ersten Weihnachtsfeiertag wird die *Winston Churchill* abgeschrubbt und dann wieder zu Wasser gelassen. Die große alte Dame des australischen Segelsports ist nur eins von hundertfünfzehn Booten, die in der Nähe des CYCA im Wasser schaukeln. »Sie hat bisher alles überstanden«, erwidert Winning jedem, der wissen will, warum er mit einem sechsundfünfzig Jahre alten Boot in einem der tückischsten Gewässer der Welt segeln will, »und sie wird noch dasein, wenn es uns längst nicht mehr gibt.« Später, als die Bass Strait ihn eines Schlechteren belehrt, wird dieser Satz in Schlagzeilen rund um die Welt zitiert werden.

Midnight Rambler liegt ein wenig abseits der allgemeinen CYCA-Hektik. Ed erscheint um acht Uhr, lange vor den anderen Mitgliedern der Crew. Fünf Stunden vor dem

Start drängt er sich durch die Schar der Segler und Pressevertreter, begrüßt Bekannte und winkt alten Freunden zu. Das Hauptinteresse der Medien konzentriert sich um die *Sayonara* und die *Brindabella.* Doch auch die *Winston Churchill* zieht Neugierige an. An Bord der *Nokia* befinden sich drei Unternehmer, allesamt Nichtsegler. *Team Jaguar* erregt Interesse, weil es sich um einen Maxi handelt, und wegen Melissa McCabe, der schneidigen achtzehnjährigen Oberschülerin aus Eden, die einen Aufsatzwettbewerb zum Thema »Warum ich gern am Sydney to Hobart Race teilnehmen würde« gewonnen hat. Von Telstra wurde die *Team Jaguar* mit Satellitentelephonen ausgestattet, damit die Crew eine möglichst lückenlose Schilderung der Regatta liefern kann.

Auch um die *Atara*, die *Quest* und die *Sword of Orion* schart sich das interessierte Publikum. Daher scheint niemand Ed große Beachtung zu schenken, als er zur *AFR-Midnight Rambler* geht. Bevor er an Bord geht, hält er einen Moment inne, um sie fast liebevoll zu betrachten. Sie ist fünfunddreißig Fuß lang und zehneinhalb Fuß breit. Ihr Mast mit Windmesser und Funkantenne erhebt sich fünfundvierzig Fuß über das Deck. Sie hat ein flaches Cockpit mit einer traditionellen Steuerung. Und sechs Winschen. Ihr Heckspiegel ist offen, so daß alles an Deck gespülte Wasser direkt ins Meer zurückläuft. Ihre beiden Fraser D4-Segel sind neu und aus kugelsicherem Kevlar, ein Geschenk der netten Sponsoren von der *Australian Financial Review*, die dafür eine fünfstellige Summe springen ließen. Ihre Segelnummer lautet 8338. Der Rumpf ist weiß, mit Ausnahme des roten Streifens an der Wasserlinie und der Syd-Hob-Sticker am Bug. Sie hat einen Flossenkiel, aber ohne Bleiwulst, weil Ed der Ansicht ist, daß sonst das Steuer unberechenbar würde. Sie führt vier Spinnaker mit, jeweils für leichten, mittleren und heftigen

Wind, sowie einen für jene Momente, in denen es wirklich bläst und sich das Boot vor dem Wind kaum noch hält, aber immer noch im Rennen liegt. Die Spinnaker sind schwarz, die Aufschrift *Australian Financial Review* ist in Hellblau.

Die Crew besteht aus sieben Mitgliedern, von denen vier jederzeit an Deck präsent sind. Navigator Bob Thomas arbeitet unter Deck. Die *Midnight Rambler* verfügt über das Neueste auf dem Gebiet der Kommunikations- und Navigationstechnik. Es verfügt über ein Hochfrequenzfunkgerät mit Fernstrahlpeilung (HF) für die täglichen Positionsmeldungen und ein VHF-Gerät für die Kommunikation mit der Küste. Eine automatische Steuerungsanlage liefert alle notwendigen Daten über Navigation, Strömungen, Geschwindigkeit, Windrichtungen sowie Wassertiefe und -temperatur. Es gibt einen Kartenplotter. Und ein eingebautes GPS mit tragbarem Ersatz für den Fall, daß das Hauptgerät ausfällt oder durch eindringendes Wasser unbenutzbar wird. Manche Boote haben auch einen Laptop und ein Faxgerät für aktuelle Wetterberichte an Bord, aber Ed findet, daß solcher Schnickschnack auf einem so kleinen Boot zuviel Raum einnimmt und zu schwer ist.

Im Grunde kennt Ed die *Midnight Rambler* noch nicht allzu gut. Oder genauer gesagt: diese *Midnight Rambler*. Ed und Bob Thomas, sein in San Francisco geborener langjähriger Rennpartner und Navigator, waren bereits gemeinsame Eigner mehrerer Boote. Das erfolgreichste war die *Nuzulu*, die 1991 das Syd-Hob auf dem fünften Platz beendete. Bald darauf hatten sie die erste *Midnight Rambler* erworben, doch die konnte an den Erfolg der *Nuzulu* nicht anknüpfen. Als ernsthafter Rivale über die Jahre erwies sich ein Boot namens *Chutzpah*. Von dem Schiffskonstrukteur Robert Hick aus Melbourne entworfen und gebaut, wurde die *Chutzpah* von Bruce Taylor, einem Kieferorthopäden, gesegelt. Obwohl das Boot das Syd-Hob einmal anführte und sogar eine Teilstrecke gewann, gelangte es niemals als Sieger über die Ziellinie.

Nur vier Wochen vor dem 98er Rennen wurde die *Chutzpah* zum Verkauf angeboten. Ed und Bob erwarben sie sofort. Obwohl so etwas angeblich Unglück bringt, wurde die *Chutzpah* in *Midnight Rambler* umbenannt, denn Taylor hatte zu diesem Zeitpunkt bereits eine neue und verbesserte *Chutzpah* in Auftrag gegeben und wollte diesen Namen reservieren.

Jetzt steht Ed am Dock und mustert das Boot, das bald zu einem Synonym mit seinem Namen werden sollte. Diese *Midnight Rambler* ist anders als die erste, fünf Fuß kürzer und auch schmaler. Aber die Rumpfkonstruktion ist schlichter, und das bedeutet, daß die neue *MR* am Wind ebenso schnell ist und schneller vor dem Wind.

Es gibt noch andere, nicht so offensichtliche Unterschiede. Dinge, die nur ein Skipper bemerkt. So ist sie beispielsweise unempfindlicher, reagiert nicht so sensibel auf eine ungünstige oder gar falsche Segelwahl. Wenn Laien nach den Unterschieden fragen, zuckte Ed nur mit den Schultern und sagt, sie sei einfacher zu segeln.

Nur das flache Cockpit macht Ed Sorgen. Es bietet zu wenig Schutz vor Wind und Wellen. Das Steuern wird also ziemlich anstrengend werden, wobei Ed wie ein verzweifelter Hemingway-Darsteller am Steuerrad sitzen und mit dem Oberkörper das Boot steuern muß, während er sich mit Unterkörper und Beinen um die Wahrung seines Gleichgewichts bemüht.

Also hat Ed wie ein Preisboxer für das Syd-Hob trainiert. In den vergangenen Wochen hat er sich täglich einem harten Programm aus Laufen, Gewichtestemmen, Rudern und Schwimmen unterworfen. Geduldig ließ er die Witzeleien über sich ergehen, das Schwimmen habe noch keinem Segler Glück gebracht ... Mit Gewichtheben stärkt er seine Armmuskeln und seinen Oberkörper so, daß er das Ruder problemlos bedienen oder in einem Sturm ein tropfnasses Großsegel einholen kann. Bei jedem Wechsel müssen die Segel abgenommen werden. Unterdessen wird das neue Segel an Deck geholt und gehißt. Das alles muß mit wahrer Affengeschwindigkeit geschehen, denn jede Sekunde ohne Segel bedeutet verschenkte Geschwindigkeit. Und da schon ein trockenes Segel vierzig Kilo und mehr wiegt, ist das keine Aufgabe für Hänflinge.

Das Hauptaugenmerk seines Trainings legte Ed jedoch auf die Verbesserung seiner Ausdauer. Niemand spricht gerne über die Gefahr der Erschöpfung beim Hochwassersegeln, obwohl das ständige Auf und Ab des Bootes beim Durchpflügen hoher Wellen – vor allem unter den kabbeligen Bedingungen der Bass Strait – regelmäßigen Schlaf nahezu unmöglich macht.

Eds Vorbereitung war also eine notwendige Vorsichtsmaßnahme. »Es ist doch so«, sagt »Admiral« Don Buckley, ein erprobter Segler, der mit der *B-52* am 98er Syd-Hob teilnahm, »am Weihnachtsmorgen wirst du morgens um vier wach, weil die Kinder erwachen und es Zeit ist, die Geschenke auszupacken. Schon bald klingelt es, und ein paar deiner Kumpel wollen unbedingt mit dir aufs Fest anstoßen. Dann stellst du fest, daß du die gleiche Erkältung hast wie dein Kind, aber es wegen der paar Gläser, die du intus hast, nicht so merkst. Wenn du Glück hast, kommst du nach dem üppigen Festessen gegen Mitternacht ins Bett, mußt aber im Morgengrauen schon wieder raus, um an der Rushcutter's Bay das Boot für das Rennen vorzubereiten. Gegen elf verläßt du das Dock, um zum Start um eins zurechtzukommen – und genau in diesem Moment sind der Kater und die Grippe am schlimmsten. Dann läßt dich die Hektik des Starts für eine Zeitlang alles vergessen. Aber wenn es an diesem Tag dunkel wird, hat die Crew nur einen Wunsch: Schlaf. Jedermann ist total erschöpft. Der absolut ungünstigste Zeitpunkt für einen Sturm ist gegen Mitternacht oder ein Uhr nachts am ersten Tag auf See. Darauf ist niemand auch nur ansatzweise vorbereitet.«

Aber auf alles vorbereitet zu sein – das ist Ed Psaltis' Markenzeichen. Und er hat nicht nur sich selbst vorbereitet, sondern auch seine Crew. Im Dezember sind sie jeweils vier Tage pro Woche gesegelt, meist außerhalb der Heads.

Doch trotz aller Plackerei – des sportlichen Trainings, der Segelübungen, des Anlandholens der *MR*, um sie trocknen zu lassen – weiß Ed, daß sein Schiff kaum eine Chance hat, sich in der Konkurrenz zu behaupten, von einem Sieg ganz zu schweigen. Die *Midnight Rambler* ist nur fünfunddreißig Fuß lang. Neben Maxis wie der *Sayonara*, der *Brindabella* und selbst der *Team Jaguar*, die während des 97er Syd-Hob entmastet wurde, nimmt sich die *MR* ausgesprochen bescheiden aus. Maxis sind für gewöhnlich achtzig Fuß lang und fünfundzwanzig Tonnen schwer. Mit diesem Gewicht bügeln sie die Wellen buchstäblich glatt.

Ein Boot wie die *Midnight Rambler* wiegt lediglich fünf Tonnen, und das macht sie für die Launen des Meeres sehr viel anfälliger. Durch die Wellen zu brettern wäre Selbstmord. Die hohen Wogen neigen dazu, ein kleineres Boot herumzuschleudern und der Crew Schwindelgefühle oder Seekrankheit – und mehr als nur ein bißchen Angst – zu bescheren. Die große Welle muß deshalb im Winkel angegangen werden, behutsam.

Damit derart unterschiedliche Boote nebeneinander bei

einer Regatta eine faire Bewertung bekommen können, braucht man zum Ausgleich das Handicap-System, eine Formel, die als IMS (International Measurement System) bekannt ist. Das IMS soll gewährleisten, daß bei Regatten der fähigste Segler gewinnt und nicht der mit der größten Brieftasche. Zur Ermittlung des IMS-Handicaps werden Länge, Breite und Höhe eines Bootes vermessen und die Ergebnisse zusammen mit Segelfläche und Tonnage in einen Rechner eingegeben. Die IMS-Handicap-Bewertung bleibt dabei immer irgendwie geheimnisvoll, und die wenigen, die ganz durchblicken sagen, daß sie große Boote in schwerem und kleine Boote in leichtem Wind begünstigt. Bei der Regatta geht es also nicht darum, als erstes Boot die Ziellinie in Hobart zu überfahren, sondern als erstes seiner Klasse. Unter Seglern wird das als fairste Prüfung der Segelfähigkeiten betrachtet. Und deshalb wird das mit der Formel ermittelte siegreiche Boot durch eine maßstabgetreue Abbildung an der Wand des Sitzungszimmers des CYCA verewigt und nicht das definitiv erste.

Trotzdem muß hinzugefügt werden, daß für gewöhnlich die großen Boote gewinnen.

Daher räumt, obwohl Ed und seine Crew etliche andere Hochseerennen – als letztes das Sydney to Mooloolaba Race im April 1998 – gewonnen haben, niemand der *Midnight Rambler* auch nur den Hauch einer Chance auf den Sieg beim Syd-Hob ein. Zu viele Klasse-Boote. Zu viel Strecke vor dem Wind. Zu viele Spitzen-Skipper – Burschen, die America's Cups und olympisches Gold gewonnen haben. Verglichen mit einem Mann wie Larry Ellison, dessen Carbonfaser-Masten mit 360 000 Dollar mehr kosteten als zwei *Midnight Ramblers*, ist Ed Psaltis nicht mehr als ein Sonntagssegler, der nach den Sternen greift.

Als sich die Zeitungen von Sydney ihre Favoriten ausgucken, wird der Mooloolaba-Sieg als glücklicher Zufall abgetan. Ed und die *Midnight Rambler* schaffen es auf keine Top-Ten-Liste der Experten. In den Wettbüros von Sydney stehen die Wetten für die *MR* achtzehn zu eins.

Ed kümmert das nicht. Gebt eine Wette ab, rät er Freunden und Verwandten. Er hat Vertrauen in sein neues Boot. Vor die Wahl gestellt, würde er die *Midnight Rambler* jederzeit einem Maxi vorziehen. Sie ist ein Boot für Individualisten. Die Crew eines Maxi beträgt zweiundzwanzig Mann. Die *Midnight Rambler* kann im Notfall von einem einzigen Seemann gesegelt werden. Diese romantische Vorstellung von Eigenverantwortung fasziniert Ed Psaltis. Er und Bob Thomas könnten sich zwar ein größeres Boot als die *Midnight Rambler* gar nicht leisten, doch das ist belanglos. Wichtig ist, in einem kleineren Boot gut abzuschneiden.

Während Ed die *MR* mustert, tritt wortlos sein Vater neben ihn. Bill hat seinem alten Freund Jim Lawler auf der *Winston Churchill* einen Besuch abgestattet. Jim hat fünfzehn Syd-Hobs hinter sich und arbeitet als Repräsentant für das American Bureau of Shipping.

»Zu meiner Zeit«, merkt Bill und wirft einen Blick auf die *MR*, »sind wir mit richtigen Booten gesegelt.«

»Sehr komisch, Dad.«

Sie lachen über den alten Scherz. Bill ist vor allem ein ehrgeiziger Mann. Meistens ruhig und gelassen bis zur Distanziertheit, aber immer auf Wettbewerb bedacht. Bills Boot war die *Meltemi*, ein solider Kasten aus Kiefer und Glasfaser, der das Sydney to Hobart zwölfmal hinter sich brachte. Es war stets Bills Traum, das Rennen zu gewinnen – mehr als passend für den Präsidenten des CYCA –, und er ist auch ein ausgezeichneter Segler, aber die *Meltemi* ist ein langsames Boot.

Mit den Jahren und als die Compositmaterialien des

Raumfahrtzeitalters Huonpine und Glasfasern ersetzten, spürte Bill, wie ihm sein Syd-Hob-Traum entglitt. Die neuen leichten Boote sind bei rauhem Wetter und in tückischen Gewässern einfach nicht sicher, erzählt er jedem, der ihm zuhört. Wie alle Australier erinnert sich Bill lebhaft an den Moment nationaler Peinlichkeit, als die *Australia II* unter den Strapazen des America's Cup 1992 vor San Diego auseinanderbrach. Sie sank innerhalb von Sekunden, während die verblüffte Crew von Bord sprang und auf Rettung wartete. Das Debakel wird in australischen Seglerkreisen in dem düster-bekümmerten Tonfall erörtert, den Amerikaner dem Kennedy-Attentat vorbehalten. Die Decks wurden in hohen Wellen zu leicht zerstört, ihre Masten zu schnell geknickt, und die Boote neigten in den hohen Wogen zum Kentern. Dennoch ging Bill davon aus, daß leichte Boote die einzige Chance darstellten, das Syd-Hob zu gewinnen. Vor die Wahl zwischen Sicherheit und Geschwindigkeit gestellt, entschieden sich die Männer jedoch ausnahmslos für die Schnelligkeit.

1986 verkaufte Bill die *Meltemi*. Ihr Käufer verwandelte sie von einem Rennboot in eine Kreuzfahrtyacht. Mehr Komfort, weniger Schnelligkeit. Sie liegt in Pittwater, gut dreißig Kilometer nördlich von Sydney Harbour. Ed wirft noch dann und wann einen Blick darauf, wenn er in diesem Revier segelt.

Als nächstes gab Bill irgendwann zu Beginn der neunziger Jahre seinen Syd-Hob-Traum auf. Er erinnert sich weder an das genaue Datum noch an den akuten Grund. Bill weiß nur, daß er eines Tages aufwachte und erkannte, daß für ihn die Suche nach dem Heiligen Gral vorüber war. Der Syd-Hob-Sieg wurde Eds Ziel. Mitunter verfolgt ein Mann aus Pflichtgefühl die Passionen und Sehnsüchte seines Vaters weiter, ohne sie selbst nachempfinden zu können. Doch selbst wenn der Sohn damit Erfolg haben sollte, kommt ihm unter solchen Voraussetzungen irgendwann die bittere Erkenntnis, daß er sein Leben für die Realisierung der Träume des Vaters verplempert hat. In Eds Fall liegt die Sache anders, ganz anders.

Während Vater und Sohn vor dem Start eine ruhige Minute miteinander verbringen, denkt Ed zum tausendstenmal darüber nach, wie wundervoll es wäre, ein letztes Syd-Hob zusammen mit seinem Dad zu segeln. Aber er schlägt es ihm nicht vor. Bill segelt die *Meltemi* nur innerhalb des Hafens. Außerdem ist das Boot nicht groß genug für zwei Skipper.

Bill hadert nicht mit sich oder dem Schicksal, nie ein Syd-Hob gewonnen zu haben. Jetzt, mit einundsiebzig und im Ruhestand, konzentriert er sich auf die Sorge, daß die Jungen wohlbehalten zurückkommen. Natürlich spricht Bill über seine Gedanken nicht mit Ed und Arthur.

Wie sagt ein alter Mann seinen Söhnen, daß ihn die Befriedigung, die er auf einem Boot gefunden hat – unangefochten, allein mit seinen Gedanken, den Wind im Gesicht, die Sonne im Nacken –, einst faszinierte, weil sie die einzige Freiheit war, die er kannte? Und daß es ihn im Alter weit mehr befriedigt, stillzusitzen und auf das Geplapper eines Enkels zu hören, daß er die Zeit mit seinen Söhnen inzwischen mehr schätzt als das Leben an Bord. Manche Dinge lernt man spät, wenn überhaupt.

»Du hast von dem Sturm gehört, oder?«

»Yeah. Roger Badham unkte von einem üblen Tief.«

»Und?«

»Wenn wir keinen 50-Knoten-Wind überstehen können, dann gehören wir nicht ins Rennen.«

»So ist es, Sohn.«

Schließlich ist es Zeit für den Abschied. Bill legt einen Arm um Eds Schultern. Bill ist kein Mann der großen Worte. Also faßt er sich kurz.

»Immer mit der Ruhe, Ed. Genieße das Rennen, und ruhe dich vor dem Sturm aus, so gut es geht.«

»Ja, Dad.«

Sie trennen sich mit dem üblichen Handschlag. Ohne große Emotionen. Ohne jedes Eingeständnis von Besorgnis oder Furcht.

»Und Ed ...«

»Yeah, Dad?«

»Paß auf dich auf.«

»Das habe ich vor, Dad.«

Ungefähr zu der Zeit, zu der sich Ed und die Jungs mit der *Midnight Rambler* auf die Startlinie zubewegen, setzt sich der Sportautor Peter Gearin in Manly, einer kleinen Küstenstadt nördlich von Sydney, in seinen Lieblingssessel. In einer Hand ein kühles Bier, in der anderen eine Packung Salt-and-Vinegar-Kartoffelchips. Auf diesen Tag, auf diesen Moment hat Gearin seit Wochen gewartet. Er ist ein glühender Cricket-Fan und will heute nichts anderes, als sich eines der größten australischen Cricket-Spiele anzusehen, das Boxing Day Test Match. 1998 geht es gegen die Pommies, die Briten.

Aber der Tradition entsprechend werden die Mannschaften nach zwei Stunden eine Mittagspause machen. Und dann wird statt des Cricket-Spiels in Melbourne der Syd-Hob-Start in Sydney übertragen.

In den Anfangsjahren begann das Sydney to Hobart Race mitunter um elf oder zwölf Uhr mittags. Aber als die Regatta dann immer mehr die Bedeutung eines Nationalereignisses annahm (fragen Sie jeden beliebigen Australier, und er wird Ihnen auf Anhieb sagen können, wo er die Syd-Hob-Übertragung gesehen hat, genau wie alle Amerikaner wissen, wo sie die Super Bowl »geguckt« haben), wurde der Beginn auf ein Uhr verschoben. Das ermöglicht dem leidenschaftlichen Aussie-Sportfan, um elf seinen Fernseher einzuschalten, die ersten zwei Stunden dem Cricket-Spiel zu widmen, dann den Start des Syd-Hob mitzuerleben und für den Rest des Nachmittags zum Cricket zurückzukehren.

Aber als Gearin seinen Fernseher anstellt, überschwemmen gerade Regenfluten das Cricket-Feld. Das Spiel ist offensichtlich abgesagt worden. Melbourne liegt an der Bass Strait, schießt es Gearin durch den Kopf. Er schaltet auf den Wetterkanal um, und der zeigt eine massive Wolkenwand auf ihrem Weg ostwärts durch die Strait. Merkwürdigerweise schiebt sich gleichzeitig eine Kaltfront in Richtung Südwesten über das australische Festland und beschert den höheren Lagen von Victoria und New South Wales einen sommerlichen Schneesturm – und beide Regionen grenzen an die Strait.

Gleichzeitig treibt ein Sturmtief aus dem Nordosten die australische Ostküste entlang. Gearin ist kein Wetterexperte, aber ein Blick auf den Bildschirm sagt selbst ihm, daß alle drei Wetterfronten auf Konfrontationskurs sind. Vermutlich werden sie im Osten der Bass Strait aufeinandertreffen.

Der Schnee wird die Skifreaks freuen, denkt Gearin und zappt in der Hoffnung weiter, auf irgendwas zu stoßen, was einer Sportübertragung wenigstens ähnelt. Und er fragt sich, welche Auswirkungen die schlechten Wetterbedingungen wohl auf die Sydney to Hobart-Regatta haben werden.

Der Start. Ganz Sydney scheint sich um den Hafen versammelt zu haben. Später schätzt man die Zuschauermenge auf mehr als eine Million. Das Türkisblau der Bucht ist vom Kielwasser der tausend Segelboote, Ruderboote, Außenborder, Dingies und Zodiac-Flöße durchfurcht, die sich alle zusammenscharen, um den großen Augenblick nicht zu verpassen. Elegant gekleidete Frauen verzehren edle Häppchen an Bord von Luxusyachten wie der *Olympic Spirit* (110 Dollar pro Nase, Getränke inklusive), das junge Volk in den Paddelbooten trinkt Foster's. Am strahlend blauen Himmel knattern Hubschrauber hin und her. TV-Teams sind nicht nur auf dem Presseboot vertreten, sondern auch am Himmel und sogar an Bord eines Rennbootes.

Im Hafen versenken große Boote kleine, kollidieren Segelyachten mit Motorbooten, und jeder der hundertfünfzehn Skipper in der Syd-Hob-Flotte blickt in Erwartung des Starts nervös alle paar Sekunden auf seine Uhr. Larry Ellison auf der *Sayonara* schäumt. In Übereinstimmung mit den egalitären Prinzipien Australiens starten beim Syd-Hob alle Boote gemeinsam. Bei den meisten wichtigen Regatten im Rest der Welt erfolgt der Start jedoch gestaffelt: zuerst die großen Boote, dann das breite Feld der kleineren. Bei dem zwischen den Heads hereinpfeifenden Nordostwind wird also eine Reihe strategischer Manöver nötig sein, um den Hafen verlassen zu können. Ellison ist mit seinem Gulfstream V-Jet siebentausend Meilen geflogen, um den Streckenrekord seines Hauptrivalen, des deutschen Software-Milliardärs Hasso Plattner, mit der *Morning Glory* brechen zu können. Es ist nicht auszuschließen, daß ihn die Armada kleinerer Boote dabei behindert.

An Land ist die Szene ähnlich chaotisch. Auf dem South Head wimmelt es von Zuschauern. Der Verkehr auf der New South Head Road staut sich von der Rushcutter's Bay zur Watson's Bay und dem South Head. Parkplätze sind Mangelware. Manche Ausflügler versuchen inmitten des Tohuwabohus zu picknicken, breiten Decken aus und tun so, als wäre es ein ganz normaler

Sommertag. Der Rest der Zuschauer feiert. Der *Sydney Morning Herald* hat den Syd-Hob-Start als Ereignis bezeichnet, das sich niemand entgehen lassen sollte, und offenbar hat sich auch der letzte Leser daran gehalten.

Ed Psaltis wärmt die *Midnight Rambler* und ihre Crew durch eine kleine Fahrt unter Spinnaker durch die Bucht auf. Er hält die geballte Medienpräsenz für eine gute Chance, der *Australian Financial Review* zu beweisen, daß er aufrichtig um Werbung für sie bemüht ist. Das schwarze Segel oberhalb des Bugs bläht wie ein Kampfhahn seine Brust.

Alle Crewmitglieder sind an Deck: Bob Thomas, Arthur Psaltis, Michael Bencsik, John Whitfeld, Gordon Livingstone und Chris Rockell. Alle tragen die *MR*-Uniform aus Shorts, Polohemden und Deckschuhen.

Die Startlinie ist eine gedachte Gerade im Wasser zwischen Nielsen Park und Taylors Bay. Der Katamaran mit der Starterin SuSie O'Neill, dem CYCA-Präsidenten Peter Bush und den lokalen Honoratioren schwankt zur Seite und wieder zurück. Die berühmte Harbour Bridge und die Oper sind weit hinter der Flotte zu sehen. Ein Nordost bläst zwischen den Heads herein, daher werden die Boote nach dem Ertönen der Kanone in den Wind starten.

Die letzten zehn Minuten werden über Funk angezählt. Segelboote, die mit Motorkraft durch die Bay geschippert sind, schalten die Außenbordmotoren aus und hissen das Großsegel. Zuschauerboote, die sich weit an die Teilnehmer herangewagt haben, werden zurückgescheucht. Ed läßt den Spinnaker einholen und richtet den Bug in den Wind. In Höhe der Shark Island laviert er nach Norden, auf die Taylors Bay-Seite des Hafens. Die Absicht ist klar: Während die gesamte Flotte (und deren Zuschauerboot-Eskorte) darauf aus ist, am South Head nach rechts zu schwenken, möchte Ed die *MR* so weit links halten wie möglich. Für die anderen besteht ein hohes Risiko, sich miteinander zu verkeilen. Ed will nur eins: hinaus auf die offene See. Diese Gewohnheit, seinen eigenen Kurs zu segeln, ist Ed Psaltis' Markenzeichen. Manchmal ist die Strategie erfolgreich, manchmal bringt sie ihn in große Schwierigkeiten.

Kurz vor der Startlinie segelt Ed langsam seine Kreise und bemüht sich um eine möglichst günstige Position. Falls er die Startlinie vor dem Kanonenschuß überquert, muß er wieder zurück. Aber ein gelassenes Schaukeln an der Linie bedeutet einen langsamen Start, daher halten sich die Skipper vor der Linie und versuchen, den Startschuß vorher zu erahnen, um dann mit voller Geschwindigkeit loszustürmen. Im Grunde ist es eine Art Tanz. Ein nervenaufreibender Tanz. Das Syd-Hob ist zwar eine mehrtägige Regatta, aber oft entscheiden Minuten über den Sieg. Es ist also von Anfang an keine Zeit zu verschwenden, selbst wenn das Ziel noch siebenhundert Meilen entfernt ist.

Noch fünf Minuten. Ed spürt, wie sich sein Magen verkrampft. Keine Zeit, an Sue oder die Jungen zu denken. Er muß sich konzentrieren. Muß laut und entschieden Anordnungen geben. Das Kommando übernehmen. Ängste und Unsicherheiten abschütteln. Für diese Regatta hat er sich abgerackert.

SuSie O'Neill zündet die Kanone. Dumpf dröhnen Echos vom Katamaran über den Tumult in der Bay. Ed hat den Start perfekt berechnet. Er befindet sich in vorderster Front der Flotte und hält schräg auf die Heads zu. Die anderen Boote liegen hinter der *Midnight Rambler*, also kann er sich bewegen, ohne befürchten zu müssen, mit einem Konkurrenten zu kollidieren. Er neigt das Boot nach Steuerbord, bis der Rumpf in einem Winkel von fünfundvierzig Grad zur Wasseroberfläche krängt. Die Crew hockt auf der hohen Bootskante. Der Mast liegt so tief, daß er fast das Wasser berührt.

Zu beiden Seiten der *Midnight Rambler* drängt das übrige Feld heran, dann fallen kirchturmförmige Schatten auf ihr Deck: die Maxiboote – *Sayonara, Brindabella, Marchioness, Wilt Thing* ... wo ist die *Nokia*? – mit vielköpfigen Crews und genügend Segelfläche, um den Rumpf der *Midnight Rambler* zweimal einzuwickeln.

Eds Herz setzt einen Schlag lang aus. Es klappt. Genauso hat er es sich gewünscht. Maxis sind die schnellen Boote. Und das bedeutet, daß Ed Psaltis und die *Midnight Rambler* unter den führenden Booten des Syd-Hob sind. Einen Moment lang – einen kurzen Moment, der für den Verlauf des Rennens nichts bedeutet, aber sich ungemein gut anfühlt – gewinnt er das Syd-Hob. Das Gefühl ist erhebend und elektrisierend zugleich.

Die Crew stößt einen Jubelschrei aus. Sie denkt das gleiche. Das ist unser Jahr. Sie segeln an der Spitze der Flotte, über ihnen blauer Himmel, gleich werden sie sich am South Head nach rechts wenden und dann unter Spinnaker mit dem Wind die Küste hinabgleiten. Ein Segelwetter wie Champagner. Ed lächelt, sagt aber kein Wort. Zu viele Boote zu nahe beieinander! Konzentration ist angesagt. Immer mehr Boote bedrängen die *Midnight Rambler*. Eds Furcht vor Behinderungen ist wahrlich nicht unbegründet.

Und dann, kurz vor dem South Head, passiert es. Direkt vor der *Midnight Rambler* taucht die *Nokia* auf, ein 82-Fußer. Ed schreit laut auf, kann aber nur noch zusehen, wie die *Nokia* um Haaresbreite an seinem Rumpf vorbeischrammt. Dann dreht die *Nokia* scharf auf ein anderes Boot zu. Das zweite, halb so große Boot wie die *Nokia*, kann nicht mehr ausweichen. Die beiden kollidieren. Tauwerk verheddert sich. Schreie und Flüche hallen von Deck zu Deck, jedes Boot glaubt sich im Recht. Obwohl eindeutig im Unrecht, verweist die *Nokia* auf ihre Größe. Sie ist ein Maxi. Kleinere Boote stellen sich ihr auf eigene Gefahr in den Weg. Die Seeleute auf dem zweiten Boot sagen der *Nokia*, wohin sie sich ihre Größe stecken kann …

Kein Segel wurde zerfetzt, keine Leine zerrissen. Ein paar Sekunden später trennen sich die Boote voneinander, um ihre eigenen Wege nach Hobart einzuschlagen. Wie ein dicker, betrunkener Seemann schwenkt die *Nokia* ab und rammt prompt die *Bright Morning Star*.

Diese wenigen Sekunden sind alles, was Ed braucht. Das Rückwärtsmanöver der *Nokia* öffnet eine kleine Lücke in der Flotte, die Ed ausreicht, um die *Midnight Rambler* hindurchzusteuern. Und während die *Nokia* und die *Bright Morning Star* zunächst bewegungslos Rumpf an Rumpf liegen, um sich dann unter Rufen wie: »Nichts passiert. Bis dann in Hobart« voneinander zu trennen, schiebt sich Ed mit der *MR* an beiden vorbei. Seine kleine *Midnight Rambler* segelt neben der *Sayonara* und der *Brindabella* zwischen den Heads aufs offene Meer hinaus. Der Nordwestwind schickt ihm die Anfeuerungsrufe der Zuschauer auf den Klippen nach. Zwischen der *MR* und Hobart liegt nur noch die blaue See. Bei dieser Windstärke von fünfundzwanzig Knoten wird die *Midnight Rambler* in weniger als vierundzwanzig Stunden die Bass Strait erreicht haben. Von einer solchen Geschwindigkeit konnte Ed bislang nur träumen.

Sayonara setzt den Spinnaker. Das auffallende weiße Segel mit der aufgehenden roten Sonne ist nicht zu übersehen. Doch bei der Umrundung einer Boje reißt der Spinnaker der *Sayonara* und beginnt im Wind zu flattern wie ein riesiges weißes Laken auf der Wäscheleine. Sofort beeilt sich die Crew, den Spinnaker zu wechseln, während die *Brindabella* vorbeizieht und die Führung übernimmt. Hunderte von Motorbooten sind der Flotte vom Hafen aus gefolgt. Ihre Passagiere jubeln begeistert, als die *Sayonara*-Crew das Segel innerhalb von Sekunden ersetzt. Sie schreien noch lauter, als die *Brindabella* ihre Führung verteidigt. Der Kampf hat begonnen.

»Also gut, Lads«, ruft Ed, »laßt den Spinnaker steigen.« Ein Schatten fällt auf das Deck, dann verdunkeln die Segel der *Australian Financial Review* den Himmel vor dem Bug, und die kleine *Midnight Rambler* beginnt in einer Schnelligkeit Richtung Hobart zu preschen, die Ed nie für möglich gehalten hätte. Ein Schauer überläuft ihn. Dieses Jahr könnte er es schaffen. Arthur geht ins Cockpit, und die beiden Männer recken triumphierend die Daumen.

Endlich sind sie unterwegs. So, wie sie früher als Kinder durchs Mittelmeer gesegelt sind. Zum ersten Mal an diesem Tag geht Ed Psaltis unter Deck. Plötzlich hat er Hunger. Was wohl Sue und die Kinder gerade machen, fragt er sich.

»Meine Eltern wohnen knapp achtzig Kilometer südlich von Sydney in Austinmer, einem kleinen Ort an der Küste zwischen einem Regenwald und einer Kette klassischer Strände im malerischen Norden von Wollongong. Der Boxing Day ist traditionell ein Familientag, und es gehört irgendwie dazu, in der Mittagspause des Cricket-Spiels den Syd-Hob-Start im Fernsehen anzusehen, während wir das Mittagessen vorbereiten – ausnahmslos Reste von Weihnachten (Schinken, Puter und so weiter) und Salat. Es ist einer von jenen Tagen, die man lieber draußen als drinnen verbringt, am Strand oder bei einer Cricketpartie im Garten. Doch zum Start der Regatta geht man ins

Haus, wie auch zwischendurch immer wieder mal, um sich über den Stand des Cricketspiels zu informieren. Australien mag ja das Land mit der höchsten Hautkrebsrate der Welt sein, doch wen kümmert das am Boxing Day? Und in diesem Jahr läßt das Wetter nichts zu wünschen übrig. Traumhaft. Am 26. Dezember beginnt in Melbourne auch das alljährliche Boxing Day Cricket Test Match, aber der erste Tag fiel ins Wasser. Es schüttete wie aus Eimern. Und in genau diese Schlechtwetterfront segelten die Yachten hinein, aber bei uns war das Wetter absolut prachtvoll. Offengestanden dachte ich keinen Moment daran, was auf die Syd-Hob zukommen könnte.

Später am Nachmittag schreibt die Familientradition vor, ein bißchen zu schwimmen oder zumindest einen Spaziergang mit Ferngläsern zum Bell's Point zu unternehmen, um nach Booten Ausschau zu halten. So haben wir es mein Leben lang gehalten. Man trifft dabei stets auf andere Leute, die auch diese Idee hatten. Bei Südwind kommen die kleineren Boote recht nahe an die Küste heran, mitunter bis auf einen knappen Kilometer. In diesem Jahr erfolgte der Start bei Nordostwind, daher wußten wir, daß wir schon großes Glück haben mußten, um eines der Boote zu erspähen. Ihre Spinnaker tragen sie für gewöhnlich weiter aufs Meer hinaus. Es muß gegen sechs Uhr gewesen sein, als mein Neffe Luke auf dem Heimweg vom Surfen am Horizont das erste von einem halben Dutzend Segel am Horizont ausmachte. Es waren nur winzige weiße Dreiecke auszumachen, dennoch erfaßte uns eine Erregung. Wie immer. Mum hatte von Pa zu Weihnachten ein Fernglas bekommen, daher beschlossen wir, es gleich einem Test zu unterziehen, und machten uns auf den Weg zur Landzunge (meine Eltern wohnen nur ein paar hundert Meter von Bell's Point entfernt). Ich half meinem Sechsjährigen bei dem richtigen Einstellen des

Fernglases, und er schrie begeistert auf, als er die Rennziegen erkennen konnte. Ich weiß noch, daß ich es in seinem Alter genauso gemacht habe. Die Yachten waren aber zu weit draußen, um sie identifizieren zu können. Dennoch war es spannend. Es ist unsere persönliche Beziehung zum Syd-Hob.

Graem Sims, stellvertretender Chefredakteur
Inside Sport-Australia.«

Sword of Orion

Das Boot, das mit der *Nokia* kollidiert, ist die *Sword of Orion*. Nur mühsam beherrscht, bemüht sich die *Sword*-Crew, vom Rumpf der *Nokia* fortzukommen: An Bord der *Nokia* ist eine TV-Kamera, und niemand möchte landesweit im Fernsehen beim unflätigen Fluchen gezeigt werden. Doch beide Crews sind eindeutig erbost, daß die Flotte ohne sie zum Sydney Harbour hinaussegelt. Beide Seiten sind überzeugt, unschuldig zu sein, aber Luftaufnahmen beweisen, daß sich die *Nokia* leichtfertig zwischen kleinere Boote gedrängt hat.

Das Verhalten der *Nokia* kann auch durch die Zusammensetzung ihrer Besatzung erklärt werden: Die Crew besteht zu gleichen Teilen aus Profiseglern und Neulingen, drei Führungskräften aus der Firma des Hauptsponsors, die unter Deck flüchten, sobald das Wetter rauher wird und bei Sonne die Füße über die Kante baumeln lassen. Höflich ausgedrückt, sind sie nichts als menschlicher Ballast, unter Seeleuten auch als »Relingleichen« bekannt.

Daß sich die *Sword of Orion* in eine Kollision verwickeln ließ, ist komplizierter.

Crews für Hochseeregatten finden sich aus den verschiedensten Gründen zusammen. Im besten Fall handelt es sich um eine Handvoll talentierter Segler, denen es in erster Linie um das Zusammensein geht und erst in zweiter um den Wettbewerb. Sie sind Kameraden, Kumpel. Sie hatten bereits mehr als einmal Erfolg und brauchen sich nicht erneut durch ein Rennen zu bestätigen. Eine solche Crew hat die *Winston Churchill.*

Manchmal gibt es ein schwaches Glied in der Mannschaft, doch das ist verzeihlich, solange sich der Mann kameradschaftlich verhält. Familiäre Bande und eine untadelige Arbeitsmoral machen oft fehlende Segelerfahrung wett. Das ist bei der *Midnight Rambler* der Fall.

Aber manchmal ist der Skipper ehrgeizig. Allzu ehrgeizig. Freundschaft ist weniger wichtig als der Sieg, weil mit einem Gewinner ohnehin jedermann Freundschaft schließen möchte. Ein solcher Skipper sucht sich die Mitglieder seiner Crew ausschließlich nach ihren besonderen Fähigkeiten aus. Er entscheidet sich für einen Mann, weil er ein Klasse-Navigator ist, für einen anderen wegen seiner brillanten Fähigkeiten als Taktiker. Und so geht es weiter, bis die Mannschaft nur noch aus Koryphäen besteht und aller Welt zu verstehen gibt, etwas Besseres als sie sei nicht denkbar. Die Crew fühlt sich ihrerseits trotz der Mängel des Skippers von der Qualität des Bootes angezogen. Oder vielleicht ist der Designer weltberühmt. Vielleicht läßt es der Skipper an nichts fehlen und stattet sein Boot mit allem nur erdenklichen technischen Schnickschnack aus. Das alles zusammen trifft auf die *Sword of Orion* zu.

Keine Kameraden, keine Freunde, sondern eine Ansammlung von top-professionellen und amateurhaften Seglern unter einem superambitionierten Skipper, der die Crew für sein schnelles neues Boot ausschließlich für das Rennen nach Hobart zusammengestellt hat. In früheren

Jahrhunderten wären diese skrupellosen Typen Piraten geworden. Heute ist ihre Beute der Ruhm und das höhere Ansehen eines Syd-Hob-Gewinns in Relation zu einem eroberten Schatz, aber nichtsdestotrotz sind sie Piraten.

Nicht die einzelnen Crewmitglieder der *Sword of Orion*, sondern Skipper Rob Kothe und seine Individualisten – darunter Glyn Charles aus Portmouth – sind mit der massiveren *Nokia* kollidiert. (Glyn Charles war ein Job auf der *Nokia* angeboten worden, doch er hatte zugunsten des anspruchsvolleren Bootes abgelehnt.) Die Stieper der *Sword*, die vertikalen Deckstreben, sind nach der Kollision ernsthaft beschädigt. Ihre Reparatur wird mindestens eine Stunde in Anspruch nehmen. Falls das riskante Verhalten der *Nokia* die *Sword* um den Sieg bringt, wird Kothe die Welt wissen lassen, daß es nicht die Schuld seiner Crew ist. Er beschließt, erst einmal die Protestflagge zu setzen. Und das erscheint nur logisch, da die *Sword* eindeutig das Wegerecht hatte und das Monstrum mit den gelben Segeln und der Crew mit etlichen Laien an Bord seine Spitzencrew zur Niederlage verdammt hat.

Natürlich gab es kontroverse Diskussionen bezüglich der Namensänderung. Seeleute sind eine abergläubische Sippe, und die Umbenennung eines Bootes bringt angeblich Unglück. Aber in neuerer Zeit werden viele Namen geändert, eine Lockerung der Sitten, die vielleicht erklärt, warum sich ein Newcomer wie Kothe nach dem Kauf der *Brighton Star* – 1997 kam sie in ihrer Klasse auf den sechsten Platz des Syd-Hob und beendete insgesamt vier Syd-Hobs mit dem Zieleinlauf – über diesen alten Aberglauben hinwegsetzte. Vielleicht ging es ihm auch nur um eine Wiedergutmachung. Als das Bootsbauerteam John Pugh und Jim Reichle aus San Diego den 43-Fußer zu Wasser ließen, wurde der Nachfolger des America's Cup-Herausforderer *America3* auf den Namen *Sword of Orion* getauft. Kothe gab dem Boot einfach seinen ursprünglichen Namen wieder.

In der griechischen Mythologie ist Orion ein Jäger und Sohn des Meeresgottes Poseidon – ein unbeherrschter, hitzköpfiger Charakter. Orion lebte auf Kreta und liebte Eos, die Göttin der Morgenröte. Doch die Göttin der Jagd Artemis wurde so eifersüchtig auf Orion, daß sie ihn mit einem Pfeil durchbohrte.

Das bekannteste Merkmal des Sternbildes Orion sind die drei Sterne auf dem Gürtel des Jägers. Senkrecht vom Gürtel ausgehend, funkelt eine Reihe schwächerer Sterne: das Schwert des Orion. Es hängt dem Jäger bis knapp über die Knie. Daher behaupten Seeleute und Astronomen immer wieder scherzhaft, das Schwert sei gar kein Schwert, sondern Orions Penis. Mit einer Ausdehnung von fünfzehn Lichtjahren (und wegen umgebender Nebelflecken rötlich glühend) besäße Orion demnach den größten bekannten Phallus. Es hat schon etwas Unverfrorenes, einem Boot einen so großspurigen Namen zu geben. Eine Unverfrorenheit, die zu einer Truppe von Außenseitern paßt. Söhne des Meeresgottes, aber auf Abwegen.

Schließlich bliebe noch zu erwähnen, daß Kothe zu diesem Zeitpunkt durchaus als Gefahr empfunden wird. Der in Sydney ansässige Besitzer eines auf Wassersportzubehör spezialisierten Unternehmens namens Tetra Systems ist neu im Segelsport. Er hat gerade einmal vier Jahre zuvor in der Segelschule des CYCA segeln gelernt.

Doch Kothe ist einer der weltbesten Drachenflieger. Das Segeln stellt für ihn eine neue Herausforderung dar, zu der er aufgrund seiner technischen Kenntnisse gefunden hat: des zur Erreichung hoher Geschwindigkeiten nötigen Winkels zum Wind, der optimalen Konstruktion des Fluggeräts, der Geometrie der Verspannung. Beim Drachenfliegen nutzen die Sportler die Seewinde vor Küstengebirgen. Auch Segler bedienen sich dieser Winde, doch draußen auf See. Beim Drachenfliegen genügt eine Bodencrew von vier Mann, während ein Segelteam für den Notfall bereitsteht. In dieser Beziehung kommt Kothe das Segeln einfacher vor.

Kothe nimmt zum zweitenmal am Syd-Hob teil. 1997 wurde er mit der *Whichcraft II* zweiter in seiner Klasse.

Für das 98er Syd-Hob ist Kothe bemüht, die bestmögliche Crew zusammenzustellen. Als gewieftem Geschäftsmann, der sich seiner Grenzen durchaus bewußt ist, fällt Kothes Wahl auf den zweifachen Syd-Hob-Gewinner Steve Kulmar als Steuermann. Kothe wird navigieren und Skipper sein, aber das Sagen hat Kulmar. Es ist nicht ungewöhnlich, daß ein Eigner und Skipper die Verantwortung für sein Boot während eines Rennens einem anderen überläßt. Nach der Regatta heimst der Skipper ohnehin den ganzen Ruhm ein, unabhängig davon, wer das Boot tatsächlich gesteuert hat. Mit Ende Vierzig und sechzehn Syd-Hob-Teilnahmen auf seinem Konto ist der liebenswürdige, geradlinige Kulmar auch in der internationalen Seglergemeinde bekannt, weil er bei den Rennen um den Admiral's Cup die australische *Sea* gesteuert hat. Gute Freunde Kulmars aus früheren Admiral's Cup-Tagen sind der Fraser Sails-Agent Andrew Parkes mit acht Syd-Hob- und vier Admiral's Cup-Beteiligungen sowie der vierundzwanzigjährige Bugmann Darren Senogles, ein vielversprechender Segler, der trotz seiner jungen Jahre bereits Admiral's Cup-Erfahrungen hat.

Alle drei gehören zur Crew der *Sword*.

Auch Glyn Charles fand durch Kulmar seinen Weg auf die *Sword*. Die internationale Begeisterung für das Segeln führt zu zusammengewürfelten Crews und dazu, daß Segler immer dort einspringen, wo gerade Not am Mann ist. Getreu dem Motto: Letztendlich sind wir alle irgendwie

Kinder des Meeres. Als Älterer nahm Kulmar Charles unter seine Fittiche, da er an ihm das gleiche hitzköpfige Temperament entdeckte, das er selbst einmal besaß. Beide lieben eine direkte Sprache, beide leben für das Segeln. Als sich Kulmar und Charles begegneten, war der Engländer schon nicht mehr der zornige junge Mann. Hin und wieder bricht immer noch etwas davon durch, aber seine ätzende Selbstgerechtigkeit hat er abgelegt. Statt dessen münzt er seine Ungebärdigkeit in Segelerfolge um. Kulmar empfindet große Zuneigung zu Glyn Charles und betrachtet ihn als engen Freund. Und für Glyn ist Kulmar ein Ersatzvater, obwohl er das nie zugeben würde. Er mußte sein halbes Leben lang ohne einen Vater auskommen.

Als Steve Kulmar seinen jungen Freund am 23. Dezember fragt, ob er zur Crew der *Sword* stoßen will, holt der sich erst den Segen seiner Freundin Anne Goodman. Annie, eine attraktive, selbstsichere Marketingstrategin bei Price Waterhouse Coopers, spielt eine entscheidende Rolle in Glyns Leben. Sie ist unabhängig genug, seine langen Abwesenheiten zu ertragen und zu unterstützen, weiß sie doch, daß er stets zu ihr zurückkommen wird. Schon immer hätte er sich gewünscht, an einem Syd-Hob teilzunehmen, erklärt Glyn Annie. Und obwohl sie beide ursprünglich am Heiligen Abend nach Hause fliegen wollten, stimmt Annie zu. Während er nach Hobart segelt, wird sie nach Melbourne fliegen, um sich die alte Stadt und ihr europäisches Flair anzusehen.

Dann holt Charles sich telephonisch die Zustimmung seiner Mutter. »Ich bin mit allem einverstanden, was du tust«, antwortet Margaret Charles ihrem Sohn. »Solange es dich nur glücklich macht.«

Schließlich sagt Charles Kulmar seine Teilnahme zu, der Kothe darüber informiert. Der akzeptiert Glyn Charles sofort als neues Crew-Mitglied. Glyn soll Kulmar am Steuer unterstützen. Insgesamt wird die *Sword* also über vier international erfahrene Steuermänner verfügen. Alles in allem schlagen für die *Sword*-Crew achtzig Sydney to Hobart-, zwölf Fastnet-, zehn Admiral's- und vier America's Cup-Teilnahmen zu Buche. Sie scheint unschlagbar.

Aber nur auf dem Papier. Bei Hochseeregatten ist das Zusammenspiel, das Einfühlungsvermögen innerhalb der Crew von vorrangiger Wichtigkeit. Animositäten können selbst die besten Einzelleistungen zunichte machen. Ist eine Crew gezwungen, jede Minute unter extremem Streß zu verbringen, wirkt selbst die Art provozierend, wie ein Mann sein Essen kaut oder sich die Zähne putzt. Die Crew-Mitglieder eines Rennbootes sind wie die Zahnräder eines Schweizer Uhrwerks. Klappt die Zusammenarbeit nicht optimal, verlieren die Zahnräder ihre Funktion.

Sobald ein Rennen gestartet ist, gibt es keine Privatsphäre mehr, kein Versteck, in dem man sich einen Moment lang erholen könnte. Selbst der Gang auf die Toilette wird zu einer öffentlichen Angelegenheit, da auf den meisten Booten geglaubt wird, der »Privatsphäre« sei mit einem Töpfchen Genüge getan, wie man es zur Sauberkeitserziehung von Kleinkindern benutzt. Aus diesem Grund ziehen es die meisten Seeleute vor, ihre Geschäfte über die Seite zu erledigen. Bei der Lektüre der Sportseite und Grübeleien darüber, wie unmöglich das Leben doch ist ...

Glyn Charles reizte an der *Sword* nicht die Kameradschaft der Crew, nicht die Aussicht auf einen befriedigenden Törn, sondern der Wettbewerb. Er weiß, daß die *Sword* ein Favorit auf den Sieg ist. Deshalb segelt Glyn an diesem sonnigen Dezembernachmittag unter vollem Spi die australische Ostküste hinunter. Die Neugierigen, die eine Stunde südlich von Sydney in Wollongong die Küste säumen und aufs Meer spähen, können die *Sword of Orion* unmöglich sehen. Unter den winzigen Dreiecken, die sie ausmachen, befindet sich vermutlich Ed Psaltis mit der *Midnight Rambler*, der nur acht Meilen vor der Küste mit der Zwei-Knoten-Strömung über den Kontinentalschelf segelt. Das ist sicher, das ist schnell und für den Fall eines Falles nahe genug an Land.

Man kann die *Sword* nicht sehen, weil Kulmar das Herz eines Spielers hat. Er hält sich nicht an die Loxodrome als kürzester Strecke von Sydney nach Hobart. Er ist mit der *Sword* zwanzig Meilen hinausgesegelt, um eine südliche Strömung von acht Knoten zu nutzen. Sie und der Rückenwind von fünfunddreißig bis vierzig Knoten läßt die *Sword* mit fast fünfundzwanzig Knoten die Küste hinunterrasen. Es ist riskant, sich so weit von Land zu entfernen – wer zwanzig Meilen hinaussegelt, muß diese Strecke irgendwann auch wieder zurückkommen –, aber Kulmar glaubt, daß die durch die Strömung gewonnene Geschwindigkeit den Umweg wert ist. Daß die *Brindabella* und die *Sayonara* die gleiche Entscheidung treffen, läßt Kulmars Entschluß nur logisch erscheinen.

Fünfundsiebzig Minuten nach dem Start gibt das Bureau of Meteorology eine Sturmwarnung für die Bass Strait heraus. Der Syd-Hob-Meteorologe Kenn Batt funkt der Flotte, daß die führenden Boote gegen Mitternacht mit Winden von fast Sturmesstärke rechnen müssen. Windgeschwindigkeiten von fünfundvierzig bis fünfundfünfzig Knoten sind zu erwarten sowie Wellen von zwei bis drei Metern Höhe. Da die Südwinde auf die südliche Strömung treffen, müssen sich die Segler auf einen »scheußlichen« Seegang gefaßt machen, warnt Batt.

Die *Sword* hört die Sturmwarnung, während sie unter Spinnaker über die Wellen schießt. Eine zwei Meter hohe

Dünung läuft mit dem Boot. Ein faszinierenderes, sorgenfreieres Segeln ist nicht vorstellbar. Dann und wann trimmt Parkes den Spinnaker, aber sonst besteht keine Veranlassung, etwas an der Segelfläche zu verändern. Die Crew bleibt an Deck und genießt. Wenn die Ränke in zwanzig Jahren in der CYCA-Bar von ihren wundervollsten Segeltörns erzählen, wird dieser Nachmittag zu den schönsten gehören.

Steve Kulmar hält den Kurs mit nur einem Finger. Darren Senogles und Andrew Parkes sitzen weit vorn auf dem Bug und reiben sich mit einer neuen Schicht Sonnenschutzcreme ein. Glyn hockt nahe dem Cockpit auf der Reling und plaudert mit seinem Freund Kulmar. Als Neuer an Bord hat Glyn sonst niemanden, mit dem er sich unterhalten könnte. Kulmar bereitet ihn auf die Strömungen der Bass Strait vor und unterrichtet ihn, wie man ihrem besonderen Wellengang am besten begegnet.

Die Gischtkronen und die Neigung zum Umschlagen vermittelt mehr den Eindruck von Brandungswellen als von Wogen draußen auf dem Meer, erklärt Kulmar Glyn Charles. Dann sprechen sie über die Konsequenzen, die diese Besonderheit auf ein Boot haben kann. Glyn ist davon überzeugt, daß eine Kenterung das Schlimmste ist, was der *Sword* zustoßen kann. Solange sie die Wellen kommen sehen, sind Kulmar und er erfahren genug, durch eine schnelle Kursänderung zu vermeiden, daß sie breitseits von einer Welle getroffen werden oder eine Welle über ihnen zusammenbricht.

So plaudern sie bis fünf nach vier, dem Zeitpunkt für die Positionsmeldung. Heute ist eine Ausnahme, künftig werden sich die Boote tags um 14.05 Uhr und nachts um 3.05 Uhr melden. Als die Yachten ihre Positionen in alphabetischer Reihenfolge – *ABN Amro Challenge, Adagio, Adrenalin* – bekanntgeben, wird klar, daß die Maxis

Nowra schon hinter sich gelassen haben. Die Strömung ist so stark, der Wind so frisch, daß *Sayonara, Brindabella, Nokia, Marchioness* und *Team Jaguar* mit ihrer größeren Segelfläche dem Streckenrekord der *Morning Glory* bereits um vier Stunden voraus sind. Im Morgengrauen müßten sie in der Bass Strait sein. So schnell hat noch kein Boot die Meerenge erreicht. In der gesamten Flotte äußern sich Crews begeistert über die Geschwindigkeiten.

Die *Sword* gibt ihre Position mit zwanzig Meilen auf See und ungefähr auf der Höhe von Nowra an. In Nowra liegt die HMS *Albatross* von der Royal Australian Naval Aviation. Zwei Rettungshubschrauber mit den hochklassigen Piloten Tanzi Lea und dem legendären Maat Shane Pashley sind in Nowra stationiert, wenn sie nicht von der HMAS *Newcastle* abheben. Der *Sword*-Crew ist Pashley dadurch bekannt, daß er die Einhandseglerin Isabelle Autissier im Südlichen Eismeer gerettet hat. Damit machte er Schlagzeilen in allen Zeitungen. Lea kennen die Männer dem Namen und dem Ruf nach, der ihm vorauseilt. Als ehemaliger Angehöriger der britischen Royal Air Force flog er Rettungseinsätze während des Fastnet Race 1979. Nach der Auswanderung nach Australien hat er etliche riskante Rettungsunternehmen durchgeführt. So etwas spricht sich herum. Die australischen Hochseesegler wissen ihr differenziertes Rettungssystem aus guten Gründen sehr zu schätzen. Australien verfügt über die beste Such- und Rettungsorganisation der Welt. Um ihre Männer sind wahre Mythen entstanden. Daß Rettungsschwimmer dazu ausgebildet werden, hundert Meilen »im Stück« zu schwimmen, beispielsweise. Oder daß die in geringer Höhe fliegenden Orion-Radarflugzeuge der Luftwaffe mit Schlepptauen ausgestattet sind, um Boote in Sicherheit zu ziehen. Hinter vorgehaltener Hand wird in Such- und Rettungskreisen darüber gemurrt, daß Hochseesegler diese außergewöhnlichen Leistungen inzwischen für selbstverständlich halten. Die Segler gingen zu hohe Risiken in der Gewißheit ein, daß schon jemand kommen wird, der sie rettet, sagt man.

Pashley und Lea sind auf Weihnachtsurlaub, als die Flotte an Nowra vorbeisegelt. Beide sind für Noteinsätze mit Handys ausgestattet. Sie haben auf dem Stützpunkt auch eine Liste mit Telephonnummern hinterlassen, über die sie erreichbar sind. Es hätte die Teilnehmer am Sydney to Hobart vielleicht überrascht, daß die Marine aufgrund der Schlechtwettermeldungen nicht in Alarmbereitschaft versetzt wurde. Aber die vorrangige Aufgabe ihrer Rettungsschwimmer besteht nun einmal nicht darin, Segler oder abgestürzte Militärpiloten aus dem Wasser zu bergen. Ihre Hauptaufgabe ist die Abwehr feindlicher U-Boote. Daher besteht die erste Reaktion auf die Sturmwarnungen im Naval Maritime Headquarters in Sydney in der Feststellung, daß es sich bei der Regatta um ein privates Rennen handelt. Nach Ansicht der Royal Australian Navy ist das Syd-Hob zwar ein nationales, aber eindeutig privates Ereignis. Die Marine wird nur eingreifen, wenn es zum Allerschlimmsten kommt. Bis dahin sind die Segler sich selbst überlassen.

Nachdem die Boote ihre Positionen gemeldet haben, gibt das Bureau for Meteorology eine neue Vorhersage heraus. Aus der Sturm- wird eine Unwetterwarnung mit Winden von fünfundfünfzig Knoten und sechs Meter hohen Wellen.

Kulmar und Glyn haben die ausführliche Wettervorhersage von Clouds Badham und die ozeanographischen Instruktionen von Dr. Mark Gibbs studiert, wie auch die Wetterdaten, die Ken Batt am Heiligen Abend der Flotte zur Verfügung stellte. Aber sie brauchen nur einen Blick auf den Horizont zu werfen, um zu sehen, daß das Wetter umschlägt. Dort ballen sich massive, schwarze Gewitterwolken. Experten wissen, daß sie die Vorhut einer Kaltfront sind, eine Böenlinie. Die Erregung des Starts ist verebbt, der Stress einer langen Hochseeregatta beginnt sich bemerkbar zu machen, und Kulmar erkennt, daß die Dinge innerhalb von Stunden tatsächlich unangenehm werden können. Jetzt gilt es, Kräfte zu schöpfen. Sowohl Kothe als auch Glyn begeben sich unter Deck, um ein wenig zu schlafen.

Nachts, wenn die Segler nach den Segelanstrengungen des ersten Tages erschöpft sind, ist das Syd-Hob in einer kritischen Phase. Unerfahrene Crews neigen dazu, sich in die Kojen zu legen oder weniger aggressiv zu segeln. Doch erfahrene Besatzungen nutzen die Zeit. Zwischen den Positionsmeldungen verbirgt die Nacht ihren Kurs.

Rob Kothe hat weniger Erfahrung als die Mitglieder seiner Crew. Sie werden die Nacht hindurch so optimal wie möglich segeln. Nach ein paar Stunden Schlaf soll Glyn die *Sword* durch das Unwetter steuern. Gerade Wetterbedingungen wie diese machen den Reiz des Hochseesegelns aus. Als er unter Deck geht, ist Glyn fast zu aufgeregt, um einschlafen zu können. Er wirft sich auf eine Koje und wendet das Gesicht der Wand zu.

Kothe legt sich noch nicht hin. Zunächst schickt er eine e-Mail an den CYCA. Als Vorsichtsmaßnahme für den Fall, daß die *Sword* nicht gewinnt, und um seinem Protest Nachdruck zu verleihen. »Die Beschädigung an den Steuerbordstreben wurde repariert«, schreibt er und überlegt sich jedes Wort sehr genau. »Aber auf einer meterlangen Fläche am Steuerbordheck ist die Beschichtung aufgerissen. Noch bedenklicher ist der Schaden am Mast: eine tiefe Delle rund zwei Meter oberhalb des Decks.«

Ein Loch im Rumpf und der Mast angebrochen – das sollte genug Aufsehen erregen. Kothe unterschreibt und legt sich mit dem sicheren Gefühl auf eine Koje, in Sydney zumindest ein Stirnrunzeln hervorgerufen zu haben. Aber vielleicht hat seine e-Mail auch jemanden verärgert? Wer weiß. So etwas läßt sich schwer abschätzen, vor allem, wenn die Dinge politisch werden. Kothe verabscheut Differenzierungen. Entweder oder.

Schlimmer ist, daß die dollarschweren Sponsoren der *Nokia* beim CYCA einen Stein im Brett haben. Niemand will sie verärgern. Wenn Rob Kothe mit seinem Protest Erfolg haben will, wird er seine Fakten bündeln und alle durch die Kollision verursachten Benachteiligungen detailliert aufführen müssen – alle Benachteiligungen, die wirklichen und die vermuteten.

Die Wetterbombe

Sonnabend, 26. Dezember, 16.30 Uhr

Einhundertfünfzehn Boote segeln mit dem Wind im Rücken gen Süden. Bislang hat keins auf die verhängnisvollen Wettervorhersagen reagiert. Am Horizont vor ihnen türmen sich dunkle Gewitterwolken. An Steuerbord liegt die australische Ostküste, aber nur die *Midnight Rambler* ist nahe genug, um sie sehen zu können. Backbord liegt die Tasmansee und zweitausend Meilen entfernt Neuseeland. Der Hauptgegner ist die Bass Strait, etwa hundert Meilen vor ihnen. Ihr Ziel ist Hobart in Tasmanien, mindestens sechshundert Meilen oder drei Segeltage entfernt. In einem 30-Meilen-Radius umschwärmen sie die anderen Boote der Syd-Hob-Flotte.

Minuten zuvor hat das Bureau of Meteorology eine neue Wetterwarnung veröffentlicht. Darin ist von einem heftigen Seegang die Rede, steilen Seen, stürmischen Winden. Die Segler nehmen die Sturmwarnung keineswegs auf die leichte Schulter. 1998 hat das BOM bislang als erste eine Sturmwarnung herausgegeben: am 7. April, mitten im Winter.

Mehrere Boote kehren um. Doch nicht die *Midnight Rambler*, die *Sword of Orion* und die *Winston Churchill*.

An Bord der drei Boote befinden sich erfahrene Crews, die trotz allem zum Weitermachen entschlossen sind.

Bis zum Sturm, der der Flotte enorm zusetzen wird, ist es noch acht Stunden hin. Der Sturm, der die Boote zerfetzen wird, ist noch einen Tag entfernt. Die ersten Blitze, die vom Himmel ins Meer zucken, gehören noch nicht wirklich zum Unwetter. Diese Show elektrischer Entladungen ist nur ein Vorgeplänkel. Das weiß man auf allen drei Booten. Nur die beiden Neulinge auf der *Winston Churchill* – der junge Michael Rynan und der Steuerberater Paul Lumtin – zeigen Furcht. Die Veteranen auf der *WC* beruhigen die beiden mit Schilderungen ihrer ersten Bass-Strait-Überquerung und der Angst, die sie dabei hatten. Sie krönen ihre Erzählung mit einem leichten Schmunzeln.

Weder Ed Psaltis noch Glyn Charles oder Richard Winning sind wirklich besorgt. Die BOM-Vorhersage spricht von »heftigem« Seegang, aber heftig ist nicht tödlich. Die Segler sind überzeugt, das Gewitter ebenso überstehen zu können wie den folgenden Sturm. Keine große Affäre. Damit kennen sie sich aus: Sie brauchen nur Segel wegzunehmen, die Zahl der Männer an Deck zu verringern, die Wellen in einem Winkel anzugehen, der Breitseiten und Kenterung vermeidet, und die unvermeidliche Seekrankheit zu ignorieren. Der Sturm wird kaum mehr als vier oder fünf Stunden anhalten.

Doch dieser Sturm wird sich als sehr viel schlimmer erweisen. Die kleinen Boote hätten nach Sydney zurückkehren und die größeren die Segelfläche reduzieren oder nach Osten segeln sollen, um dem Sturm auszuweichen. Im Grunde hätte das ganze Syd-Hob unterbrochen werden müssen, bis sich das Wetter besserte. Alle Regattateilnehmer hätten über Funk aufgefordert werden müssen, Schutz in einem Hafen zu suchen. Ein ketzerischer Ratschlag, zu dem sich die Leute vom CYCA nicht durchringen konnten. »Schließlich ist das etwas anderes, als wenn man die Teilnehmer eines Autorennens an die Boxen ruft«, erklärt der CYCA-Sprecher Peter Bush. »Diese Leute sind weit draußen auf See.«

Noch nie in der Geschichte des Sydney to Hobart Race hat der CYCA die Flotte aufgefordert, den Schutz eines Hafens aufzusuchen – Regel Nummer vier verweist das in die Verantwortung des Skippers –, und »heftiger« Seegang ist auch jetzt kein Grund für eine so ungewöhnliche Maßnahme. Die Bass Strait ist für schwere Stürme und gewaltige Seen bekannt. Es kommt eben darauf an, wie eine Crew mit den Widrigkeiten fertig wird. Während des 57er Syd-Hob liekte sich die gesamte Crew der Korvette *Renene* ein, um zu verhindern, durch einen 90-Knoten-Sturm über Bord gespült zu werden. Die dreiunddreißig Fuß lange *Renene* wich durch den Sturm zweihundert Meilen vom Kurs ab. Die Schiffsinstrumente gingen zu Bruch, und die Crew hatte keine Ahnung, in welche Richtung sie abgetrieben war. Man verlor den Treibanker und mehrere Segel. Als die *Renene* schließlich in Hobart eintraf, waren die sieben Besatzungsmitglieder zu Tode erschöpft. Sie schwankten an Land, bis Freunde sie dazu zwangen, sich zu setzen.

»Pausenlos droschen haushohe Seen auf uns ein«, erzählte Skipper Tom Proctor. »Alle paar Minuten brachen fünfundzwanzig Meter hohe Ungetüme über uns zusammen. Wir wurden herumgeschleudert wie ein Surfbrett. Einmal ließ eine Welle uns kentern, und wir glaubten schon, daß wir nie wieder hochkommen würden.« Er schloß mit dem für einen Aussie-Segler ungewöhnlichen Eingeständnis: »Ich hatte einen ziemlichen Bammel.«

In der Syd-Hob-Geschichte haben immer wieder Stürme mitgemischt. Das unterscheidet diese Regatta von den anderen und ist wohl auch der Grund dafür, daß der CYCA die Flotte 1998 nicht rechtzeitig in die Häfen schickte. Später wird der CYCA zurückrudern und erklären, man hätte eine solche Maßnahme durchaus erwogen, wäre nur rechtzeitig klar gewesen, wie grauenvoll das Wetter werden würde.

Als am Boxing Day der Nachmittag in die Abenddämmerung übergeht, wissen einige Männer sehr wohl, wie übel die Situation werden wird – oder vermuten es zumindest. Es steht in ihrer Macht, den CYCA über ihre Befürchtung zu informieren. Sie haben sogar die Macht, eine entsprechende Warnung zu veröffentlichen (auch wenn dadurch die Bevölkerung unter Umständen überflüssigerweise beunruhigt würde), um den CYCA zu veranlassen, die Flotte in die Häfen zu holen.

Diese Männer arbeiten für das australische Bureau of Meteorology. Alle Daten auf Satellitenphotos und Computerschirmen machen dem achtköpfigen Team im Büro in Sydney deutlich, daß mit Winden bis zu fünfundfünfzig Knoten zu rechnen ist. Eine Feinanalyse läßt sogar darauf schließen, daß Winde mit Geschwindigkeiten bis zu hundertfünfzig Kilometer pro Stunde möglich sind. Auf der Beaufortskala ist das Windstärke zwölf, und ihre Auswirkungen werden wie folgt definiert: »Luft mit Schaum und Gischt angefüllt, keine Fernsicht mehr.«

Um die Gewalt von Windstärke zwölf begreifen zu können, braucht man sich nur vor Augen zu halten, daß die zuständigen australischen Behörden für Segelboote bereits das Aufsuchen eines Hafens empfiehlt, wenn nach der Beaufortskala gerade einmal Stärke sechs erreicht ist. Die fünfundfünfzig Knoten, die das BOM bereits vorhergesagt hat, bedeuten Windstärke zehn, vergleichbar dem Fastnet Race 1979. Am besorgniserregendsten ist jedoch, daß, obwohl die Möglichkeit von Windstärke zwölf die

Alarmglocken im BOM schrillen läßt, kein Sterbenswörtchen darüber verlautbart wird. Die Berufsehre hält das BOM davon ab, ohne eindeutige Daten eine Orkanwarnung zu veröffentlichen, und in ihren Augen gibt es diese Eindeutigkeit nicht. Und da sie nicht über Windsensoren in der Bass Strait verfügen, ist eher unwahrscheinlich, daß das BOM diese Daten je erhalten wird.

Also stecken alle den Kopf in den Sand: Nur wenige australische Skipper sind bereit, sich auf Regel Nummer vier zu berufen. Regel Nummer vier haftet das Odium der Feigheit an. Wenn die Pommies beim Fastnet Race 1979 Windstärke zehn überstehen konnten, dann können das die Aussies erst recht! Der CYCA zögert, verschanzt sich hinter der These, daß jeder Skipper für sein Boot selbst verantwortlich ist. Und Spitzfindigkeiten halten das Bureau of Meteorology von der Warnung ab, daß der Sturm die Fastnet-Stärke weit übersteigen könnte. »Jeder Segler da draußen war vorgewarnt«, wäscht Pat Sullivan vom BOM seine Hände in Unschuld. »Bereits vor dem Start der Regatta wurde vor Stürmen gewarnt.«

Weil sich also keiner zu Maßnahmen aufraffen kann, werden Menschen sterben, Boote zerstört, Kinder den Vater verlieren.

Trotz der locker-flockigen Präsentation allabendlich in den Nachrichten ist die Wettervorhersage eine ernsthafte Wissenschaft, die auf der Meteorologie oder dem Studium der Atmosphäre fußt. Die Prognosen stützen sich auf objektive Daten und nachgewiesene Gesetzmäßigkeiten. Radiosonden (Wetterballons) liefern diese Daten, die Temperaturen, Luftdruck und -feuchtigkeit vom Erdboden bis in dreißigtausend Meter Höhe messen, Doppler-Radaranlagen, die ziemlich exakt die Entfernung von Niederschlägen einschätzen, Gewitterfronten durchleuchten und nahende Tornados aufspüren können, und Satelliten, die

Wolkenbewegungen untersuchen. UV- und Infrarotbilder werden täglich von den sonnensynchron die Pole umkreisenden Satelliten der National Oceanic und Atmospheric Administration (NOAA) abgefragt.

Nach der Analyse dieser Informationen in meteorologischen Zentren werden die Ergebnisse auf elektronischem Wege regionalen Vorhersagebüros übermittelt. An der australischen Ostküste an das Bureau of Meteorology in Sydney, das von Pat Sullivan geleitet wird. Kenn Batt ist Sullivans Mitarbeiter. In seiner langfristigen Vorhersage vom 23. Dezember, die er bei einem CYCA-Treffen mit Skippern und Navigatoren am nächsten Tag wiederholte, erschien er mit einer Santa-Claus-Mütze und sprach von »südlichen Winden von rund dreißig Knoten, die sich während des Sonntags auf fünfzehn bis zwanzig Knoten abschwächen werden, um dann am Montag auf Nord zu drehen, wenn die Mehrzahl der Boote unter Spinnakern die Bass Strait passiert«.

Aber Batt ist auch ein Segler, der als Navigator an sechs Syd-Hobs teilgenommen und 1993 an Bord der *Solbourne Wild Oats* sogar eines gewonnen hat. Er geht deshalb davon aus, daß die Flotte während des Südwinds ihre Spinnaker nicht anrühren, geschweige denn, versuchen wird, die Strait unter diesem riesigen, flatternden Segel zu passieren. Die Winde, vor denen er sich insgeheim fürchtet, würden bei einem wilden Spinnakerritt dazu führen, daß sich der Bug so in die Wellen bohrt, daß das Schiff sinkt.

Viele Skipper stürzen sich auf Batts Formulierungen und beklagen sich nach dem Treffen am Vormittag des Heiligen Abends darüber, daß das BOM mißverständliche Wettervorhersagen verbreite. Die Prognosen wären nicht eindeutig genug und sprächen von Tiefdruckgebieten, ohne deren Position zu benennen.

Den ersten Hinweis auf rauhes Wetter gab es am Vormittag des 26. Dezember, bevor die Syd-Hob-Boote die Docks verließen. Im BOM betrachtete der Meteorologe Peter Dunda eine Reihe von Satellitenphotos und dann auf dem Computer die Prognosen für das Wochenendwetter. Sie entstanden im Bureau of Meteorology Melbourne, direkt an der Bass Strait. Auf einer LAPS (Meso Limited Area Prediction System)-Graphik bemerkte Dunda eine Massierung von Wolken rund vierhundert Meilen vor der tasmanischen Ostküste. Mit Ausnahme stürmischer Winde war von diesem Tiefdruckgebiet nichts für die Regatta zu befürchten. Dunda nahm an, daß mit Einbruch der Nacht auf der Höhe von Gabo Island – kurz vor Beginn der Bass Strait – Winde von dreißig bis vierzig Knoten Geschwindigkeit zu erwarten waren und entschloß sich zu einer Sturmwarnung.

Batt befand sich inzwischen im CYCA, um den Seglern ein paar letzte Wetterinformationen auszuhändigen. Dunda faxte ihm die Sturmwarnung. Batt kopierte die Prognose und verteilte sie. Sie war das letzte, was die meisten der Regatta-Teilnehmer – mit Ausnahme über Funk – bis Hobart an Wetterdaten erhalten sollten.

Doch noch bevor die Boote Sydney Harbour verließen, erhielt Dunda aktuellere Daten. Die neuesten Satellitenphotos zeigten ein massives Tief mit einer Ausdehnung von etwa neunhundert Meilen. Doch nun lag es nicht mehr vor Tasmanien, sondern vor Gabo Island. LAPS prognostizierte für den Sonnabendnachmittag Winde bis zu fünfundfünfzig Knoten Geschwindigkeit. Bei derartigen Vorhersagen sind Abweichungen bis zu dreißig Prozent möglich.

Es sah so aus, als könnte das Sturmtief Hurricane-Stärke erreichen. Als Batt nach dem Start ins Büro zurückkehrte, zeigte ihm Dunda die neuen Photos. Batt starrte sie an und atmete tief durch. »Die Männer segeln in eine Katastrophe«, sagte er leise, ging ins Nebenzimmer und weinte.

Aber wissenschaftliche Sachlichkeit hielt Batt und Dunda davon ab, mehr zu verlautbaren als die schon bekannten Fakten. Bei dieser Wissenschaft, pflegen Meteorologen jedermann zu erklären – wie sie Angehörige und Freunde auf Cocktailparties belehren, seit sie sich professionell mit der Atmosphäre beschäftigen –, geht es um sehr viel mehr, als einen Finger zu belecken, in die Luft zu strecken und seinem Animus zu vertrauen. Daher ist es Wetterexperten untersagt, öffentliche Prognosen auf der Basis von Vermutungen abzugeben. Das hat zur Folge, daß trotz Batts Befürchtungen, die Flotte segle in einen Orkan, die Wetterberichte in Funk und Fernsehen gezwungen sind, sich an beweisbare Fakten zu halten: hoher Seegang und Winde mit Geschwindigkeiten von fünfundvierzig bis fünfundfünfzig Knoten.

Batts Überzeugung nach wird es sehr viel ärger werden: 60- bis 80-Knoten-Winde und bis zu zwanzig Meter steile Seen. Diese Vermutungen haben mit seinen eigenen Erfahrungen in der Bass Strait zu tun. Angesichts der antarktischen Stürme über dem Südlichen Eismeer, der Winde, die aus Nordosten die australische Küste hinabfegen, und eines Tiefs über der Bass Strait, wären Windgeschwindigkeiten von fünfundvierzig bis fünfundfünfzig Knoten bei einem Zusammentreffen ausgesprochen glimpflich. Jedes einzelne dieser Wettersysteme kann die Regattaboote vernichten. Zusammengenommen werden sie auf jeden Fall verheerend wirken.

Der nicht beim BOM angestellte Roger »Clouds« Badham, ein Fachmann für langfristige Wetterprognosen, hat mehr Spielraum, seine Ahnungen zu formulieren. Der zur

Glatze neigende Mann mit dichtem schwarzen Bart leitet die Marine Weather Services und wurde vor dem Rennen von zwanzig Booten als meteorologischer Berater engagiert. Seine Warnungen vor rauhem Wetter lösen an den Docks Gerüchte von 50-Knoten-Winden und hoher See aus.

Sieben oder acht Tage vor dem Syd-Hob sagten Badhams globale Computerprognosen ein massives Tiefdrucksystem vor der australischen Südostküste voraus. Es erschien aber unwahrscheinlich, daß es die Flotte sonderlich beeinträchtigen konnte. Dadurch würden stürmische Winde entstehen – üblicherweise. Doch Badhams Instinkte – geschärft durch ein wenig Wissenschaft, jahrelange Erfahrung und einen sechsten Sinn für die australischen Wetterverhältnisse – sagten ihm, daß ein Monstersturm durch die Strait fegen würde. Windgeschwindigkeiten von mindestens fünfunddreißig Knoten? Er rechnete eher mit siebzig Knoten.

Und im Gegensatz zu Kenn Batt stand es Clouds Badham frei, alle Welt darüber zu informieren.

Nachdem er vor dem Start seine Klienten mit Informationen versorgt hatte, lief er weiter von Schlipp zu Schlipp. Überzeugt davon, daß der Flotte Übles bevorstand, suchte Clouds gute Freunde auf und gab kostenlosen Rat. »Du solltest dich auf orkanartige Winde gefaßt machen«, warnte er Roger Hickman auf der *Atara*, einen CYCA-Oberen und Australiens Hochseesegler des Jahres. »Im Grunde sollte das halbe Feld hierbleiben.«

Hickman geriet ins Grübeln. »Wenn Roger Badman einen solchen Rat gibt, sollte man auf ihn hören.« Aber schließlich segelte die *Atara* doch los.

Badham erkannte im Ostküstentief die Möglichkeit einer Wetterbombe. Bei diesen unvorhersehbaren Wetterereignissen jagen extrem hohe Stürme (häufig mit

Geschwindigkeiten von bis zu sechshundert Kilometer die Stunde) auf die Erdoberfläche zu. Aufgrund der Corioliskraft, einer auf der Erdrotation beruhenden Gravitationskraft, »fallen« die Winde nicht einfach senkrecht herab. Sie bewegen sich spiralförmig und ziehen Wolken mit sich hinunter. Winde sind unsichtbar, im Gegensatz zu Wolken. Irgendwann erscheint die Wetterbombe deshalb plötzlich als Wolkenwirbel auf Satellitenphotos.

Wie jede andere Bombe braucht ein australisches Ostküstentief mehrere Bestandteile. Das sind zunächst extrem heftige Winde. Wind ist nichts anderes als bewegte Luft. Horizontale Luftschichten »stapeln« sich von der Erdoberfläche bis in die Stratosphäre. Luft hat Gewicht. Ist eine Schicht schwerer als eine andere – ein Hochdrucksystem –, zieht sie die Schwerkraft zur Erde, um einen Bereich mit kühlerer Luft zu füllen – ein Tiefdrucksystem. Diese nahezu vertikale Luftmasse nennt man Strömung. Die Corioliskraft zwingt sie in eine Spirale. Je enger die Spirale, desto stärker die Windkraft.

Ein australisches Ostküstentief entsteht am Südpol. Dort ist die Luft kalt und dicht. Allmählich steigt der Wind und bewegt sich der Erddrehung entsprechend von West nach Ost wehend auf den Äquator zu. In zehntausend Meter Höhe ziehen sich diese Winde zu einem schmalen Gürtel zusammen – dem Jetstream. Windgeschwindigkeiten bis zu dreihundertvierzig Meilen die Stunde wurden im Jetstream gemessen. Er ist dafür verantwortlich, daß ein Flug von Los Angeles nach Sydney – gegen den Jetstream – sechzehn Stunden dauert, der Rückflug nur zwölf.

Der Wind, der am Südpol beginnt und in zehntausend Meter Höhe steigt, fegt mit halber Schallgeschwindigkeit dahin. Da Löcher entstehen, sackt dann und wann eine

Strömung abwärts, um ein Tiefdrucksystem zu füllen und den Druck in der Atmosphäre auszugleichen. Ein so riesiges Tief wie das, das sich vor Australien entwickelte, läßt diese Hochgeschwindigkeitswinde wie eine Bombe zur Erde – oder auf das Meer – stürzen, mit furchterregenden Begleiterscheinungen.

Deshalb sah Badham eine unheilige Allianz voraus: heftige Winde aus Nordost, die in der Bass Strait mit den extrem heftigen Winden aus Westen einfach kollidieren mußten.

Die Bass Straight ist bei Seglern für dieses Phänomen berüchtigt. Aber als dritter und noch gefährlicherer Faktor kam die Kaltfront über dem australischen Festland hinzu. Dabei schiebt kalte Luft aus Victoria die subtropische Luft über Sydney und der Ostküste beiseite und bringt den Küstengebirgen sommerliche Schneestürme. Wenn die Kaltfront über der Bass Strait ein Tief entstehen läßt, wirkt das etwa so, als würde man Benzin in einen Molotowcocktail gießen. Das Ergebnis konnte an jenem 26. Dezember durchaus zur Entladung einer Wetterbombe über dem Regattafeld führen.

Badham befürchtet zu dem Zeitpunkt aber noch zwei weitere Unbekannte. Erstens die Relation zwischen dem Hoch- und dem Tiefdrucksystem. Falls die Höhenwinde sehr stark und das Tief an der Meeresoberfläche sehr ausgeprägt waren, mußte die Luft nahezu ungebremst auf die Erdoberfläche hinabstürzen. Die ohnehin schon starken Winde in der Bass Strait würden dann ihre Geschwindigkeit verdoppeln oder gar verdreifachen.

Die letzte und nur individuell einschätzbare Unbekannte war das Timing. Windgeschwindigkeit, Tiefdruck und direkte Nähe mußten zusammenwirken, um ein Ostküstentief entstehen zu lassen. Aber vermutlich sah das BOM keinen Sinn darin, über einen längeren Zeitraum hinweg Warnungen zu veröffentlichen, die vermutlich ins Leere liefen.

Das einzige, was die Segler von all dem erfuhren, waren also Badhams Vermutungen. Aber Vermutungen und Spekulationen reichen nicht aus, um ein Sydney-Hobart abzusagen. Skipper und Crews haben ihre Boote monatelang auf die große Regatta vorbereitet. Ihre Freunde, Nachbarn und Kollegen sind über die Teilnahme informiert und haben zu Ehren der Crews Parties veranstaltet oder sogar Boote gemietet, um dem Start beizuwohnen. Um sich nur wegen einiger Gerüchte an den Docks und der Ahnungen eines freischaffenden Wetterpropheten aus dem Rennen zurückzuziehen, hätte ein Skipper entweder unsäglich bescheuert oder unglaublich mutig sein müssen.

Dennoch verzichten einige Boote nach der BOM-Sturmwarnung auf den Start, darunter die *Canon Maris* mit ihrem Skipper Ian Kiernan. Der 34-Fußer ist fast schon vierzig Jahre alt, und zur Crew gehört der siebzigjährige Richard »Sightie« Hammond, der mit vierzig Syd-Hobs den absoluten Rekord hält. Als Kiernan entscheidet, daß das Boot besser dran ist, keine Konfrontation mit gewaltigen Seen zu riskieren, rast die *Canon Maris* unter Spinnaker über die Wellen. Obwohl Kiernan im Vorjahr mit der *Canon Maris* Klassensieger wurde und ihr Erzrivale *Southerly* noch im Rennen ist. Zeit zur Rückkehr. Die *Canon Maris*, nur einen Fuß kürzer als die *Midnight Rambler*, ist zu klein für zehn Meter hohe Wellen.

Zu dem Zeitpunkt, als die *Canon Maris* kehrtmacht, betritt Clouds Badham wieder sein Büro und befragt erneut seine Computer. Er hofft darauf, das Unwetter genauer einschätzen, seine Befürchtungen mit Fakten untermauern zu können. Mit Fakten könnte er in die

Öffentlichkeit gehen, vielleicht sogar im Fernsehen auftreten (Channel 10 hat Badham als meteorologischen Berater für das Syd-Hob engagiert). Aber ohne gesicherte Daten vor einem Sturm zu warnen, der dann nicht eintrifft, würde Clouds Badhams Ruf kosten, ihn zur Zielscheibe des Spottes in australischen Meteorologenkreisen machen. Kein Regatta-Organisator, der etwas auf sich hält, würde ihm zukünftig noch irgendwelche Aufträge erteilen.

Während er auf die aktuellesten Informationen von Wetterballons und Satellitenumläufen starrt, stellt Badham – ein Mann, der Tausende von Stürmen vorausgesagt hat – entsetzt fest, daß seine Prognosen falsch sind. Es wird zu einem Sturm kommen, aber der wird unvergleichlich verheerender ausfallen, als er ursprünglich angenommen hatte. Was Badham auf dem Bildschirm sieht, sind die Daten, die Dundas und Batts Computer gegen Mittag zeigten. »O Mist«, stöhnt Badham und überprüft die Informationen zum zigsten Mal. »Das wird die Hölle.«

Badham entschließt sich zu dem beispiellosen Schritt, alle seine zwanzig Klienten auf See anzurufen und zu warnen. Bei Hochseeregatten aber ist eine derartige Unterstützung von Land strikt untersagt. Daß ein Profi wie Badham mit dieser Aktion sein Einkommen riskiert, spricht für die Dringlichkeit seines Anliegens. »Refft die Segel«, sagt er einigen Skippern. Andere erhalten den Rat, ihre Spinnaker wegzunehmen und nach Sydney zurückzukehren. »Sofort!«

Während sich das BOM noch immer streng an die Fakten hält und damit die Dramatik des bevorstehenden Sturms herunterspielt, weiht ein zutiefst besorgter Badham seinen Klienten in Details ein. Da er kein offizieller Regatta-Berater ist, werden seine Warnungen nicht an alle Boote übermittelt.

Am Abend wird Badham deshalb noch einen Schritt weiter gehen und über Channel 10 verkünden, was auf die Segler zukommt. Die Flotte ist weit draußen auf See, außer Reichweite, in der Ziellinie eines Killersturmes. Erstmals erfährt die Öffentlichkeit von dem Problem. Während der nächsten zwei Tage berichten die Medien in regelmäßigen Abständen über die aktuelle Entwicklung. Zuschauer blockieren mit Fragen nach dem Befinden von Angehörigen und Freunden die Telephonleitungen des CYCA und die Telstra-Website.

Sue Psaltis wird noch einige Zeit versuchen, sich von der Aufregung in den Medien nicht anstecken zu lassen. Als ihre Sorge überhandnimmt, bemüht sie sich dennoch, sie vor den Jungen zu verbergen, vor allem vor Ben. Nach einem Anruf von Eds ältestem Bruder fühlt sie sich ein wenig besser.

»Die Crew der *Midnight Rambler* hat jede Menge Hochsee-Erfahrung. Sie werden es schaffen«, versichert Charles Sue am späten Abend des Boxing Day. Als sie später im Bett gegen ihre Angst ankämpft, wünscht sich Sue nur eines: ihm glauben zu können.

Der Schritt durch den Spiegel

Sonnabend, 26. Dezember, abends

Die Zukunft liegt noch im Dunkeln. Im Moment segelt die Syd-Hob-Flotte in die Böenlinie (eine Zusammenballung dunkler Gewitterwolken, die auf die Kollision zwischen einer Warm- und einer Kaltfront hinweist), wie Alice im Wunderland durch den Spiegel tritt. Die Crews befinden sich am Rand der Kaltfront – und sind dabei, aus dem perfekten Sonnabendnachmittag in eine Welt zu segeln, die ganz anders ist als alles, was ihnen je zuvor begegnet ist.

Die Blitze sind der erste sichtbare Indikator dafür, daß das Wetter umschlägt. Dann beginnt es zu regnen. Kurz vor neun geht die Sonne unter, und zwischen den ununterbrochen zuckenden Blitzen wird der Himmel dunkel.

Dann steigen die Wellen bis auf mehr als drei Meter an. Aus dem sanften Gleiten der Boote ist ein heftiges Stampfen geworden. Auf allen Yachten zwängen sich die Segler in ihren Schlechtwetteroutfit. Neulinge bemühen sich, ihre Angst nicht zu zeigen. Die Navigatoren vertiefen sich in die Wetterinformationen und suchen nach einer Möglichkeit, den Sturm zu umsegeln. Bis auf einen direkten

Ostkurs Richtung Neuseeland gibt es die nicht, aber der Versuch kostet sie eine qualvolle Stunde.

Die *Midnight Rambler* liegt unter den Booten ihrer Gruppe an sechster Stelle. Die *MR* verfügt über keinen Laptop mit Zugang zu Satelliteninformationen, gehört nicht zu Badhams Klienten. An Bord weiß man also nichts von der Wetterbombe, die sich hinter der BOM-Warnung vor 55-Knoten-Winden verbergen könnte. Fasziniert sieht Ed den Blitzen zu, er hat keine Angst. Noch immer fährt er unter Spinnaker, obwohl plötzlich Böen zweimal die *MR* fast kentern ließen. Ed ist mit der Geschwindigkeit zufrieden – zweiundzwanzig Knoten sind für einen 35-Fußer schnell –, und er beschließt, den Spinnaker nicht wegzunehmen. Dann jagt er die Crew ins Achterschiff, damit das Gewicht der Männer den Bug des Bootes steigen läßt, wenn die See härter wird.

Widersprüchliche Gefühle zerren an Ed. Zunächst einmal eine ungeheure Erregung. Flüchtig denkt er an den Rat seines Vaters, vor Ausbruch des Sturmes immer soviel Energie wie möglich zu tanken. Aber es ist nicht der Zeitpunkt, unter Deck zu gehen. Er muß am Steuer stehen, und er kostet das Leben und das Meer in vollen Zügen aus.

Aber er hat auch eine Art düstere Vorahnung. Das Regattafeld segelt direkt in einen schweren Sturm, verdammt noch mal. Absolute Konzentration ist angesagt. Die Decks sind so glitschig, daß die Crew Mühe hat, auf den Beinen zu bleiben. Zum Bug kommt man nur noch auf dem Allerwertesten oder auf Händen und Knien. Hin und wieder schicken Wellen ihre Gischt ins Cockpit und machen Eds Aufenthaltsort noch unangenehmer.

Seine Gedanken wenden sich seiner Familie zu. Wie immer, wenn Probleme drohen. Er betont gern, daß vor einem Rennen kein abergläubisches Ritual durchgeführt und auch kein Gebet gesprochen wird, weil das Abschiednehmen an sich schon schwierig genug ist. Aber die Ablenkungen durch den Start sind jetzt lange vorbei. Nun ist Ed, Skipper und Erster Steuermann, allein in der Verantwortung, umgeben von gewaltigen Seen. Hier draußen zu sein macht Ed manchmal hilflos. Nicht seinetwegen, sondern wegen seiner Familie. Wenn ihm etwas zustößt, nun gut, dann ist das Schicksal. Nichts geschieht ohne Grund. Aber er haßt die Vorstellung, daß Ben und Matt ohne Vater aufwachsen müßten. Und wie Sue leiden würde, wenn er nicht zurückkäme! Vielleicht würde sie irgendwann wieder heiraten. Und diesen Gedanken kann Ed schon überhaupt nicht ertragen.

Eine Lösung dieses Dilemmas bestünde darin, die Hochseesegelei gänzlich aufzugeben. Dann würde das Leben einen normalen Verlauf nehmen. Aber Ed ist sich bewußt, daß man natürlich ebensogut von einem Bus überfahren werden wie von einer Hochseeyacht stürzen kann. Und das Segeln ist nun einmal Eds zweite Natur. Aufgewachsen in der Nähe von Sydney Harbour, war es selbstverständlich für ihn, auch in Sydney zu studieren. Er schrieb sich am Newington College ein, wo ihn seine Größe, seine Schnelligkeit und seine Kraft zum Sport brachten. Er ruderte im Achter und spielte Rugby in der ersten Mannschaft. Und ein Leben lang berief Ed sich darauf, seine Zähigkeit beim Rugby erworben zu haben. Nie aufzugeben blieb für ihn immer das wichtigste, vor allem nach der bitteren Erfahrung einer Niederlage. Man reißt sich eben zusammen und bemüht sich beim nächsten Mal um so härter.

An diese Philosophie hielt er sich auf dem College, in der Ehe und im Beruf. Und sein Leben gestaltete sich dementsprechend kompliziert: Da gab es die Notwendigkeit einer beruflichen Weiterbildung und den langen Arbeitstag eines jungen Buchhalters. Bei dem Versuch, das mit seiner jungen Ehe zu vereinbaren, geriet das Segeln ins Hintertreffen. Das Wasser war zwar Eds Element, aber er fand immer weniger Zeit. Außerdem teilte seine Frau seine Leidenschaft für das Segeln nicht. Der Syd-Hob-Traum mußte in die Zukunft verschoben werden.

Als die erste Ehe zerbrach, fiel Ed in tiefe Selbstzweifel. Was für ein Mann war er eigentlich? Was war ihm wichtig? Wie sahen seine wirklichen Ziele aus? Wahre Liebe schien ihm vergänglich. Seine hochfliegenden Kinderträume ersetzte er durch das Bedürfnis, sich in seiner eigenen Haut wohlzufühlen.

An einem heißen Sommertag setzte sich Ed dreißig Kilometer nördlich von Sydney auf einen felsigen Landvorsprung, den Barrenjoey Head. Er war damals neunundzwanzig Jahre alt. »Ich saß einfach da, blickte auf den Pazifischen Ozean und dachte darüber nach, wie ich mein Leben zum Positiven verändern könnte«, erinnerte er sich später. »Ein wundervoller Wind kam vom Meer her und kühlte das Land ab. An diesem Tag beschloß ich, mein Leben der Hochseesegelei zu widmen, auch wenn sich das als sehr schmerzlich für mich erweisen sollte.«

Am 26. Dezember 1998 wäre Ed schon glücklich gewesen, wenigstens festen Boden unter den Füßen zu haben. Mit seiner zunehmend besorgten Crew – niemand sagte etwas, aber Ed spürte das Mißbehagen, weil alle schwiegen – und der Aussicht auf einen Orkan hätte Ed fast alles darum gegeben, wieder an Land zu sein.

Ed zwingt sich dazu, nicht mehr an die Familie zu denken, sondern sucht nach Wegen, dem Wetter ein Schnippchen zu schlagen. Die einzige Lösung liegt darin, direkt durch den Sturm zu brechen. Wohlbehalten in Hobart anzukommen, sich ein paar Bier hinter die Binde zu kippen und mit den anderen zu lachen. Der Sieg scheint plötzlich nicht mehr so wichtig zu sein, wenn das Leben auf dem Spiel steht. Ed nimmt die *MR* weiter hart ran – je schneller sie sich dem Unwetter stellt und es durchsegelt, desto schneller können die Männer über die hinter ihnen liegenden Gefahren lachen. Aber Ed weiß, daß sich dieses Syd-Hob schon bald von einer Regatta in einen Überlebenskampf verwandeln kann. Alles hängt davon ab, wie sich das Tief über der Bass Strait entwickelt.

Ed erwägt, in Richtung Neuseeland auszuweichen, entscheidet sich dann aber dagegen. Die Strömung über dem Festlandsockel ist nur halb so schnell wie die, die weiter draußen segelnde Boote nutzen können, aber Ed hält die Loxodrome für die Route zum Sieg. Auf der Loxodrome gibt es zwar kein Entkommen vor dem Sturm, aber sie ist der Weg zum Ruhm – falls das Boot nicht zerbricht.

Arthur kommt an Deck. Er hat sich zum Wächter über die Ruhezeiten der Crew ernannt. Die Männer der *MR* neigen alle dazu, eher zuviel zu arbeiten, als einmal alle Fünfe gerade sein zu lassen. Sobald jemand zu lange an Deck ist, taucht Arthur neben ihm auf und ermahnt ihn sanft, aber nachdrücklich, sich in die Koje zu verholen. Jetzt ist Ed an der Reihe.

»Leg dich hin«, sagt Arthur zu ihm. »Du solltest dich ausruhen. Solange du es noch kannst.«

Ed erinnert sich an den Rat seines Vaters und nickt Arthur kurz zu. Niemand weiß schließlich, wie heftig der Sturm ausfallen wird.

Ed hat ein ziemlich rigides Wachsystem eingeführt. Während des gesamten Rennens heißt es für die Crew vier Stunden Wache, zwei Stunden frei. Die Männer arbeiten in Zweierteams die ganzen vier Stunden hindurch an Deck. Nach der Wache sind sie von Salz, Gischt, Schweiß und den gelegentlich über das Boot brechenden Wellen bis auf die Haut durchnäßt. Dumpf schlägt die See gegen den Rumpf. Höchstwahrscheinlich ist die Crew seekrank – »beim Syd-Hob ist Seekrankheit eine normale Körperfunktion wie das Atmen. Es kommt nur darauf an, wie man damit fertig wird« –, denn es riecht nach Erbrochenem. Vielleicht auch nach Diesel oder hydraulischer Flüssigkeit. Vielleicht kommt es aufgrund unausgesprochener Animositäten zu Spannungen (obwohl das eher für Boote typisch ist, deren Crews einander fremd sind, als für die *Midnight Rambler*), vielleicht zu Frust über erfolglose Mühen. Und dann ist da das Wissen, daß die nächste Wache zwei Stunden entfernt ist, daß man alles, was man zu sich nimmt, nicht bei sich behalten wird, sowie die latente Sehnsucht nach Land, die selbst erprobte Seeleute überfällt, sobald sie die Küste hinter sich gelassen haben.

Bob Thomas steht am Steuer. Stemmt sich gegen den Wind. Ed öffnet die Luke und steigt die drei Stufen hinunter. Wegen des hohen Seegangs wurden die Luken bereits vor längerer Zeit geschlossen. Die Luft stinkt schon.

Wie bei den meisten modernen Rennyachten befinden sich auf der *Midnight Rambler* Schlafquartier, Galley, Segellast und Navigationsbereich unter Deck. Sie hat acht Kojen, vier auf jeder Seite. Alles Schwergewichtige wird in der Mitte oder im hinteren Bereich gestaut, damit der Bug leichter im Wasser liegt – und das Boot schneller wird.

Ed wirft sich auf seine Koje an der Steuerbordseite. Unbelegt können alle Kojen hochgeklappt und am Rumpf festgelascht werden. Bei hohem Seegang ist es am besten, sich auf eine Koje zu verbringen und die Gurte festzuzurren, daß eine Art Sandwich aus Koje, Seemann und Rumpf entsteht. So vermeidet man, durch die Gegend geschleudert zu werden.

Ed lascht sich also an und döst eine Stunde. Oder sind es zwei? Er lauscht auf Chris und Gordon, die gerade Wache haben. Die *MR* ist klein genug, daß Ed selbst bei geschlossenen Luken und trotz der rauhen See alle Gespräche an Deck mitbekommt. Aber viel ist da nicht zu hören. Die Crew kennt sich gut genug, um nicht jede Gesprächspause mit Smalltalk füllen zu müssen. Vielleicht schlägt Bob den anderen – John, Chris, Michael und Gordon – vor, die Segel zu reduzieren? Oder veranlaßt eine Kursänderung? Aber bei dem gleichmäßig aus Norden kommenden Wind besteht dazu kein Anlaß. Also setzen sich John und Michael als Ballast auf die Kante und schließen die Augen, Chris und Gordon sitzen auf der anderen. Bei diesem Wind ist es wichtig, das Gewicht ausgeglichen zu halten. Sie lassen die Beine baumeln, kauern sich zusammen, drücken die Oberkörper gegen die Reling. Ein Brecher könnte sie dazu veranlassen, haltsuchend nach einem Stieper zu greifen. Die Behauptung, daß ein Mensch überall schlafen kann, wenn er nur müde genug ist, findet hier ihre Bestätigung. Das Boot pflügt mit zweiundzwanzig Knoten durch pechschwarze Wellen. Die See zerrt an den Sohlen ihrer Gummistiefel. Nachts einen Seemann zu retten ist nahezu unmöglich. Wenn einer plötzlich von Bord geht, wird er wahrscheinlich nie wieder gefunden. Und doch dösen sie vor sich hin.

Ed kennt das. Es macht ihm absolut nichts aus, daß vier Männer, für deren Leben er verantwortlich ist, schlafen, wo immer sie können. Er hat auch nichts dagegen, daß Bob am Steuer steht. Seit 1990 nimmt Ed an Hochseeregatten teil, und bei allen ist Bob mit an Bord gewesen. Sie sind Partner, kennen ihre jeweiligen Stärken und Schwächen. Bob ist Bens Pate. Sie haben gemeinsam Boote gekauft und verkauft, einander kostspielige Entscheidungen zugetraut und große Geldsummen anvertraut.

Wenn jemand am Steuer Ed ruhig schlafen läßt, dann Bob Thomas.

Als Ed wach wird, kann er nicht wieder einschlafen. Die Erregung über den geglückten Start und seine düsteren Ahnungen halten ihn in einem nervösen Spannungszustand. Etwas in ihm möchte jubilieren – »Dieses Jahr packen wir es!« –, während ihn etwas anderes beunruhigt.

Ed erhebt sich. Seine Füße zucken zurück, als sie den kalten nassen Boden berühren. Schnell schlüpft er in trockene Sachen und zerrt die Schlechtwetterkleidung über sein »Bärenfell«, die Thermo-Unterwäsche. Verschlüsse an Hals und Ärmeln des Schlechtwetteranzugs sollen Wasser vom Eindringen abhalten, tun es jedoch nahezu nie. Dann folgen isolierende Neoprensocken und Bootsstiefel mit ausgeprägten Profilsohlen, um bei der Nässe nicht auszugleiten. Für Handschuhe und eine Strumpfmaskenmütze ist es nicht kalt genug, daher ist das letzte Stück seiner Ausrüstung der Gurtstropp, seine »Lebensversicherung«. Ed schäkelt eine Rettungsleine an der metallenen Brustöse ein. An Deck wird er das andere Ende der Leine an irgendeinem sicheren Gegenstand festmachen und nicht an dem umlaufenden Relingsdraht. Die Crew traut dem Draht nicht.

Er stößt die Luke auf, klettert wieder an Deck und bereitet sich darauf vor, das Steuer von Bob zu übernehmen. Das Wetter hat sich merklich verschlechtert. Die Wellen zeigen gegenläufige Wirbel, brechen. Als Ed einen Blick achtern werfen will, muß er sich schnell wieder umdrehen, damit ihn die salzige Gischt nicht ins Gesicht sticht. Er spricht kurz mit Bob über die Wetterveränderung und läßt sich von ihm berichten, was an Bord vor sich gegangen ist. Das ist Routine bei einem Wachwechsel.

Ed sitzt im Cockpit, mit durchgedrückten Beinen, eine Hand am Steuer, und spürt, wie ihn plötzlich eine große

Ruhe überkommt. Etwas tun zu können besänftigt seine Nervosität, obwohl Blitze zucken, gefolgt von krachenden Donnerschlägen, die Ed nicht kalt lassen. Das Regenwasser dringt in seine Kleidung, rinnt ihm kalt den Rücken hinunter. Aber das macht nichts. Er ist im Cockpit seiner *Midnight Rambler*, bringt sie und die Männer nach Hobart. Die Bass Strait liegt direkt vor ihnen. Wenn er doch nur seine Gedanken an Sue und die Jungen abschalten könnte.

Weiter draußen auf See segelt die *Sword of Orion* der *MR* davon. Kulmars Kalkül auf die südliche Strömung ist aufgegangen. Nach dem ungünstigen Start ist es ihm gelungen, sich unter die ersten fünf Boote seiner Gruppe zu schieben. (An der Spitze liegt die neue und verbesserte *Chutzpah*, die der Kieferorthopäde Bruce Taylor aus Melbourne als Ersatz für die jetzige *Midnight Rambler* bauen ließ.) Glyn Charles und Rob Kothe sind unter Deck. Um Mitternacht wird Glyn die Wache übernehmen. Kulmar denkt daran, die Zahl der Männer auf Wache und ihre Zeit an Deck zu verringern, beschließt dann aber, die weitere Entwicklung des Sturms abzuwarten. Bevor es nicht wirklich übel wird, will er alles so lassen, wie es ist. Wenn die Situation wirklich bedrohlich wird, wird er mit einem Steuermann und einem Wellenwachgänger auskommen. Kulmar nimmt sich vor, Glyn mit Darren Senogles zusammenzuspannen, weil beide über Admiral's Cup-Erfahrung verfügen. Mit den beiden an Deck glaubt Kulmar, ruhig schlafen zu können.

Winston Churchill steuert nun einen Kurs, der sie fast genau zwischen Kulmar mit seinem aggressiven Tempo und den flotten Küstentörn der *Midnight Rambler* bringt. Auch Richard Winning hält die südliche Strömung für den schnellsten Weg nach Hobart, befürchtet jedoch, die

WC zu überfordern. Bislang liegt sie nicht allzu weit hinter den schnellsten Booten zurück. Beim ersten Anzeichen einer Wetterverschlechterung wird er den Spinnaker einholen. Mit dem neuen und höheren Mast, der den alten Holzrumpf überstrapazieren könnte, empfiehlt es sich, keine Risiken einzugehen. Sollte sich das Wetter nicht bessern, setzt er sich als Priorität, die alte Lady sicher nach Hobart zu bringen. Das Rennen kann ihm gestohlen bleiben.

Beim Umrunden der ersten Boje vor dem Hafen hatte er einen kleinen Triumph verspürt, Winning drehte sich um und sah zu seinem Erstaunen, daß die *Ragamuffin* hinter der *Winston Churchill* lag. Als sie 1991 für einen japanischen Textil-Tycoon auf Kiel gelegt worden war, galt die *Ragamuffin* als Gipfel des modernen Bootsbaus. Jeder Zentimeter bestand aus leichter Carbonfaser. Selbst das Spülbecken unter Deck. Sie hatte 700 000 Dollar gekostet. Syd Fischer kaufte sie auf Anhieb und segelte mit ihr 1992 dem Sieg entgegen. 1993 erlitt sie ernste Schäden, aber Fischer brachte sie wieder auf Vordermann. Machte sie moderner, renntüchtiger.

Und jetzt war ihr die uralte *Winston Churchill* eine Nasenlänge voraus. Das schmeckte Richard Winning und seiner Crew außerordentlich. Sogar dann noch, als die *Ragamuffin* an ihnen vorbeizog, Spinnaker setzte und in der Ferne verschwand. Unter gleichwertigen Bedingungen, für einen kurzen Moment, hatte die *Winston Churchill* gesiegt. Es sind die kleinen Siege, die das Leben versüßen …

Damit ist für Winning und die Männer der *WC* das Rennen gelaufen. Von nun an ist Hobart das Ziel ihres Vergnügungstörns. Vorsicht heißt die Losung des Tages. Hochseesegeln ist schließlich ein Gentlemen-Sport. Und Gentlemen gehen keine unzumutbaren Risiken ein.

Warten auf die Positionsmeldungen

Sonntag, 27. Dezember, 0.00 bis 3.30 Uhr

Gegen Mitternacht lassen die Blitze nach. Das Regattafeld ist im wesentlichen komplett, aber das Wetter hat sich weiter verschlechtert. Viele Skipper ernennen die Positionsmeldung um 3.05 Uhr zum Zeitpunkt der Entscheidung: Wenn das schlechte Wetter noch zulegt und andere Segler erklären, umkehren zu wollen, werden auch sie auf die Küste zuhalten. Aber wenn das BOM bei seiner Vorhersage von Windgeschwindigkeiten von fünfundfünfzig Knoten bleibt, werden sie weiterbrettern.

Die Meldungen um 3.05 Uhr sind auch deshalb entscheidend, weil die Flotte bei der nächsten Meldung um 14.05 bereits in der Bass Strait stünde.

Im Moment ist das Regattafeld so breit auseinandergezogen, daß Yachten unter drei unterschiedlichen Wetterbedingungen unterwegs sind. Die langsameren Boote sind von der Bass Strait noch weit entfernt. Sie segeln noch immer unter Nordostwind durch die Ausläufer der Böenlinie. Sie genießen eine sanftrollende Dünung, und man kann an Deck stehen, ohne sich anzuleinen. Es regnet in Strömen, aber die Blitze sind so spektakulär, daß viele Crewmitglieder einfach an Deck bleiben, um ihnen zuzusehen. In dieser Gruppe befindet sich die *Winston Churchill.* Erfreut stellt Winning fest, wie problemlos die Lady sich lenken läßt. Steamer Stanley hat mit der 250 000-Dollar-Überholung eine wahre Glanzleistung hingelegt. Die Männer kauern sich in der Nähe des Doghouse aneinander und sehen dem Feuerwerk zu.

Für die Boote in der Mitte des Feldes sind die Blitze kein fernes Schauspiel. Die Luft ist mit statischer Elektrizität aufgeladen, und es scheint nur eine Frage der Zeit zu sein, wann es in den Mast einschlägt. Ohrenbetäubende Donnerschläge folgen jedem Blitz. Auf See wirken die atmosphärischen Phänomene weit intensiver als an Land. Die Sterne sind keine funkelnden Lichtpünktchen, sondern tellergroße weiße Farbkleckse. Der Wind streicht nicht sanft über die Wangen, sondern beweist seine ungemein brutalen, zerstörerischen Kräfte. Und auch vor dem Regen kann man sich nicht schützen, er durchdringt mit seinen heimtückischen Tropfen buchstäblich alles. Bei Regengüssen erinnern sich Seeleute vor allem an zwei Dinge: nasse Unterwäsche, weil früher oder später die Nässe in Kooperation mit dem Wind auch die dichteste Schutzkleidung besiegt, und Schimmel. Nach dem ersten Regen während einer Fahrt ist das Unterdeck eine wahre Brutstätte für Schimmelpilze. Und die feuchten, klammen Sachen werden bis zum Anlegen nicht mehr trocken.

Auf den Booten in der Mitte der Flotte brauchen sich die Crews nicht zu »erinnern«: Sie sind bis auf die Haut durchnäßt. Noch sind sie nördlich der Bass Strait. Auf der Fahrt von Sydney nach Hobart liefern die Städte an der Küste Seglern gewisse Orientierungshilfen: Sydney, Wollongong und Nowra. Dann dauert es eine Weile bis zum Fischerort Eden. Von Eden aus sind es knapp vierzig Kilometer bis Gabo Island und die Bass Strait. Dann stehen zweihundert Meilen über die Bass Strait nach Tasmanien an.

Die mittlere Gruppe des Feldes segelt irgendwo zwischen Nowra und Eden. Achtern haben die Boote den Nordost-, vor sich den Südwind über der Bass Strait. Der Wind schlägt um. Kaum merklich, aber er schlägt um. Manche sagen sogar, daß er wirbelt. Aber die Veränderung ist so geringfügig, daß sie sich nur im Seegang zeigt. Die Wellen werden steiler, eine Spur feindseliger. Bei einem 45-Knoten-Wind sei dies der übelste Wellengang, den er je erlebt hätte, sagt Andrew Buckland, der sich seit zwei Jahrzehnten mit der *Assassin* an Syd-Hob- und Fastnet Races beteiligt, zu seinen Crewmitgliedern. Bei fünfundfünfzig Knoten könnte es ausgesprochen unangenehm werden, fügt er hinzu.

Vierzig Knoten sind ein Alptraum, aber Boote kommen durchaus noch voran. Bei fünfzig Knoten muß man nicht nur seine Mütze festhalten, und man verliert jedes Interesse am Rennen. Sechzig Knoten sind so erschreckend, daß die Gedanken ans Überleben jede Regattastrategie ersetzen. Und bei mehr als sechzig Knoten wird das Tosen des Windes unbeschreiblich, die Wellen brechen sich derart in der Luft, daß die Crews kurz davor sind, den Verstand zu verlieren. Seeleute, die sich vor Windgeschwindigkeiten von mehr als sechzig Knoten nicht fürchten, können nicht bei Trost sein. Oder, anders ausgedrückt: Windstärken von fünfundfünfzig Knoten sind doppelt so schrecklich wie Windstärken von vierzig Knoten. Aber bei etwa fünfundsechzig beginnt eine total andere Dimension. Etwas Ungeheuerlicheres sei schlicht nicht vorstellbar, sagen alle Seeleute, die Stürme mit Windgeschwindigkeiten von mehr als fünfundsechzig Knoten erlebt haben.

Für sich genommen, stellt der Wind kein allzu großes Problem dar. Aber er baut die Wellen auf. Für die Segler ist die offizielle Ankündigung, die Winde würden sich von fünfundvierzig auf fünfundfünfzig Knoten steigern, eine Bestätigung, daß sie mit wirklich hohem Seegang zu rechnen haben. Schon jetzt ist die sanfte Dünung – »Na, macht das nicht Spaß?« jubelte ein Segler auf der *Assassin*, als sie mit dem Wind über die Wellen ritten – einer rauhen See mit gischtweißen Wellenkämmen gewichen. Und das bedeutet, daß es nicht mehr lange dauern wird, bis die Wellen sich überschlagen. Eine Welle ist erst als Brecher gefährlich, behaupten erfahrene Seeleute, aber dann ist sie tödlich. Hohe Brecher lassen ein Boot kentern oder begraben es unter sich.

Im Mittelfeld befinden sich die führenden Boote *Midnight Rambler* und *Sword of Orion*, aber auch *Stand Aside, Business Post Naiad, Chutzpah* und *B-52*. Sie sind bereits durch den Spiegel getreten, aber erst einen halben Schritt. Noch ist die Welt ein relativ gewohnter Ort. Der Meeresbiologe Will Oxley, der die *B-52* navigiert, empfindet sogar so etwas wie Begeisterung über den Sturm. Vor der Regatta hatte er zusammen mit Clouds Badham ausführlich über den Wetterprognosen gebrütet. Beide glauben, daß die B-52 gegen Mitternacht das Gewitter hinter sich haben und in den Sturm hineinsegeln würde. Und das scheint sich zu bewahrheiten.

An der Spitze des Rennens liegen die Maxis als dritte Gruppe. Gegen elf Uhr abends bekommen alle an Bord einen Vorgeschmack auf das, was ihnen bevorsteht. Noch haben sie Gabo Island nicht erreicht, das »Tor« zur Bass Strait. Das wird erst im Morgengrauen der Fall sein. Aber die Südwinde fegen über die Decks der *Sayonara* und der *Brindabella*. Dicht hinter den beiden liegen *Wild Thing* und *Marchioness*. Die *Nokia* hat bald nach Beginn des Gewitters Spinnaker und Besansegel eingeholt und damit an Fahrt verloren.

Alle Maxis sind um einige Stunden weiter als 1996 die

Morning Glory, die seinerzeit einen Streckenrekord aufstellte.

Bei Hochseeregatten ist das Feld so weit auseinandergezogen, daß die Boote gleichauf segeln können, ohne in Sichtkontakt zu stehen. *Sayonara* und *Brindabella* trennen rund drei Meilen. Bei Tageslicht würden sie sich natürlich sehen – dafür ist der weiße Spinnaker der *Sayonara* mit der roten aufgehenden Sonne zu spektakulär –, aber bei dem Gewitter ist es stockfinster, und die Boote haben kein Radar an Bord.

Unter kulinarischen Gesichtspunkten liegt die *Marchioness* unangefochten an der Spitze. Peter Mcadams Menüvorschläge unterscheiden sich heftig von den üblichen Dreitagekatastrophen mit ausschließlich pappigen Sandwiches. Statt dessen bereitet dieser Bordkoch Avocado in Vinaigrette, Lammcurry und Sirloin-Steaks mit grünem Salat und neuen Kartoffeln zu. Seine Dessertvorschläge umfassen flambierte Erdbeeren und Pecan-Pie. Eine seiner Köstlichkeiten nennt sich »Mitternachtssnacks an der Reling«: Bananen-Omelettes mit Ahornsirup und danach getoastete Käse-Sandwiches.

So rasen *Sayonara, Brindabella, Marchioness* und *Wild Thing* Seite an Seite dahin, ohne ihre jeweiligen Positionen zu kennen. Im Schutz der Dunkelheit versuchen alle vier Maxis erfolgversprechende taktische Manöver. Kurz vor Mitternacht glaubt die Crew der *Sayonara*, im Schein eines Blitzes den Bug der *Brindabella* zu erkennen, aber das Aufleuchten ist nur kurz, und bei der hochgehenden See könnte es auch eine Einbildung gewesen sein. Um 3.05 Uhr wird die Position aller Boote ohnehin bekanntgegeben.

Die Positionsdurchgabe ist sowohl aus strategischen als auch aus psychologischen Gründen ein Höhepunkt. Neugierig versammeln sich die Crews um das Funkgerät.

Während alle Boote ihre Lage bekanntgeben, schreiben die Navigatoren die entsprechenden Längen- und Breitengrade mit, denn es ist immer von Vorteil zu wissen, wo sich der Konkurrent gerade befindet. Um Langstrecken-Regatten gewinnen zu können, muß man mehr sein als ein guter Segler. Oft entscheidet ein kühner taktischer Zug über den Sieg, sei es eine aggressive Kursänderung oder ein riskanter Segelwechsel. Erfolgt der im Schutz der Dunkelheit, kann der Konkurrent nicht sofort reagieren. Doch weil er selbst ähnliches plant, ahnt ein guter Segler das Manöver des Konkurrenten voraus. Nur bei wenigen Sportarten kann man aus den Besonderheiten des Tages und der Nacht seine Vorteile ziehen. Taktik ist nur noch im Schachspiel von so großer Bedeutung. Oder in der Kriegsführung.

Natürlich sehnen die Crews jedesmal die Stimme aus dem Funkgerät herbei. Es macht ein gutes Gefühl zu wissen, wo die anderen sind. Immer wieder erliegt eine Crew dem beängstigenden Gefühl, ganz allein gegen den großen, bösen Ozean anzukämpfen. Aber die Positionsmeldung gibt allen wieder das Gefühl, daß sie zu einer Gruppe von Abenteurern gehören, und das läßt sie die Strapazen und sogar die Gerüche an Bord überstehen. Das Wissen, daß die anderen in der Nähe sind, auch wenn man sie nicht sehen kann, ist natürlich auch beruhigend.

Doch bis zur Meldung ist es noch vier Stunden hin, als die Maxis unter die Fuchtel der Südstürme geraten. Noch haben sie nicht das von Roger Badham vorhergesagte apokalyptische Ausmaß, aber sie sind schon schlimm genug. Die Wellen spielen verrückt, als die Strömung und die Winde von vierzig Knoten aufeinandertreffen. (Strömungen werden nach der Richtung benannt, in die sie fließen, Winde nach der, aus der sie kommen. Deshalb kann sehr wohl eine Südströmung mit einem Südwind kollidieren.) Der Wind springt um, so daß die Maxis nicht mehr vor einem 40-Knoten-Wind herlaufen, sondern in einen Wind gleicher Stärke hineinsegeln. Spinnaker werden eingeholt. (Auf der *Sayonara* sind bereits drei zerfetzt, und sie hat nur vier an Bord.) Vorsegel samt Sturmfock werden hochgezogen.

An Bord der *Sayonara* zerfetzt gegen Mitternacht das Großsegel. Die Crew müht sich vorn, den Schaden in Augenschein zu nehmen, und stellt fest, daß der Riß nur das kleinere Problem ist. Die Gleitschiene für die Segel am Hauptmast beginnt sich zu lösen. Ohne schnelle Reparatur könnte der ganze Mast verlorengehen.

Während also die Gleitschiene wieder befestigt wird, entscheidet man sich auf der *Sayonara* dazu, Sturmsegel zu setzen. Unter Deck sind die Bedingungen so unangenehm, daß auch die erfahrenen Whitbread- und America's Cup-Segler seekrank werden. Fast zwei Dutzend Männer übergeben sich immer wieder.

Zur gleichen Zeit übernimmt Ellison das Steuer, der die *Sayonara* so geschickt aus dem Hafen gesteuert hat. Um drei Uhr übergibt er es an den Neuseeländer Brad Butterworth. Ellison berät sich unter Deck mit Navigator Mark Rudiger über das Wetter. Beide versuchen herauszubekommen, ob es noch schlimmer werden könnte. Ihr Computer kündigt einen Wirbelsturm über der Einmündung der Strait an, mit Richtung direkt auf die Flotte. Ungläubig erinnert sich Ellison an das letzte Mal, als er so etwas sah: »Im Wetterkanal«, erzählt er dem unerschütterlich ruhigen Rudiger, einem der besten Navigatoren der Welt, »wurde das Hurricane genannt. Was zum Teufel hat so etwas hier zu suchen?«

Die ersten Besucher der Bass Strait gingen noch zu Fuß. Australien und Tasmanien waren damals noch eine Insel. Von den tropischen Urwäldern im Norden der australischen Ostküste bis zur Südspitze von Tasmanien verläuft eine Bergkette, die Great Dividing Range. Auf dem australischen Festland sind diese Berge als Australian Alps bekannt, aber die Gipfel auf Tasmanien sind fast ebenso hoch und haben Bergflüsse und alpine Seen aufzuweisen. Zwischen den australischen Alpen und den tasmanischen Bergen gibt es erstaunlicherweise eine »Lücke«, eine gut dreihundert Kilometer breite Tiefebene.

Die Ebene wurde eines Tages »Bass Plains« genannt, nach einem Mann, der sie nie durchwandert hat, von Kartographen, die sie nie gesehen haben. Die Landbrücke verband Tasmanien mit Australien. Vor 35 000 Jahren gelangten noch Aborigines über die Bass Plains nach Tasmanien. Mit dem Ende der letzten Eiszeit vor rund 12 000 Jahren stiegen dann das Südliche Eismeer und die Tasmansee an. Bass Plains wurde überflutet. Als das Eis geschmolzen war, bedeckte Wasser – an manchen Stellen hundert Meter tief – die ehemalige Landbrücke, die nie wiederauftauchte. Und Bass Plains wurde zur Bass Strait. Ein »Schwarzes Loch« war geboren.

Schwarze Löcher nennt man unkalkulierbare Stellen des Ozeans, Gefahrenzonen, in denen Winde, Wellen und Strömungen mit verblüffender und unvorhersehbarer Gewalt aufeinanderprallen. Segler sagen, daß das Kap der Guten Hoffnung an der Südspitze von Afrika so ein Schwarzes Loch ist. Dort begegnen sich Indischer Ozean und Atlantik mit ihren unterschiedlichen Strömungen, Wetter- und Wellenbedingungen. Weiter draußen gibt es natürlich immer Möglichkeiten, diesen Strömungen auszuweichen, die Auswirkung »abzufedern«. Aber am Kap der Guten Hoffnung treffen die einander widersprechenden Naturgewalten auf eine unbewegliche Landmasse. Die Winde beginnen zu wirbeln, chaotische Seen bauen sich hoch auf und brechen an den Stränden, und die landnahen Strömungen setzen weder nach Norden, nach Süden, Osten oder Westen, sondern in alle Richtungen gleichzeitig.

Beim Passieren Schwarzer Löcher müssen Seeleute stets und ständig vor plötzlichen Drehungen des Windes und unberechenbaren Wellen auf der Hut sein. Böswillig in ihrer Anlage, gehen die Wellen paarweise zu Werke: Die erste baut sich aus dem Nichts auf, um ein ahnungsloses Boot zu überfallen. Die nächste – direkt hinter der ersten, so daß der unglückseligen Mannschaft keine Zeit zur Reaktion bleibt – überschüttet die Decks mit tonnenschwerem Wasser. Das Wasser schießt über das Schiff, und die Crew wird von Bord gerissen. Handelt es sich um ein Segelboot, kentert es meist, und der Mast bricht. Die Antenne an der Mastspitze steckt unter Wasser, so daß der Teil der Crew, der im Inneren eingeschlossen ist, nicht über Funk um Hilfe rufen kann. Man kann nur tatenlos abwarten und darauf hoffen, daß eine weitere Welle das Boot wieder umdreht, bevor innen die Luft knapp wird.

Aus zwei Gründen kann man dem Tod auch nicht davonschwimmen: Erstens müßte man dazu die Luken öffnen, und das wäre das Ende des Luftvorrats im Rumpf. Das Wasser würde außerdem mit so unvorstellbarer Wucht eindringen, daß an Schwimmen nicht mehr zu denken ist. Nach einigen Schlucken Salzwasser und durch den Mangel an Sauerstoff ist das Ende nur noch eine Frage von wenigen Minuten. Und das Boot würde sinken.

Aber nehmen wir an, ein Seemann hätte Glück. Er schafft es, den Atem anzuhalten, bis sich der Wasserdruck ausgeglichen hat, und er schwimmt dann an seinen Kameraden vorbei durch die Luke. Nehmen wir auch an, daß er eine Rettungsweste trägt – die meisten Seeleute tun das zwar nicht, aber gehen wir davon aus, daß er ein Glückspilz ist –, dann schafft er es vielleicht bis an die Oberfläche. Wenn er dann nach Luft ringt, werden die gewaltigen Wellen ihm Wasser in die Lungen drücken. Der Wind wirbelt nämlich so viel Gischt durch die Luft, daß der Mann nicht erst untertauchen muß, um Wasser zu schlucken.

Dann gaukelt der Mann hilflos wie ein Korken hin und her, während ihn Welle um Welle übers Meer treibt. Innerhalb weniger Stunden ist er Meilen von seinem gesunkenen Boot entfernt, in dessen Umgebung Rettungshubschrauber nach ihm suchen. Auch wenn er kein Opfer der Unterkühlung oder von Haien wird, läßt ihn seine verzweifelte Situation normalerweise sehr schnell den Verstand verlieren. Aus diesem Grund tragen viele Hochseesegler absichtlich keine Rettungswesten. Sollten sie von Bord gespült werden und keine Rettung in Sicht sein, falten sie die Arme über der Brust, verdrängen ihre Überlebensinstinkte, die sie Wasser treten lassen wollen, sprechen ein letztes Gebet und überlassen sich der See.

Selbst die wenigen Glücklichen, die zunächst überleben.

Zu Segelunfällen kommt es auf allen Meeren, aber am häufigsten in den Gefilden eines Schwarzen Loches. Berühmte Schwarze Löcher sind auch der Maui Channel im Bereich der Hawaii-Inseln und der Atlantik vor der irischen Südküste.

Die Bass Strait verdankt ihren Ruf als Schwarzes Loch einer Vielzahl von Faktoren. Die bedeutsamsten sind die sogenannten Roaring Forties, der weltumspannende Gürtel stürmischer Westwinde zwischen dem vierzigsten und fünfzigsten Grad südlicher Breite. Die Gewalt dieser »brüllenden Vierziger« ist legendär, und im argentinischen Patagonien haben Piloten davon berichtet, daß ihre Kampfjets buchstäblich rückwärts gezwungen wurden. Mit noch größerer Geschwindigkeit toben diese Winde in Meereshöhe durch die Bass Strait.

Winde sind etwas, womit Seeleute normalerweise fertig werden können. Damit kennen sie sich aus. Aber die Dünung in der Bass Strait läßt sich mit keiner anderen vergleichen. Die Tiefe dieser im Grunde flachen Meerenge schwankt zwischen dreißig und hundert Metern. Von Landmassen ungestört treiben Wogen aus dem Südlichen Eismeer über etliche tausend Meter tiefe Gewässer nach Osten. Im Südlichen Eismeer erreichen Strömungen eine Geschwindigkeit von dreizehn Meilen pro Stunde. Schon die Hälfte davon reicht aus, um als Wildwasser bezeichnet zu werden. Ohne den Einfluß heftiger Winde ähnelt das Meer einer gleichmäßigen Prozession gutmütiger Wellenriesen, ein Phänomen, das man eben Dünung nennt. Die Höhe der einzelnen Wellen schwankt zwischen einem und dreißig Meter. Das Meer bildet viele träge Wellen aus, häufig in einem Abstand von bis zu sechshundert Metern. Ihre Gipfel sind keine gischtsprühenden Brecher, sondern eher eine Art flaches Hochplateau. Solange ein Segelboot nicht mit der Breitseite den Wellengang rammt, sind die Risiken des Kenterns oder Sinkens minimal.

Wenn diese Tiefsee-Dünung jedoch plötzlich auf die seichte, winddurchtoste Bass Strait trifft, reagieren die Wellen wie immer unter Wind- oder Landeinfluß: Sie bauen sich auf und brechen. Diese hohen Wellen werden durch die Meerenge wie durch eine Düse gedrückt. Die Wucht der Strömung eskaliert. Anschließend sind die einzelnen Wellen nämlich keine sechshundert Meter mehr voneinander entfernt, sondern türmen sich buchstäblich aufeinander.

Daher muß jeder Segler, der die Bass Strait bei rauhem Wetter überquert, mit widrigen Winden und gewaltigem Wellengang rechnen. Diese Seen sind ausgesprochen unangenehm: Sie schwellen an, türmen sich auf und brechen in sich zusammen, wobei der Wind die weißen Wellenkämme symmetrisch wie eine Brandungswelle vor sich hertreibt.

Das ist die eine Seite des Schwarzen Loches der Bass Strait.

Am anderen Ende vereint sich der brodelnde, aus dem Südlichen Eismeer stammende Wellengang mit der Tasmansee, die zum Pazifischen Ozean gehört und über ähnlich widrige Wind- und Wellenbedingungen verfügt wie die Bass Strait.

»Vereinen« ist ein zu sanftes Wort für diesen Zusammenprall zweier Ozeane. Fluten aus dem Pazifik strömen von Ost nach West in die Bass Strait. Wie die des Südlichen Eismeers hat auch die Dünung des Pazifik tausend Meter tiefes Wasser ohne jede Behinderung überquert.

Der Treffpunkt beider Meere liegt in der Nähe von Gabo Island vor der australischen Südostküste. Seeleute spüren auf dem Weg von Sydney nach Hobart die Veränderung des Seegangs zwar schon weit vorher, aber die Gewässer um Gabo Island sind der Bodennullpunkt des Schwarzen Loches. Der Zusammenprall ist hier sogar noch heftiger als bei anderen Schwarzen Löchern. Satellitenaufnahmen der United States' National Oceanic and Atmospheric Administration (NOAA), der größten Autorität auf dem Gebiet der Wettervorhersage und Meteorologie, haben bewiesen, daß die Wellen vor Australien die gewaltigsten der Welt sind.

Bei schlechtem Wetter kann man nicht voraussehen, aus welcher Richtung diese Wellen auf ein Boot einstürmen werden. Deshalb behilft man sich meist mit einem mutigen Crewmitglied, das vom Bug aus nach Wellen Ausschau hält. Erblickt der Mann eines dieser Monster, weist er aufgeregt mit beiden Händen in die entsprechende Richtung, denn das Tosen des Windes macht jede mündliche Verständigung unmöglich. Der Skipper versucht dann auszuweichen, oder er steuert direkt hinein – je nachdem, was gerade günstiger ist.

Das erste Todesopfer hatte die Syd-Hob-Regatta 1966 zu beklagen. Damals begann das Rennen sich zu verändern. Technische Neuheiten vereinfachten das Segeln und führten dazu, daß immer mehr Hobby-Wassersportler neben den Elite-Seglern an dem Rennen teilnahmen. So gesehen war der erste Tote auch kein Opfer des Ozeans. Barry Vallance, der Navigator der Yacht *Zilvergeest* aus Sydney, erlag einem Herzschlag, als das Boot nur elf Meilen vor dem Ziel in der Mündung des Derwent River auf ein Riff stieß.

1973 starb dann John Varney, ein junges Crewmitglied der *Inca* aus Neuseeland, in der ersten Nacht des Syd-Hob unter mysteriösen Umständen. Seine sterbliche Hülle wurde einem Fischerboot übergeben und das Rennen unter Berufung auf »nationale Verpflichtungen« fortgesetzt.

Den ersten Toten aufgrund von Sturmeinwirkung gab es 1984, als Wal Russell, ein zweiundsiebzigjähriger Syd-Hob-Veteran kurz nach dem Ende seiner Wache von Bord der *Yahoo* gerissen wurde. Alle Rettungsversuche blieben erfolglos, und er wurde zuletzt gesichtet, wie er mit dem Gesicht nach unten im Meer trieb.

1989 kam es zu einem weiteren Unglücksfall, als ein gebrochener Backstagblock John Taylor, einen Segler aus Melbourne, am Kopf traf. Von einem Rettungshubschrauber aus wurde ein Arzt an Bord seiner *Flying Colours* hinuntergelassen, aber Taylor war bereits tot.

Bei der Jubiläumsregatta 1994 wurde David Graham auf dem Rückweg nach Sydney von einer Welle von Bord gespült, während er gerade seinen Sicherheitsgurt löste. Er konnte nie gefunden werden.

Kurz nach ein Uhr gerät nun also die *Sword of Orion* unter die Fuchtel der Südwinde und holt den Spinnaker ein. Kothe, der sich zu diesem Zeitpunkt unter Deck aufhält, braucht keinen Computer, um zu wissen, daß das Wetter umschlägt. Das Boot stampft. Der Wind pfeift. Glyn Charles ist an Deck und hält die *Sword* hart auf Kurs. Als Kothe den Kopf aus der Luke steckt, um sich über die Situation an Deck zu informieren, verblüfft ihn Glyns ruhige Gelassenheit. Anstatt die Augen direkt geradeaus zu richten, blickt er unter seiner Kapuze unablässig nach rechts und links, bewertet die Windrichtung, schätzt den Wellengang ab. Und während Kothe beides ziemlich haarig vorkommt – heftiger und höher, als er es je erlebt hat –, wirkt Glyn total unbeeindruckt. Kothe zieht den Kopf wieder ein und schließt das Luk.

Unterdessen ist sich Glyn durchaus nicht sicher, was er von den Wetterbedingungen halten soll. Als Syd-Hob-Neuling kommt er sich vor wie der Gast in einem Wettermuseum. Alles, wovon er je gehört hat, wird hier zur Schau gestellt: chaotische Wellen von überall her, Winde, die alle Richtungen gleichzeitig abrasen, und lückenlose Gischt, die ihm in die Augen sticht.

Andere mögen sich fürchten – Glyn Charles will etwas lernen. Einen weiteren Schritt vorwärtskommen. Als weitere Lektion, um ein besserer Weltumsegler zu werden.

Denn auf dieses Ziel hat sich Glyn seit dem Jahr konzentriert, als sein Vater die Familie verließ. Glyn war damals gerade sechzehn Jahre alt und tauchte zu den vorolympischen Entscheidungen in der Finn-Dinghy-Klasse mit einem so alten und schweren Boot auf, daß er Hilfe benötigte, um es vom Strand ins Wasser zu bekommen. Daß er selbst ein Leichtgewicht war, machte die Plackerei nur noch mühseliger. Beeindruckt von Glyns Zähigkeit, nahm ihn der britische Olympiatrainer Rod Carr beiseite und riet ihm, lieber mit einem leichteren Laser zu segeln. Dieser Tip wurde zu Glyns Fahrkarte zum Erfolg.

Seine erste Duftmarke im Hochseesegeln setzte Glyn Charles, als er 1987 an Bord der 33-Fuß-Yacht *Decasol Car Care* am Fastnet Race teilnahm. Seinem Crewkameraden Andrew Preece entging nicht, wie taktisch geschickt und ehrgeizig der junge Mann war. Er nannte Glyn Charles den konzentriertesten Segler, den er jemals kennengelernt hätte. Und das schon im Alter von einundzwanzig Jahren.

Als Glyn 1994 erneut mit Charles segelte, stellte Preece fest, daß sich die jugendliche Verbissenheit in eine reifere Beherrschtheit verwandelt hatte.

Nach der Olympiateilnahme und mittlerweile weltweit als Steuermann und Taktiker gefragt, hatte er zu einer gelassenen Selbstsicherheit gefunden. Margaret Charles führte den Erfolg ihres Sohnes auf seine Reife zurück. Er schien die Probleme mit seinem cholerischen Temperament, das ihn früher bei Regatten gegenüber weniger ehrgeizigen Seglern manchmal ausfallend werden ließ, im Griff zu haben. »Er ist kein Heiliger«, sagte sie. »Das weiß ich auch. Aber mittlerweile sieht er alles nicht mehr ganz so verkniffen.«

An dieser Wandlung hat Annie entscheidenden Anteil. Sie ist ähnlich erfolgsorientiert wie er, zahlt ihm seine krassen verbalen Ausfälle mit gleicher Münze heim. Außerdem hat sie die Möglichkeit, jederzeit ans Ziel ihrer jeweiligen Träume zu düsen, so daß es die Beziehung nicht sehr belastet, daß Glyn oft am anderen Ende der Welt ist. Annie liebt ihn genug, um mit ihm zusammen ein Haus mit Blick auf eine Marina in Emsworth zu kaufen. Obwohl das bedeutet, daß sie täglich knapp achtzig Kilometer von Portsmouth nach London und zurück fahren muß.

Sie versteht seinen Frust über die fehlgeschlagenen Versuche, ein Profisegler zu werden, und hilft ihm, nach den beiden gescheiterten Olympiateilnahmen seine Enttäuschung über die Royal Yachting Association zu verarbeiten. Sie weiß, wie sehr diese Mißerfolge ihn seelisch und körperlich ausgelaugt haben. Und daß die nervenaufreibende Suche nach dem richtigen Boot oder einem Sponsor einen Mann mutlos machen können.

Sie lieben küstenfern, sagt man über die innere Zerrissenheit der Seeleute. Als Landlebewesen, die sich auf dem Wasser genauso wohl fühlen, wissen sie nie, wohin sie eigentlich wirklich gehören. Auf einem Boot umkreist ihr bevorzugtes Gesprächsthema die Frauen, und an Land reden sie nur über das Segeln.

Aber Glyn Charles ist ein professioneller Segler. Er liebt nicht küstenfern, er segelt. Und das heißt, daß er im Moment der Gefahr überhaupt nicht an Annie denkt. Er denkt nur an Strategien, Windanalysen und ihre Umsetzung und spricht in kurzen, knappen Befehlen. Segeln heißt leben. Wenn er der absolute Spitzensegler in dieser marktorientierten Welt werden will, muß er seinen Mangel an diplomatischen Geschick mit unübersehbarer Professionalität (nachdem er mit Charles gesegelt war, fühlte sich John Derbyshire, der Olympiamanager der Royal Yachting Association, von dessen brüsker Art regelrecht düpiert: »Glyn zufolge konnte ich keinen einzigen Tampen korrekt benennen«), körperlicher Fitneß (Glyn schwimmt wöchentlich mehrmals drei Kilometer) und Erfahrungen in allen vorstellbaren Situationen kompensieren.

Daß der Wind nun aus Süden heranfegt, ist ein ganz neues Phänomen für Glyn, und er genießt die Herausforderung. Als der Wind weiter auffrischt, ordnet er zwei Reffs im Großsegel an und läßt sonst nur ein kleines Vorsegel stehen. Er schiebt sich die Kapuze in den Nacken, obwohl die Gischt sein Gesicht peitscht.

Er sieht nichts als pechschwarze Nacht. Eine Nacht, in der man sich keinen Fehler erlauben darf.

Zur gleichen Zeit brechen auf der *Assassin*, die auch gegen ein Uhr in den Sturm hineinsegelt, unter dem Druck der Wellen vier Kojen auf der rechten Seite aus ihren Verankerungen. Skipper Hugo van Kretschmar läßt die Crew nach möglichen strukturellen Schäden forschen. Besteht für ein Holzboot wie die *Winston Churchill* die Gefahr im Reißen der Planken, so ist das auf modernen Booten die Tatsache, daß der Rumpf einem »Kunststoff-Sandwich« ähnelt, um mit dem Top-Designer Scott Jutson zu sprechen. Bei der Kunst des Kompositbootsbaus werden unterschiedliche Materialien zusammengefügt, im wesentlichen jedoch schaumbeschichtetes Kevlar, das dann auf beiden Seiten mit Kunststoff laminiert wird.

Für derartige Boote besteht das Hauptproblem darin, daß durch den Anprall der Wellen die Beschichtung angegriffen wird, das Kevlar korridiert und schließlich ein Leck entsteht. Das kann Stunden dauern oder – wenn die »richtige« Welle zuschlägt – auch nur Sekunden. »Das Sydney to Hobart Race kann nicht als ›normale Regatta‹ angesehen werden«, stellt Jutson fest. »Und Vorkommnisse während eines Syd-Hob dürfen nicht als typisch betrachtet werden. Der Seegang da draußen hat etwas Fatales. Zugegeben, er läßt Boote zerbrechen. Aber ein Boot, das eine Syd-Hob-Regatta übersteht, hält alles aus.«

Scheinbar unberührt von diesen Gefahren, steuert Ed Psaltis die *Midnight Rambler* gegen zwei Uhr in den Südsturm. Unter Spinnaker rast sie über die Wellenkämme wie über eine Messerschneide. Fünf Meter unter dem Bug liegt ein Wellental, und das heißt, daß sich der vordere Bereich des Rumpfes nicht einmal im Wasser befindet. Ed spricht von »Gleiten«, aber von seiner Position aus – tief unter sich das Meer, der Himmel so tief, als drücke die Dunkelheit direkt auf seine Schultern, das Gesicht dem Wind ausgesetzt –, ist es mehr ein »Fliegen«. Eine Begegnung mit der Unsterblichkeit. Er ist Peter Pan am Steuer von Hooks fliegendem Piratenschiff auf dem Weg ins Neverland. Oder auch wieder der zehnjährige Ed Psaltis am Steuer des elterlichen Schiffs an einem Sommertag im Mittelmeer ...

Aber dieser Beweis seglerischen Könnens endet abrupt. Erst setzt sich eine Bö fast zögernd in den Spinnaker, dann peitscht eine zweite nach und drückt den Bug scharf nach unten. Der erste Windstoß tauft den Bug, zerrt ihn vom Wellenkamm, läßt ihn aber noch nicht ganz ins Tal stürzen. Der zweite stößt den Spinnaker so heftig in das Wellental, daß es sich auswirkt, als zerre der schwerste Anker der Welt am Bug der *Midnight Rambler*. Jetzt fliegt Ed ebensowenig, wie er gleitet oder auch nur segelt – fast kommt er sich vor wie ein U-Boot. Wäre die Welle nur ein Minimum größer gewesen, hätte Ed gute Chancen gehabt, sich und die *MR* noch tiefer unter Wasser wiederzufinden, um von der nächsten Welle ganz begraben zu werden. Aber gemessen an den tatsächlichen Syd-Hob-Verhältnissen war es noch eine kleine Welle, nur etwa dreieinhalb Meter hoch. Ed erholt sich von seinem Schreck und steuert die *MR* auf den messerschneidenscharfen Wellenkamm zurück.

Im Navigationsbereich auf dem Rücken liegend, spürt

Bob das Schlingern des Bootes, als die erste Bö zuschlägt. Bei der zweiten rutscht er nach vorn und ist froh, nicht an Deck zu sein, um sehen zu müssen, wie nahe die *MR* dem Kentern war. Bob schwingt sich zum Cockpit hinauf und empfiehlt Ed, das Segel unverzüglich einzuholen, da sie innerhalb von Minuten sonst keine Segel – und kein Boot – mehr hätten.

Ed schämt sich seiner Selbstüberschätzung. Was hat er sich nur dabei gedacht? Sofort räumt er ein, jetzt sei kaum der rechte Zeitpunkt für Torheiten, und ruft alle Mann an Deck, um den Spi zu bergen.

Einer nach dem anderen klettert aus der Luke, schließt Schutzkleidung, zerrt Gummistiefel über die Füße. Obszönitäten und üble Witze kommen über die Lippen der aus dem Schlaf Geschreckten.

Aber die Crew ist einsatzbereit. In den Monaten vor dem Rennen hatte sie Ed auf zahllosen Törns unter miesen Wetterbedingungen in Sydney Harbour gedrillt. In den frühen Tagen des Segelns unterbrachen die Boote bei Sturm eine Regatta. Sie holten alle Segel ein und trieben unter nackten Masten dahin, bis der Sturm abgeflaut war.

Inzwischen tendiert man bei Hochseerennen dazu, einfach weiterzusegeln. Wenn das Hauptsegel – das größte Segel eines Bootes – einem Sturm allzusehr ausgesetzt ist, bleiben dem Skipper drei Optionen. Die erste besteht darin, die Segelfläche durch Reffen zu reduzieren.

Dazu verfügt das Großsegel parallel zum Baum – der »Querstrebe« des Mastes, an der das untere Liek eines Segels befestigt ist und der sich seitlich über Deck bewegen läßt – über zwei oder drei Reihen von Ösen. Ist der Wind zu heftig, wird das Segel dadurch verkleinert, daß es auf eine Ösenreihe verkürzt wird. Ein auf das Mindestmaß reduziertes Hauptsegel nennt man dreifach gerefft. Ist das noch immer zuviel Segelfläche – und das würde Ed daran erkennen, daß das Boot so schnell wird, daß es sich kaum noch beherrschen läßt und der Bug zu tief in die Wellen taucht – besteht die zweite Möglichkeit darin, das Hauptsegel einzuholen und durch ein wesentlich kleineres Sturm-Trysegel zu ersetzen.

Das Trysegel erlaubt einem Boot ein schnelles Vorkommen, denn es läßt sich so besser beherrschen. Es wird am Hauptmast aufgezogen. Das Hissen des Sturmsegels ist stets eine Notmaßnahme und bedeutet fast immer, daß das Chaos regiert. Das Boot ist nicht mehr ausbalanciert und krängt nach einer Seite, Wellen schlagen über dem Deck zusammen. Die Crewmitglieder müssen bereits schreien, um sich über das Brüllen des Windes hinweg zu verständigen, und sind doch kaum zu hören. Sie klammern sich meistens an Winschen, Tauen, dem Mast und Verstrebungen fest, um nicht von Bord zu fliegen. Mit jeder Winddrehung schießt der Baum in Kopfhöhe quer über das Deck und stellt eine akute Bedrohung dar. Dazu kommt, daß ein Sturmsegel nur selten gehißt wird, daher fehlt der Crew meist die nötige Routine. So wird aus einer einfachen Maßnahme ein hochkompliziertes Manöver.

Eine dritte, wenn auch verzweifelte Option für einen Segler, der weiter im Rennen bleiben will, besteht darin, auch das Trysegel einzuholen und mit nacktem Mast weiterzusegeln. Dann wird die Sturmfock vor dem Mast zur Spitze des Hauptmastes hochgezogen. Dabei ergibt sich jedoch das Problem, daß die Steuergewalt vom hinteren Teil des Bootes auf den vorderen verlagert wird und das Ruder seine Wirksamkeit verliert. Der Skipper muß mit dem Steuerrad kämpfen, um das Boot lenken zu können. Dennoch ist das noch immer besser, als einen Sturm einfach »auszusitzen«.

Selbst an sonnigen Tagen (»Die Leute müssen uns für verrückt halten …«) hatte die Crew der *Midnight Ram-*

bler vor dem Start des Rennens unablässig für die Wetterbedingungen in der Bass Strait geübt. »Und nun das Ganze noch ein letztes Mal«, rief Ed den Männern stets zu, nachdem sie das Hauptsegel gerefft, es eingeholt, das Trysegel gesetzt, es eingeholt, die Sturmfock gehißt, sie heruntergeholt, und das Hauptsegel wieder gesetzt hatten. Er übte mit der Crew, bis sie mehr als genug vom Drill hatte – und dann noch ein paar Male. Die Mannschaft murrte – das tun Crews immer, selbst wenn sie sich von Kindesbeinen an kennen oder bereits zig Syd-Hobs miteinander gesegelt sind –, unterwarf sich aber dem Streß, bis Ed endlich zufrieden war.

Jetzt holt die Crew der *Midnight Rambler* also den Spi unter verschärften Bedingungen ein. Als letzter kommt Arthur an Deck. Er hat geschlafen und trägt nur sein Bärenfell. Da der Wind sich offenbar nicht entscheiden kann und erst aus Süden, dann aus Osten, dann aus Westen weht, ist es durchaus logisch, keine Schlechtwetterkleidung anzuziehen. Es braucht keine sieben Mann, um den Spi zu holen. Und abgesehen davon folgt die See noch immer dem Boot. Keine Woge überspielt den Bug. Da Arthur erst spät aufgetaucht ist, haben die anderen bereits damit begonnen, das Segel ohne ihn einzuholen. Und scheinen ganz gut ohne ihn fertig zu werden. Er steht im Niedergang und tut so, als sei er geradezu erpicht darauf, mit Hand anzulegen, hofft aber insgeheim, in seine warme Koje zurückkehren zu können, sobald der Spinnaker eingeholt ist.

Ed steuert. Direkt vor ihm steht Arthur. Rund sieben Meter von den Brüdern entfernt kämpfen am Bug fünf Klasse-Segler mit einem Spi, der im Wind schlägt wie ein wildgewordener Teufel: Bob Thomas (»kriegt alles wieder hin, in jeder Lage«, sagt Ed), Michael Bencsik (»ungemein entschlossen, gibt nie auf«), Chris Rockell (»ein Neuseeländer, in jeder Situation absolut zuverlässig«), Gordon Livingstone (»prachtvoller Teamgeist, packt überall mit an«) und John Whitfield (»zäh wie ein Terrier«).

Ed reitet eine Welle hinauf. Ohne den Spi fühlt sich die *Midnight Rambler* anders an. Schwerfälliger. Er bemüht sich, das auszugleichen. Das Boot rast aufwärts und taucht mit dem Bug ins Wellental. Eine Wand grünen Wassers ergießt sich über Deck und badet alle.

Vor allem Arthur.

Das Schlimme daran ist, daß alle Crewmitglieder aus Gewichtsgründen nur einen Satz Thermounterzeug mit an Bord genommen haben. Jetzt wird Arthur den Rest der Regatta in einem kalten und klammen Bärenanzug zubringen müssen. Die Mannschaft findet das zum Brüllen komisch. Arthur flucht und hört lange nicht auf. Nach einer kurzen Pause bricht er in erneutes Fluchen aus, als Ed anordnet, daß alle Mann während der Nacht an Deck zu bleiben haben. Bei dem Sturmtief zwischen sich und Hobart müssen sie auf alles gefaßt sein.

Ed läßt die Crew an Deck überprüfen, ob die *MR* in optimalem Zustand ist. Winschen gesichert, Luken geschlossen, Leinen zusammengerollt. Ein Boot durch rauhe See zu prügeln ist wie eine Autofahrt über eine schlechte Straße: Der Wagen hält es im Prinzip vermutlich aus, aber die Dauerbeanspruchung führt dazu, daß sich alles mögliche lockert und abfällt.

Ed hakt seine Checkliste für den Notfall ab. Sie beginnt mit Taktik und endet mit Überlebensstrategien: Welche kleineren Segel sollen wir hissen? Tragen alle Crewmitglieder Sicherheitsgurte? Wo sind Rettungsinseln, Notsignale, zusätzlicher Proviant und Wasser? Ed bespricht mit der Mannschaft, wer was in welchem Fall zu tun hat.

»Es ist wie in einer Waschmaschine«, sagt Chris.

Die Wellen werden steiler, ihre Richtung unberechenbar.

»Alle Boote sitzen in der gleichen Scheiße«, hört sich Ed mit einer Stimme antworten, die entschieden zu stoisch klingt.

Will er die Crew beruhigen oder sich selbst?

Nachdem die *MR* doppelt und dreifach durchgecheckt ist, baut Ed bis auf Bob alle Crewmitglieder als Ballast an der Luvreling auf. Das gestattet ihm, das Boot in einem extremen Winkel in den Wind zu segeln und maximale Geschwindigkeit zu erzielen. Bob geht unter Deck, um neue Wettervorhersagen abzuhören und ihre Position mit Hilfe des GPS zu überprüfen.

Das Wetter ist umgeschlagen, aber der richtige Sturm liegt noch vor ihnen. Ed weiß, daß jetzt von Ausruhen und Krafttanken keine Rede mehr sein kann. Er muß ein für allemal entscheiden, wie er die Bass Strait am besten durchsegeln will. Bob kommt mit der Nachricht zurück, daß sich das Tief intensiviert. Der Sturm wird sich weiterhin von Westen nach Osten bewegen. Sollen sie so schnell wie möglich nach Osten segeln, um dem Unwetter auszuweichen? Oder nach Westen, direkt in das Sturmtief hinein? Auf diese Weise könnten sie das Ärgste schnell hinter sich bringen – vorausgesetzt, die *Midnight Rambler* löst sich nicht in Tausende von Einzelteilen auf. Während der Rest der Flotte noch mit dem Unwetter kämpft, könnte sich die *MR* anschließend voll auf das Rennen konzentrieren. Vielleicht ist es ja wirklich unser Jahr ... Der Rest der Strecke nach Hobart verhieß eine vergleichsweise ruhige See. Und mit einem Westkurs hielten sie sich zudem nahe an der Kurslinie.

Fragen schießen durch Eds Kopf. Wie lange wird der Sturm anhalten? In welche Richtung wird er weiterziehen? Kommt es tatsächlich zu einem Unwetter, oder ist die Warnung gar nur ein weiterer Fehlalarm des BOM?

Nichts von dem, was die Maxis vier Stunden vor ihnen durchgemacht haben, wird den anderen mitgeteilt. Informationen über das Wetter, selbst schwerwiegende Wetterwarnungen, werden im Segeln als geheime Kommandosache betrachtet. Das gehört zur Taktik.

Aber das entsprechende Wissen würde Ed die Entscheidung erleichtern.

Um 3.05 Uhr steht Eds Entschluß fest. Nachdem er die Position der *Midnight Rambler* durchgegeben hat, wird er im Schutz der Dunkelheit nach Westen segeln – direkt in das Unwetter hinein.

Die Durchsage beginnt mit einer BOM-Wetterprognose: In den kommenden Stunden ist mit Winden von fünfundvierzig bis fünfundfünfzig Knoten zu rechnen. Dann nennen die Boote ihre Positionen in alphabetischer Reihenfolge: *ABN Amro Challenge* ... *Adagio* ... *Adrenalin* ...

Keine Meldung von der *Assassin*. Das ist höchst bemerkenswert, da sie vom CYCA-Präsidenten van Kretschmar gesegelt wird. Bei allen, die ihn kennen, besteht Einstimmigkeit darüber, daß Hugo aus taktischen Gründen keine Positionsdurchgabe auslassen würde. Dafür ist er zu verantwortungsbewußt.

Auch die *Brindabella* meldet sich nicht. Auf nahezu allen Booten fragen sich Skipper, wie ein Maxi einfach so verschwinden kann.

Die *Chutzpah* gibt ihre Position durch. Sie liegt an der Spitze ihrer Klasse, weicht aber nach Osten aus, in Richtung Neuseeland.

Zehn Meilen hinter der *Chutzpah* liegt die *Midnight Rambler*, sie segelt noch immer über den Festlandsockel.

Die *Sayonara* nennt ihre Position: vier Meilen nördlich von Green Cape und zwanzig Meilen vor der Küste. Bei Sonnenaufgang muß sie in der Bass Strait sein. Und wenn der *Brindabella* nichts zugestoßen ist, wird sie in etwa gleichauf liegen.

Die Durchgaben gehen weiter …

Kein einziges Boot kehrt um.

Die Flotte hat nur ein Ziel: Hobart. Manche wollen sich als Sieger sehen, andere sich unter harten Bedingungen bewähren, aber alle fiebern dem Moment entgegen, wenn sie am Constitution Dock von Bord gehen. Kapellen werden aufspielen, das Bier wird in Strömen fließen. (»Wie viele Biere kippen wir uns in Hobart hinter die Binde?« – »Auf jeden Fall mehr als eins.«) Natürlich werden die Sieger auf Wolke sieben schweben, aber die »Verlierer« stehen ihnen nicht viel nach. Schließlich haben sie sich bei einem Sydney to Hobart Race bewährt. Glyn Charles ist besonders erpicht darauf, es »zu packen«. Selbst erfahrene Segler wollen sich diese Feder an ihren Hut stecken. Zu dieser besonderen Bruderschaft der Syd-Hob-Segler gehören …

Nach der Positionsmeldung um 3.05 Uhr stellen sich einhundertzehn Boote mit fast tausend Mann an Bord freiwillig einem Unwetter, für das Windgeschwindigkeiten bis zu fünfundfünfzig Knoten vorhergesagt werden. Aber das Feld wird sich schon bald zerstreuen. Zunächst fast unmerklich, indem sich Boote geringfügig vom Kurs von Ed Psaltis und Bruce Taylors *Chutzpah* absetzen. Während sie gegen das Unwetter ankämpfen, werden den Seglern alle ruhmreichen Träume von Hobart vergehen. Sie werden nur noch eins wollen: überleben. Die Sehnsucht, die Füße auf festen Boden zu setzen, wird alle anderen Gedanken auslöschen. Männer werden mit Gott handeln und schwören, nie wieder an einem Syd-Hob teilzunehmen. Boote werden die Notlage anderer ignorieren. Und schließlich wird es jedem Mann nur noch um sich selbst gehen.

»Dann ging es wieder nach Hause, um die Sieben-Uhr-Nachrichten zu sehen. Am Boxing Day ist das Syd-Hob stets die Spitzennachricht. Spektakuläre Bilder vom Start. Besonders gefielen mir die Aufnahmen aus dem Hubschrauber heraus ... Als die Yachten unter Spi gen Süden segelten. Es war die Rede von einem möglichen Streckenrekord, aber auch davon, daß die Flotte in einen Sturm geraten könnte. Das hörte sich zwar ernst an, aber nicht wirklich gefährlich. Von dem folgenden Chaos und dem Verlust an Menschenleben hatten wir nicht die geringste Ahnung.

Später versammelten wir uns um den Familien-Computer und surften ein bißchen im Internet. Das ist eine neue Errungenschaft meiner Eltern, und sie kannten sich noch nicht allzu gut aus. Daher zeigte ihnen mein Bruder Peter, wie sie Zugang zur Website von Telstra (des Regatta-Sponsors) finden konnten, um sich über den Gang der Dinge zu informieren. Aber aus irgendeinem Grund reagierte der Computer ausgesprochen träge. Schließlich verloren wir die Lust und gaben auf. Wir gingen zu Bett, ohne zu wissen, was da vor sich ging.

Graem Sims, Stellvertretender Chefredakteur
Inside Sport-Australia«

Rettungen à la Australien

27. Dezember, 3.00 Uhr

Die erste Rettungsaktion während des Sydney to Hobart Race wurde nicht von der Royal Australian Navy oder einer Brigade hochklassiger Rettungsschwimmer unternommen, sondern von fünf Kleinstadthelden, die in einem offenen Boot ihr Leben für Fremde aufs Spiel setzten.

Kurz nach der Positionsmeldung von 3.05 Uhr funkt die *ABN Amro Challenge* – ein 46-Fußer mit dem America's Cup-erfahrenen Steuermann Iain Murray als Skipper – einen Mayday-Ruf. Sie ist ein Top-Boot, fuhr im Vorjahr als siebte über die Ziellinie in Hobart, und ihre Crew erhoffte sich in diesem Jahr einen Sieg. Tatsächlich fuhr sie in der Spitzengruppe, als der Sturm über sie hereinbrach.

Aber unter der Wucht der Wellen bricht ihr Ruder, und ihre Rumpfbeschichtung bekommt Risse. Wasser dringt ein. Und schon bald macht die *ABN Amro Challenge* trotz ihres Top-Design und ihres Spitzen-Skippers kaum noch Fahrt. Ihr Mayday-Ruf geht hinaus, wird sofort gehört, nach Canberra übermittelt und von dort unverzüglich an Gordon Patterson weitergeleitet, den Leiter der Royal Volunteer Coastal Patrol in Batemans Bay.

Patterson trommelt seine vier Helfer aus dem Bett, und alle fünf rennen zu ihrem 30-Fuß-Rettungsboot *Community Spirit*. Mit Hilfe des Außenbordmotors fahren sie den Clyde River hinunter. Kurz hinter Snapper Island spüren sie erstmals, wie der Wind leicht gegen die *Community Spirit* zu drücken beginnt. An der Mündung des Clyde gesellt sich hoher Seegang zum Wind. Und schon bald brettern sie über fast vier Meter hohe Wellen.

In einem offenen Boot Wellen von dieser Größe zu passieren, ist eine nerven- und muskelstrapazierende Erfahrung. Während Patterson am Steuer steht und mit Satellitenunterstützung die *Amro Challenge* zu finden sucht, hocken die anderen vier im Boot. Sie klammern sich an alles, was einigermaßen Halt bietet. Beim Hinaufschießen hebt sich der Bug. Jetzt gilt es, sich gut festzuhalten, denn gleich folgen zwei Sekunden der Schwerelosigkeit, wenn die *Community Spirit* über die Wellenkrone hinwegsetzt. Die Crew wird von den Sitzen gerissen, ihre Hinterteile schweben über der dünnen, orangefarbenen Polsterung. Auch Patterson im Ruderhaus hebt es fast von den Beinen, nur seine Fußballen bleiben im Kontakt zum Fiberglasdeck.

Während dieser zwei Sekunden drückt es den Männern die Mägen nach oben, als würde ein Fahrstuhl zu schnell abwärts schießen. Muskeln verspannen sich ahnungsvoll.

Dann knallen sie ins Wellental. Der flache Bootsboden federt absolut nichts von dem Aufprall ab. Die Männer spüren, wie ihre Bandscheiben zusammengedrückt werden. Sie pressen die Zähne zusammen, um sich nicht auf die Zunge zu beißen. Die härtesten Wellen lassen ihre Köpfe hin und her schwanken wie die von Stoffpuppen. Vom konzentrierten Festhalten an Sitzen, Spanten, der Reling verkrampfen sich ihre Hände. Die Strafe für ein kurzes, entspannendes Loslassen wäre der sofortige Abgang über die Seite. Da ist ein Krampf, selbst einer, der den ganzen Unterarm ergreift und die Finger zu einer permanenten Klaue verformt, ein billiger Preis fürs Überleben.

Zwei Stunden lang ertragen die Männer der *Community Spirit* diese Strapazen.

»Es war so finster, daß wir eine Welle erst merkten, wenn wir den Aufprall spürten«, berichtet Patterson später. »Wir zählten die Sekunden bis zur Wellenkrone, um zu wissen, wie hoch sie war.«

Unterdessen ist die *Amro Challenge* hilflos dem Sturm ausgeliefert. Ruderlos treibt sie mit der Strömung. Die Luken sind geschlossen, bis auf zwei Crewmitglieder sind alle unter Deck. Murray bleibt an Deck. Seine Hauptsorge ist die Rettung – oder die Konsequenz, wenn die nicht rechtzeitig kommt –, doch gleich danach quält ihn die Tatsache, seine Top-Rennyacht zerstört zu sehen.

Trotz der Dunkelheit, des Sturms und der Ungewißheit, wann Hilfe kommen wird, gibt sich Murray keine Sekunde der Verzweiflung hin. Der gute Ruf von Australien Search and Rescue gibt ihm Vertrauen. Und er ist sich auch sicher, daß die *Amro Challenge* von den Rettern an Land geschleppt werden wird. Die Reparatur des Bootes und die Frage, welche Auswirkungen dies alles auf sein Geschäft haben könnte, sind Probleme, die warten können.

Am Neujahrstag 1995 befand sich Isabelle Autissier in ernsten Schwierigkeiten. Die siebenunddreißigjährige Französin nahm an der BOC Challenge teil, einem Einhandrennen rund um die Welt. Doch nach ihren anfänglichen Erfolgen erlebte sie Rückschläge, und schließlich trieb ihr Boot schwer beschädigt im Südlichen Eismeer.

Und das nur wegen einer Abkürzung. Weltumsegler

neigen dazu, den Globus zu verkleinern, indem sie so weit südlich wie möglich segeln. Aber wie bei fast jedem Trick im Leben hat auch dieser Versuch einer Abkürzung einen Haken: das Südliche Eismeer. Mit Winden von Hurricanestärke, Hagel, Nebel, Eisbergen, einer Strömung von dreizehn Meilen in der Stunde und einer gewaltigen Dünung, wenn es dann wieder nordwärts geht … Seit 1968 sind drei Einhandsegler im Südlichen Eismeer verschollen. Kein SOS wurde gefunkt, kein Notsignal abgeschossen. Wahrscheinlich hat eine Welle ihre Boote direkt auf den Meeresgrund gedrückt und nie wieder auftauchen lassen.

Isabelle Autissier führte das BOC nach der ersten Etappe um fünf Tage an, fiel jedoch von Kapstadt nach Sydney zurück. Ein paar Tage südlich der Kerguelen Islands – eine von Pinguinen bevölkerte Einöde, die Captain Cook einst Desolation Island nannte – blies es ihr mit fünfzig Knoten frontal gegen den Bug. Sie holte alle Segel ein, kam aber dennoch nur mit acht Knoten voran. Isabelle war gerade unter Deck, als eine Welle die *Ecureil* überschwemmte, dabei den Mast und das Steuerungssystem zerbrach und ein fünf mal vier Meter großes Loch in den Rumpf schlug.

Der vordere Teil des Bootes geriet unter Wasser, aber der Heckbereich hielt sich über der Oberfläche. Dennoch dauerte es zwei Stunden, bis sich Isabelle Autissier eingestehen konnte, daß das Rennen für sie vorüber war. Sie schoß zwei Notraketen ab, kauerte sich am Heck zusammen und begann das Gebet zu murmeln, das Segler nur in hoffnungslosen Situationen kennen: »Allmächtiger Gott, mach, daß Retter mich finden, bevor ich hier spurlos verrecke.«

Einen Tag später wurde das Gebet erhört, als eine C-130 Hercules der australischen Luftwaffe aus dem zweitausend Meilen entfernten Australien nahte. Die Maschine kreiste, stellte Autissiers Position fest und flog zurück. Die Französin trieb weitere zwei Tage zwischen Eisbergen herum, bis ein Rettungsschiff zu ihr gelangte. Ein Hubschrauber ließ einen Rettungsschwimmer hinab, der das Helikopterseil in ihrem Sicherheitsgurt verhakte – nur wenige Minuten, bevor die *Ecureil* sank. Der Hubschrauber setzte sie an Bord der HMAS *Darwin* ab, die Isabelle Autissier nach Adelaide brachte.

Die Australian Maritime Safety Authority (AMSA), eine kombinierte Rettungstruppe aus zivilen und militärischen Helfern, ist für ein Gebiet von 75 Millionen Quadratkilometern zuständig, das entspricht einem Neuntel der Erdoberfläche. Daher ist es nicht ungewöhnlich, daß man sich in Australien auch für Rettungen in internationalen Gewässern verantwortlich fühlt, Tausende Meilen vom Fünften Kontinent entfernt. Als Unterzeichner-Staat der International Safety of Life at Sea Convention 1974 und der International Search and Rescue Convention 1979 ist Australien für gewaltige Gebiete des Indischen und Pazifischen Ozeans sowie des Südlichen Eismeeres zuständig. Das ist in etwa so, als ob die Vereinigten Staaten von Amerika Such- und Rettungsaktionen in Gewässern rund um die portugiesischen Azoren oder vor der Küste von Venezuela durchführen würden. Noch verblüffender ist jedoch, daß die australische Marine lediglich über zwölf Schiffe und fünfzehn Patrouillenboote verfügt.

Die Aussies finden jedoch nichts dabei, weil die Australier eben eine engere Beziehung zum Meer haben als jede andere moderne Gesellschaft. Das reicht bis zu den Polynesiern zurück, die den Südpazifik mit ihren Auslegern befuhren. Die Royal Australian Navy kann sich ihre Rettungsschwimmer aus einem ungeheuren Reservoir an fähigen Schwimmern aussuchen. Jährlich werden lediglich sechs Männer aus Hunderten von Bewerbern ausgewählt. Die Ausbildung ist hart, und selbst jene, die den 105-Tage-Kurs beenden, können nicht sicher sein, auch tatsächlich in einem Rettungsteam zu arbeiten. Die Zähigkeit ist es, die einen Rettungsschwimmer ausmacht, betont der Ausbildungsoffizier Phil Livingstone von der australischen Marine. »Sie dürfen nie aufgeben. Es gibt keinen bei uns, der irgendwann zaudern würde. Sie alle wissen, daß ihr Verhalten für einen Menschen über Leben oder Tod entscheidend ist.«

Aber der Retter vor Ort ist nur die Speerspitze von Australian Search and Rescue (AusSAR). Ihre Zentrale befindet sich in Canberra, knapp zweihundert Kilometer südwestlich von Sydney und achtzig Kilometer vom Meer entfernt. In dem weißen Gebäude an der Constitution Avenue ist man rund um die Uhr auf Rettung aus Seenot eingestellt.

Flexibilität heißt der Schlüssel zum Erfolg, denkt man an der Constitution Avenue. Da Australien zwar über fast sechzehntausend Kilometer Küste, aber zuwenig Mittel verfügt, um landesweit aufwendige Rettungsunternehmen finanzieren zu können, verläßt man sich auf ein ausgeklügeltes System ambulanter Hilfe. Erstens auf lokale Ressourcen. Zweitens auf militärische Unterstützung. Und schließlich auf den Einsatz von Privatflugzeugen und Fischerbooten.

Die meisten Rettungen aus Seenot beginnen entweder mit einem Notruf über Funk oder Satelliten. Notrufe über EPIRBs (auf die Position eines Notfalls hinweisende Funkfeuer), PLBs (Personen-Anflugfeuer) und ELTs (Notfall-Ortungssender) werden vom International COSPASS-SARSAT-Rettungssatelliten aufgefangen und weitergegeben. Innerhalb von Sekunden erscheint der Notfall als Zielsymbol auf einem Computerbildschirm in Canberra.

Unverzüglich wird der Notruf der für eine Region zuständigen Organisation übermittelt. Beispielsweise der Victoria Police Airwing mit ihren Hubschraubern und Rettungsschwimmern oder der Royal Volunteer Coastal Patrol (der australischen »Wasservariante« der Freiwilligen Feuerwehr) mit ihren 30-Fuß-Rettungsbooten. Manchmal wird das Militär um Mithilfe gebeten, entweder die Marine oder die Luftwaffe, aber erst nachdem die zivilen Möglichkeiten erschöpft sind.

Bei der Suche in einem ausgedehnteren Gebiet beginnen C-130 Hercules- und PC-3 Orion-Flugzeuge mit Rasterflügen. Beim Sichten eines Bootes wird ein Leuchtsignal abgegeben. Hat es den Anschein, als würde das Boot bald sinken, wird ein Rettungsfloß abgeworfen.

In Fällen großer Katastrophen, dem Sinken eines Kreuzfahrers beispielsweise, kommen sofort dreißig der besten australischen Luft- und Marine-Rettungsexperten im Rescue Coordination Center zusammen. Dieses australische Search and Rescue Team operiert vom sogenannten War Room aus, einem riesigen Raum im dritten Stockwerk der AMSA-Zentrale. An den Wänden hängen weiße Tafeln. Landkarten, Faxnachrichten, Satelliteninformationen und das pausenlose Klingeln der Telephone beherrscht den War Room in Krisenzeiten. Die weißen Tafeln sind mit den Namen der eingesetzten Schiffe und Flugzeuge überzogen, ihren Positionen, letzten Berichten sowie der Anzahl der Stunden, die die Crews bereits unterwegs sind. Das AusSAR-Team arbeitet bis zur erfolgreichen Rettung rund um die Uhr, koordiniert zivile, militärische und sonstige Hilfsmaßnahmen. Beispielsweise könnte das AusSAR-Team einen Tanker damit beauftragen, eine Ladung Treibstoff von Sydney zu einem abgelegenen Luftwaffenstützpunkt zu bringen, damit die Suchflugzeuge länger in der Luft bleiben können. Oder es wird angewiesen, Rettungskarten zu erstellen mit der Information, wohin die Strömung Boote und Rettungsinseln treibt. Oder sogar zivile Seeleute auffordern, sich an der Suche zu beteiligen.

Ein Beispiel ist die Rettung von John Quinn. 1993 war ein grauenhaftes Jahr für das Syd-Hob. Ein 50-Knoten-Sturm zwang sechsundsechzig der einhundertundvier Teilnehmer zur Umkehr. Quinns 36-Fußer *MEM* wurde von einer fünfzehn Meter hohen Welle überrollt. Quinn befand sich gerade an Deck, und das Wasser kam so gewaltig, daß seine Rettungsleine riß. Er ging über Bord, und das Boot segelte ohne ihn weiter.

Fünf lange Stunden trieb Quinn im Wasser. Selbst als seine aufblasbare Rettungsweste ihre Schwimmfähigkeit zu verlieren begann, kämpfte er weiter um sein Leben. Es wurde Nacht. Und plötzlich sah er auf den Wellen etwas auf sich zuschaukeln, das aussah wie eine Lichterwand. Es waren die Scheinwerfer des Frachters *Ampol Sarel*. Nachdem sie Quinn geortet hatten, rief die *Ampol Sarel* ein Rettungsschiff zur Hilfe, damit es Quinn aus dem Wasser zog. Eine halbe Stunde später befand er sich in Sicherheit. Verblüffenderweise beteiligte sich Quinn im nächsten Jahr wieder am Syd-Hob. Und noch verblüffender: Er gewann die Regatta.

»Lichterfunkelnd wie ein Weihnachtsbaum« taucht Pattersons Crew neben der *ABN Amro Challenge* auf. Nachdem sie sich überzeugt haben, daß keine medizinische Hilfe vonnöten ist, werfen sie die Schleppleine hinüber und vertauen sie. Es wird eine vierstündige Fahrt zurück zum Clyde River und zu einer geschützten Anlegestelle vor Snapper Island. Die *ABN Amro Challenge* wird am Bug durch die Wellen gezogen wie ein Stier am Nasenring. Auf der strapaziösen Rückfahrt sehen sich Patterson und seine Männer dem gleichen unangenehmen Seegang wie zuvor ausgesetzt, aber nun müssen sie zusätzlich noch dafür sorgen, daß die Schlepptaue halten, ihr Motor nicht überbeansprucht wird und das Boot in ihrem Kielwasser nicht kentert.

In Canberra sieht die Feiertagsnotbesetzung die Probleme der *Amro Challenge* als Einzelfall an. Wie häufig bei Nachtschichten sind hauptsächlich jüngere Kräfte vertreten. Und von denen will keiner seine Karriere durch panische nächtliche Anrufe bei Vorgesetzten gefährden – immerhin hat sich AusSAR in einigen Fällen bereits als erfolgversprechende Überholspur mit Ziel auf lukrative Regierungsjobs erwiesen. Der nahende Sturm ist ihnen durchaus bewußt, aber der Rest der Flotte scheint doch ganz gut mit ihm fertigzuwerden. Man holt Leute nicht am Sonntag in aller Herrgottsfrühe aus dem Bett, wenn nicht unbedingt nötig.

Abgesehen von der ohnehin chronisch dünnen AusSAR-Personaldecke sind viele Angehörige der Royal Australian Navy (RAN) und der Royal Australian Air Force (RAAF) in Weihnachtsurlaub. Alle in Küstengewässern verkehrenden RAN-Schiffe liegen im Hafen. Keiner der sechs Diensthabenden in Canberra möchte derjenige sein, der unnötig Schiffe auf See oder Flugzeuge in die Luft schickt. Besser ist es, diese eifrigen Freiwilligen vor Ort ihre Mätzchen abziehen und eine gute Presse dafür einheimsen zu lassen, daß sie mitten in der Nacht durch die Wellen toben, obwohl sie eigentlich ihren Sonnabend im Pub vertrödeln sollten. Jedermann weiß, daß dem Syd-Hob mieses Wetter bevorsteht. Das ist in keinem Jahr anders. Aber es handelt sich um eine private Regatta. Diese verrückten Segler wissen, was sie tun, und bisher ist es immer gut gegangen. Warum sollte es in diesem Jahr anders sein?

Die Nachtschicht diskutiert die Kosten eines Carbonfiber-Mastes und wer es sich leisten könne, so etwas Teures durch einen Sturm zu verlieren, aber bestimmt würde das die Versicherung regulieren. Und außerdem: Wer begibt sich schon freiwillig auf ein Segelboot, das nicht größer ist als das Vordeck einer Fregatte (selbst ein 80-Fuß-Maxi wie die *Nokia* wirkt im Vergleich winzig), und segelt über die Bass Strait? Da könnte man doch gleich den Vorvätern Bass und Flinders nacheifern und die Strecke im Ruderboot zurücklegen …

Als die Morgensonne durch die Bürofenster strömt, erfaßt die Mannschaft neue Energie. Nicht schlecht, sagen sie sich und trinken einen letzten Schluck kalten Kaffee, bevor sie nach Hause stolpern. Eine Rettung auf hoher See, niemand wurde verletzt, das Syd-Hob sieht besseren Wetterbedingungen entgegen. Gefahrensituation vorüber. Nicht schlecht, ganz und gar nicht.

Vermutlich wäre Shane Pashley ihrer Meinung gewesen. Shane war gerade neunundzwanzig, als er sich am Neujahrstag auf die *Ecureil* abseilte. Isabelle Autissiers Rettung war seine erste, und er hielt sie für einfach. Den Rummel, der darum gemacht wurde, empfand er als angenehme Begleiterscheinung. Damals war er in Adelaide stationiert, an der Südküste und näher am Südlichen Eismeer. Jetzt ist er zweiunddreißig und Nowra ist sein Zuhause, Nowra und die 817th Squadron mit der HMAS *Albatross*. Die Aufgaben der *Albatross* konzentrieren sich auf den Pazifischen Ozean und die Bass Strait.

Pashley und seiner Frau gefällt es in Nowra. Ihr Haus liegt abseits der Basis in der malerischen historischen Ortschaft Berry. Er hat Weihnachtsurlaub, und nichts wäre ihm lieber, als wenn der Tag so verliefe, wie er begonnen hat: am Vormittag radfahren, am Nachmittag angeln und abends in den Lieblingssessel sinken und fernsehen. So friedlich sollten alle freien Tage sein.

Doch dann wacht er am 27. Dezember auf und hört in den Nachrichten, daß auf einem Boot namens *Challenge Again* in der Nacht ein Mann über Bord gegangen ist. Er wurde schnell gerettet, und der Notruf stellte vermutlich nur eine Vorsichtsmaßnahme für den Fall dar, daß man den Mann nicht herausfischen konnte. Dennoch ist es ein Hinweis darauf, daß die Segler ihre Probleme haben. Pashleys Gedanken wenden sich den Risiken eines Rettungsunternehmens zu.

Bei hohem Seegang einem Verunglückten die Rettungsleine anzulegen ist ein mühsames und riskantes Unterfangen. Der Wind reichert die Luft mit so viel Feuchtigkeit an, daß man mit jedem Luftholen Mengen von Wasser schluckt. Die vereinte Kraft von Wellen, Strömung und Wind lassen einen kaum vorankommen, und eine Schwimmstrecke von zwanzig Metern ist so anstrengend wie achthundert Meter in einem Swimmingpool.

Manchmal treiben Strömung und Wellen den Retter zum Boot – die Piloten versuchen zwar, ihn nicht im Aufwind abzusetzen, dennoch ist das nicht immer gewährleistet –, und er muß zurückschwimmen, um nicht gegen den Rumpf geschleudert zu werden. Endlich am Boot oder der Rettungsinsel angelangt, tritt er Wasser und versucht, mit den Schiffbrüchigen zu reden. Selbst rationale, gelassene Menschen stehen in solchen Situationen unter Schock. Alle anderen sind geradezu außer sich vor Panik, keinem Zuspruch zugänglich und schluchzen nur hysterisch vor sich hin.

Segler springen nicht gern ins Wasser. Die meisten tragen keine Rettungswesten, haben mitunter nicht einmal welche an Bord. Ein weiteres Problem ist die Kleidung. Bei schlechtem Wetter, und das führt schließlich zu den meisten Unglücksfällen, schützen sich Segler mit wasserdichten Overalls, Gore-Tex-Jacken mit Kapuzen, Gummistiefeln. Mit der Thermowäsche und dem wärmenden Unterzeug kommt da gut und gern ein zusätzliches Gewicht von fünf Kilo zusammen. Und nun muß man diesen Segler, der keine Rettungsweste trägt, in keiner sonderlich guten körperlichen Verfassung ist oder in manchen Fällen kaum schwimmen kann, auffordern, von der relativ sicheren Plattform eines Bootsdecks in die Wellen zu springen. Das wird zur größten Überwindung seines Lebens. Genausogut könnte er von einer hohen Klippe springen. In neun von zehn Fällen zaudert er oder weigert sich rundheraus.

Er muß also mit Engelszungen überredet werden. Und nach ihm noch elf andere, denn eine normale Crew hat zwölf Mitglieder. Und über der Unglücksstelle schwebt der Hubschrauber, dessen Pilot zunehmend gereizt auf den schwindenden Treibstoffvorrat reagiert. Genau das ist der normale Verlauf einer Rettung aus Seenot.

Am Morgen des 27. Dezember sind die dreißig Rettungsexperten noch nicht zusammengerufen, ist das Australian Search and Rescue Team noch nicht gebildet. Die Flotte meldet über Funk, daß der Wind abgeflaut ist und die Wolkendecke dünner wird. Wie es aussieht, wird die Wetterbombe doch nicht gezündet.

Unterdessen geht über Snapper Island und der geretteten *Amro Challenge* eine blaßrote Sonne auf. Patterson und seine Männer geben der Presse Interviews, klopfen einander zufrieden auf den Rücken und gehen wieder nach Hause und ins Bett.

»Am nächsten Tag, am Sonntag, lauerten wir förmlich nach den Rundfunk- und Fernsehnachrichten. Gleich nach dem Erwachen erfuhren wir aus dem Radio das

Neueste. Die Segler haben eine höllische Nacht hinter sich. Es war eines der wenigen Medienereignisse, die einen nicht mehr loslassen. Fast so wie der Golfkrieg. Oder wie 1997, als nach dem Erdrutsch im Skiort Thredbo buchstäblich alle Medien des Landes tagelang von der Suche nach Überlebenden berichteten. Gegen Mittag wurden wir in Sydney zurückerwartet, um mit Freunden in Palm Beach zu essen. Während der stundenlangen Fahrt ließen wir keine einzige Nachrichtensendung im Radio aus. Nach und nach wurde das Ausmaß der Katastrophe deutlich: Segler gingen über Bord, konnten nicht geborgen werden, Boote kenterten. Vor dem Rennen hatte ich mich nicht sonderlich für die Hochseesegelei interessiert, aber plötzlich redeten wir über die Boote und die Menschen an Bord, als wären sie gute Bekannte oder Freunde. Die Namen wurden uns sehr schnell sehr vertraut. Selbst meine nicht gerade sportbegeisterte Frau Shirley sorgte sich um die Yachties und sprach von den Booten, als wäre sie erst gestern an Bord gewesen. ›Wurde die *Business Post Naiad* schon gefunden?‹ erkundigte sie sich beispielsweise. Von Stunde zu Stunde verschlimmerten sich die Nachrichten. Als wir abends nach Hause zurückkehrten, fieberte ich geradezu nach Neuigkeiten. Also schaltete ich um elf Uhr *Sports Tonight* ein, weil ich wußte, daß Woodsy aus Hobart berichten würde. Mit ernster Miene verkündete er, daß drei Boote vermißt wurden. Sie waren wie vom Erdboden verschwunden. Eine umfangreiche Suche war eingeleitet. Ich weiß noch, wie enttäuscht ich war, als sie nach der Werbepause zu anderen Nachrichten übergingen. In dieser Situation schienen andere Themen ohne jede Bedeutung zu sein. Wer interessierte sich schon für irgendwelche Basketballergebnisse? Da draußen starben schließlich Menschen. Aber Woodsy schien auch nicht viel Neues berichten zu können. Er wiederholte sich nur immer wieder. Drei Boote wurden vermißt, und drei Segler. ›Das sind die neuesten Nachrichten. Für den Fall, daß Sie gerade erst eingeschaltet haben…‹ Und so weiter. In der folgenden Woche beherrschte die Regatta alle Nachrichten und die Gespräche zu Hause und am Arbeitsplatz. ›Während meiner journalistischen Karriere habe ich drei Einladungen zu einer Regatta-Teilnahme ausgeschlagen. Jetzt weißt du warum‹, sagte ich später zu meiner Frau.

Gream Sims, Stellvertretender Chefredakteur
Inside Sport-Australia«

Bei Tagesanbruch

27. Dezember, vormittags

Weit und breit ist nur ein Hubschrauber am Himmel zu sehen. In ihm sitzt der vom TV-Sender Australian Broadcast Corporation (ABC) engagierte Pilot Garry Ticehurst. Mitten in der Nacht hat man ihn nach Bekanntwerden der Probleme der *Amro Challenge* und des Fehlens der *Brindabella* bei der Positionsmeldung aus dem Bett geholt. Ticehurst fliegt von Sydney aus die Küste entlang nach Süden, damit das hinter ihm sitzende Kamerateam das Regattafeld und die Suche nach den vermißten Booten filmen kann. Um halb sieben entdeckt er die *Brindabella*, dic auf gleicher Höhe wie die *Sayonara* segelt, aber drei Meilen näher an der Küste. Beide Yachten befinden sich dreißig Meilen hinter Gabo Island und bereits weit in der Bass Strait. Gründe für ihr Schweigen bei der Positionsmeldung nennt die *Brindabella* nicht.

Ticehurst wendet, um sich den Moment nicht entgehen zu lassen, wie die *Amro Challenge* im Schein der aufgehenden Sonne von der *Community Spirit* den Clyde River hinaufgeschleppt wird.

Entlang der Küste ist der Himmel klar, von Wellengang kann kaum die Rede sein – vor allem nicht in der Nähe der Anlegestelle von Snapper Island. An Deck beider Boote stehen Männer müßig herum. Obwohl die *Amro Challenge* schwer beschädigt ist und auf beiden Booten in der vergangenen Nacht niemand ein Auge zugetan hat, ist es ein ziemlich unspektakulärer Moment. Enttäuschung macht sich unter der *Amro*-Crew breit und ersetzt die nächtliche Angst vor dem Kentern. Daß so nahe an Land Wasser in ihren Rumpf gedrungen ist, kommt den Männern nun mehr als Ärgernis denn als lebensbedrohliche Situation vor.

In Merimbula tankt Ticehurst auf und fliegt wieder auf See hinaus. Aus seinem Funkgerät kommen Gesprächsfetzen von etlichen beschädigten Booten. Die Maxi-Yacht *Marchioness*, die Ostern bei der Regatta von Sydney nach Moolooba »Line Honors« gewonnen hat, berichtet, daß sie wegen Schäden an der Takelage umdrehen und nach Eden zurückfahren muß. Bei dem zunehmend übleren Seegang wolle man kein unnötiges Risiko eingehen. Die *Marchioness* setzt ihren Motor ein, ein sicheres Zeichen dafür, daß die Crew dem Meer so schnell wie möglich entkommen möchte.

Für Ticehurst ist dieser Abbruch des Rennens eine verblüffende Vorsichtsmaßnahme. Die Crew der *Marchioness* hat insgesamt 150 Syd-Hob-Teilnahmen hinter sich. Wenn eine Mannschaft ein Boot über die Bass Strait bringen kann, um zumindest den Schein zu wahren, dann die der *Marchioness*. Eigentümlich, erst in die Strait hinauszusegeln, um dann umzukehren und sich an Land zu flüchten ...

Weitere Hiobsbotschaften dringen aus dem Radio: Die *Wild Thing*, durchaus auch ein Kandidat für die »Line Honors«, schließt sich der Flucht nach Eden an. Wie die *Marchioness* befand sich auch die *Wild Thing* bereits weit in der Bass Strait. Böen und Seegang haben ihrem Mast schwer zugesetzt. Zunächst tat die an das Knarren und Schwanken eines Mastes unter vollen Segeln gewöhnte Crew so, als wäre alles wie immer. Aber als der Mast ein lautes Knacken von sich gab wie eine Eiche kurz vor dem Umfallen, holten sie das Großsegel ein und kehrten unverzüglich um. Sie befürchteten, daß der Mast unter weiterem Druck brechen könnte, so daß sie zum Spielball des zunehmenden Sturms würden.

Dann treffen die nächsten Nachrichten ein: Philip Bennetts King 38, die *King Billy*, nimmt Wasser auf und kehrt nach Sydney zurück. Die 60-Fußer *Sydney* hat ihr Ruder verloren. Wie auch die *Sledgehammer*. Beide nehmen mit Notsteuerungssystemen Kurs auf Eden. Auf See unterscheidet sich das Wetter beträchtlich von dem an Land: Kein Sonnenstrahl ist zu sehen und der Wellengang höher denn je.

Ticehurst fliegt für die Flotte hinweg, gibt seinem Kamerateam die Chance zu sensationellen Aufnahmen und versichert gleichzeitig den Crews an Bord, daß die Welt weiß, wo sie sich befinden. Der Pilot spricht mit jedem Skipper oder Navigator und übermittelt der Rennleitung dann Position und Zustand. Ticehursts Helikopter wird zu einer lebensrettenden Funkbrücke.

Die *Assassin* ist das einzige Boot, das Ticehurst nicht finden kann. Um zwei Uhr morgens wurde die *Assassin* als erstes Boot des Rennens getroffen, als bei einem Kurs quer zu den Wellen eine riesige See über ihrem Deck zusammenschlägt. Die Welle ist gut vier Meter hoch und drückt die *Assassin* nieder, bis der Mast horizontal auf dem Wasser liegt. Die Wellen füllen die Segel, machen aus ihnen gewaltige Wassertanks. Schon bald ragt das Deck rechtwinklig aus der Meeresoberfläche. Krampfhaft hält sich die Crew an Verstrebungen, am Baum, an der Takelage fest.

Ein zutiefst besorgter Hugo van Kretschmar steht am Steuer und späht aufmerksam nach Backbord und Steuerbord. Die nächste Welle könnte die *Assassin* endgültig kentern lassen, Kiel Richtung Himmel. Vorsichtig löst er die linke Faust vom Steuer und betastet seinen Sicherheitsgurt. Er besteht aus dem gleichen Material wie das Gurtwerk eines Fallschirmspringers und umspannt Schultern und Oberkörper. In Magenhöhe verbindet ein Metallclip alle vier Gurtteile. Ein Karabiner verbindet den Metallclip mit einem weiteren kurzen Gurt. Dieser wiederum kann an einer Rettungsleine oder irgendeinem soliden Gegenstand an Deck eingeschäkelt werden. Auch die anderen Crewmitglieder tragen diese Sicherheitsgurte. Sollten sie von Bord gerissen werden, verbinden sie die Sicherungsleinen noch immer mit dem Boot. Falls die *Assassin* ganz umschlägt und die Männer im Rumpf eingeschlossen werden, sorgt der Auslösemechanismus des Karabiners dafür, daß sie nach oben schwimmen können.

Das war nicht immer so. Vor dem verhängnisvollen Fastnet Race war der vordere Teil des Sicherheitsgurtes mit einem Seil verbunden, besaß aber keinen Auslösemechanismus. Die Leine wurde am Relingsdraht befestigt. Die Untersuchung der Tragödie ergab damals, daß viele Segler ertranken, weil sie sich – unter Wasser im Bootsrumpf eingeschlossen – nicht rechtzeitig aus ihren Sicherheitsgurten befreien und an die Oberfläche schwimmen konnten. Daher verfügen alle nach 1979 hergestellten Sicherheitsgurte über je einen Auslösemechanismus vorn am Oberkörper sowie einen an der Verbindungsstelle mit dem Boot.

Während van Kretschmar ängstlich nach der nächsten bedrohlichen Welle Ausschau hält, beginnt sich das Boot durch das Gegengewicht des Kiels wieder aufzurichten. Das Wasser in den Segeln läuft ab. Erst sind es nur Tropfen, dann Bäche, und schließlich ergießt sich ein Strom über das Deck. Die *Assassin* richtet sich so langsam auf, wie sie aufs Wasser gedrückt wurde – wie eine Zeitlupenwiederholung in einer spätabendlichen Sportschau. Es ist ein qualvolles Warten für van Kretschmar, bis das Boot wieder seine normale Position einnimmt. Ständig rechnet er damit, daß aus dem Nichts wieder eine mächtige See auftaucht – die Wellen haben inzwischen Geschwindigkeiten von mehr als sechzig Kilometern die Stunde – und der *Assassin* endgültig den Garaus macht.

Die *Assassin* kommt glimpflich davon, aber Stunden später, kurz vor dem Morgengrauen, kentert sie zum zweiten Mal. Wie eine alte Dame, die brutal von Straßenräubern niedergeschlagen wird, sinkt sie zur Seite, ihre Segel füllen sich mit Wasser, leeren sich wieder, als sie sich langsam erneut aufrichtet, während es die Crew nicht fassen kann, ein zweites Mal so knapp dem Tod entgangen zu sein.

Die zweite Kenterung ist brutaler, aber die eigentlichen Schäden an Boot und Crew wurden bereits um zwei Uhr verursacht. Wegen eines funktionsunfähigen HF-Radios kann sie um 3.05 Uhr ihre Position nicht durchsagen. Jetzt verfügt die *Assassin* lediglich über ein VHF-Gerät, das über Sichtweite nicht hinausreicht. Für Kontaktstellen an Land und die HMS *Young Endeaver* ist die *Assassin* stumm wie ein Fisch.

Unter Deck sind mit einer Ausnahme alle Kojen zu Bruch gegangen. Das mag sich belanglos anhören, ist jedoch eine Katastrophe. Für die Balance eines Segelbootes müssen sich Skipper auf das Gewicht der Crew verlassen. Die Mannschaft ist angewiesen, auf der Luvseite zu schlafen – oder sogar mitten in der Nacht die Kojen zu wechseln. Im Grunde ist die Crew eine Art mobiler Ballast.

Der Verlust der Kojen bedeutet Verzicht auf den Luxus,

unter Deck schlafen zu können. Bis Hobart wird jeder an die Reling geklammert dösen müssen, so gut es eben geht, während die Füße über den Wellen baumeln. Und bis Hobart sind noch zwei Tage hin. Regen und Wind als ständige Begleiter und jedesmal eine Dusche bis auf die Haut, sobald eine Welle gegen den Rumpf schlägt. »Ich werde Ihnen sagen, wie es war«, erzählt van Kretschmar später. »Stellen Sie sich vor, daß Sie mit den Kameraden sprechen wollen. Allerdings war es so laut, daß man ständig schreien mußte. Und zwischendurch kippte einem jemand ständig Eimer eiskalten Wassers ins Gesicht.«

Und so wendet die *Assassin*, die 1992 in ihrer Klasse das Syd-Hob gewonnen hat, und segelt nach Sydney zurück. Mit ruinierten Kojen, ohne HF-Radio und bei Böen von fünfunddreißig Knoten mit der Möglichkeit einer Steigerung auf fünfundfünfzig und mehr ist an ein Rennen im eigentlichen Sinn des Wortes nicht mehr zu denken. Jetzt geht es ums Überleben, um an einer der nächsten Regatten teilnehmen zu können. Ein Weitermachen hält van Kretschmar für unverantwortlich. Nie würde er die Wolkenbank vergessen, die sie am Sonntagmorgen auf der Rückfahrt hinter sich sahen, erklärt van Kretschmar. Es war genau die, auf die die Flotte zusegelte. In vertikalen Säulen senken sich die Wolken aus dem Himmel bis knapp hundert Meter oberhalb der Wasseroberfläche. Wie eine Reihe grauweißer Reißzähne hängen sie über dem Meer. Van Kretschmar schwört, daß sie aussahen wie die Fänge des Todes.

Fünfzig Meilen vor der Küste erspäht Ticehurst endlich die nach Norden segelnde *Assassin*. Ihm ist es zu verdanken, daß die Ereignisse der Nacht und des frühen Sonntag schon bald landesweit in den Medien verbreitet werden. Sydney, das mit Badhams düsteren Prognosen zu Bett gegangen ist, erfährt nach dem Erwachen, daß fünf durchaus erfolgversprechende Boote wegen ernster Beschädigungen aufgeben mußten und die Crew eines sechsten – der *Challenge Again* – einen Mann vor dem Ertrinken gerettet hat.

Aber noch immer hält das Regattafeld Kurs auf die Bass Strait. Hinter den Booten liegt eine harte Nacht, und die meisten Segler haben nicht einmal eine Vorahnung, daß ein zweiter, noch verheerenderer Sturm auf sie wartet – einer, der die Böen der Nacht wie ein Kinderspiel aussehen lassen wird. Das Rennen weist alle Merkmale eines Horrorfilms auf, dessen Zuschauer sich vollauf bewußt sind, daß der Held blindlings in einen Hinterhalt stolpert, in dem ihn der sichere Tod erwartet. Das Publikum empfindet den impulsiven Drang, sich die Augen zuzuhalten.

Aber wie bei allen Horrorfilmen kann man die Augen dann doch nicht verschließen. Überall in Australien laufen die Fernseher vom frühen Morgen bis in die späte Nacht. Niemand will sich auch nur einen Moment des Dramas entgehen lassen. Boote, deren Namen Nichtseglern bislang völlig unbekannt waren – *Sayonara, B-52, Brindabella* –, werden plötzlich zu vertrauten Begriffen. Die in ihrer Klasse führende *Chutzpah* wird nahezu unablässig in den Nachrichten erwähnt. Bruce Taylors siebzehn Versuche, das Syd-Hob zu gewinnen, werden getreulich aufgezählt. Roger »Hicko« Hickmann, der CYCA-Yachtman des Jahres, der auf der *Atara* segelt, wird ebenfalls ständig erwähnt. Bewohner von Sydney, die noch nie einen Fuß auf ein Boot gesetzt haben, äußern sich verblüffend sachkundig über Wettersysteme, die richtige Wahl der Segel und die beste Strategie für das Passieren der Bass Strait.

Sue Psaltis erhält pausenlos Telephonanrufe von beunruhigten Freunden und Eds Kollegen. Glyn Charles' Freundin Annie in Melbourne ist über die Wetterbedingungen informiert, hat aber niemanden, dem sie ihre Sorgen anvertrauen könnte. In der Nähe von Portsmouth bekommt Glyns Mutter Anrufe von Freunden, die das Syd-Hob im Internet verfolgen.

Die Wetterbombe wird also doch fallen. Die Frage ist nur wann. Badham ist mit seiner Nervosität nicht mehr allein. Auch anderen Meteorologen entgeht nicht, daß das Glas auf 978 Millibar gefallen ist, und welche Intensität das Tief über Nacht erreicht hat. Im Fernsehen murmeln Wetterpropheten inzwischen Begriffe wie »Wetterbombe« oder »Ostküstentief« und erklären den Australiern, daß diese Hurricanes dafür berüchtigt sind, buchstäblich aus dem Nichts aufzutauchen. Während die Nation umfassend auf das Kommende vorbereitet ist, tappt man auf den meisten Booten weiterhin im dunkeln: Die Regeln verbieten bis auf die offiziellen Mitteilungen jede Kommunikation zwischen Land und Boot. Mit der Warnung seiner Klienten hat sich Badham über diese Bestimmung hinweggesetzt, und einige andere Yachten verfügen über WeatherFax und wissen, daß in der Bass Strait mit einem Sturmtief zu rechnen ist. Aber der Rest muß mit den zurückhaltenden Prognosen des Bureau of Meteorology zurechtkommen.

Die Wetterprognostiker im Fernsehen hüten sich, das Wort »Hurricane« in den Mund zu nehmen und ersetzen es durch »Zyklon«, weil Hurricanes typischerweise in der Nähe des Äquators auftauchen. Als Hurricane wird ein Wirbelsturm bezeichnet, der mit Hochgeschwindigkeit um ein Tiefdruckzentrum fegt – das »Auge« des Sturms. Hurricanes sind kompakt und umfassen selten mehr als 150 Meilen – und das ist fast genau die Breite der Bass Strait. Sie bewegen sich nicht schneller als rund acht Kilometer die Stunde und werden in exakte Kategorien eingeordnet, von Stufe eins (Windgeschwindigkeiten von mindestens 115 km/h) bis fünf (Windgeschwindigkeiten von mehr als 230 km/h). TV-Wetterpropheten hüten sich an diesem Tag auch deshalb vor dem Wort Hurricane, weil das BOM noch immer bei seinen Vorhersagen von 55-Knoten-Winden bleibt. Aber bei Tagesanbruch kommt es am Westrand der Bass Strait bereits zu Böen, die den Sturm der Stufe eins zuordnen.

Der Begriff »Ostküstentief« wird jedoch benutzt. Er ist vage und doch sachlich. Und irgendwie auch patriotisch, denn ausschließlich in Australien kommt es zu Ostküstentiefs. Sensationeller nimmt sich da schon »Wetterbombe« aus, und prompt verwenden die Zeitungen dieses Wort für ihre Schlagzeilen.

Da Ostküstentiefs dafür bekannt sind, unvermittelt aufzutreten, um dann längere Zeit an Ort und Stelle zu verharren, drängen sich allen zwei Fragen auf: Wann wird es zuschlagen? Und: Wie lange hält es an? Bereits 1993 geriet das Syd-Hob einmal in den Einflußbereich eines Ostküstentiefs, aber es war schwächer als das für '98 vorausgesagte und erreichte lediglich Maximalwindgeschwindigkeiten von fünfundfünfzig Knoten. Aber das Tief hing drei Tage lang über der Bass Strait und machte das Rennen zu einer zermürbenden Strapaze.

Fernseh-Wetterfrösche erinnern nun an die 93er Syd-Hob und rufen den Zuschauern ins Gedächtnis, daß damals zwei Yachten sanken. Nur achtunddreißig von einhundertundzehn Booten erreichten das Ziel. Kein Menschenleben war zu beklagen, erklären die TV-Moderatoren mit ernsten Mienen, doch bedeutungsvollen »Toi-toi-toi«-Blicken, aber viele der Segler, die Hobart erreichten, hätten damals geschworen, nie wieder an diesem Rennen teilzunehmen.

Und nun segeln viele dieser Männer wieder an Gabo Island vorbei und hinein in die Bass Strait. Als die Mehrzahl der Boote am Sonntag zwischen neun und zwölf Uhr die Bass Strait erreicht, haben die Maxis fast ein Drittel der Meerenge schon hinter sich. Die Maxis bekommen es mit 40-Knoten-Winden zu tun, aber beileibe mit keinem Hurricane – und werden nie mehr als Randerscheinungen davon spüren. Zur gleichen Zeit beten bei Gottesdiensten überall in Australien Menschen für die tapferen Männer der Syd-Hob-Regatta.

Und die Bass Strait spielt mit den Booten, gibt keinerlei Hinweis darauf, wann die Bombe platzen wird. Einige Yachten – die *Antara* und die *Sharp Hawk V* – bemerken die Veränderung, die nahezu gespenstisch vor sich geht. Der Wind flaut auf schlappe fünfzehn Knoten ab, aber die Wellen erreichen Geschwindigkeiten von knapp achtzig Kilometer und eine Höhe, die die meisten Segler noch nie gesehen haben. Die ehemals sanfte Dünung schwillt zu Brechern von fünf, zehn, fünfzehn Metern an, ohne daß ein Ende abzusehen wäre. Niemand weiß so recht, was davon zu halten ist. Wird das Wetter besser oder noch schlechter?

Obwohl der Wind nachgelassen hat, bleibt der Seegang enorm und tobt seine eigenen Energien aus. Während das Abflauen des Windes zu keiner Reduzierung der Wellen führte, müßten neue Böen die Seen weiter ansteigen lassen – und das auf höchst bemerkenswerte Weise. Wasser und Luft sind unterschiedliche Elemente, also spielen sie in verschiedenen Ligen. Mit auffrischendem Wind nimmt auch die Größe der Wellen zu – allerdings exponential, im Verhältnis eins zu vier. Wenn der Wind unvermittelt von vierzig auf hundert Knoten springt, erreichen die Wellen geradezu astronomische Höhen. Allerdings sind derartige »Windsprünge« höchst selten. Es sei denn, an der Erdoberfläche entwickelt sich ein extrem niedriges Tief, das Luft mit halber Schallgeschwindigkeit in der Corioliskurve aus dem Jetstream in zehntausend Meter Höhe zur Erde zieht.

Wieder schwebt Ticehurst über der *Brindabella*. Der wolkenlose Himmel des frühen Morgens gehört der Vergangenheit an. Jetzt fangen die Kamerateams faszinierende Bilder von dem gewaltigen Seegang ein. Der Himmel zeigt ein dunkles Stahlgrau, und die Wolken reichen von Horizont zu Horizont. In ordentlicher Reihenformation jagen die immensen, von Gischt gekrönten Wellen dahin. Die *Brindabella* rast die Wellen hinauf, die so lang sind wie ihr 70-Fuß-Rumpf. Dann wird die Yacht wie ein lästiges Spielzeug von der Wellenkrone geschubst. Normalerweise vermittelt ein Segelboot von dieser Größe einen Eindruck von Autorität, aber hier ist die See der Boss. Nur mühsam kann die *Brindabella* ihr Gleichgewicht wahren. Die gesamte vordere Hälfte des Bootes ragt aus dem Wasser und sieht irgendwie aus wie eine Rakete mit Segeln. Dann stürzt – klatscht – sie mit ihrem ganzen Gewicht von fünfundzwanzig Tonnen in die Tiefe des Wellentals. »Es kam uns vor, als würden wir mit hundertvierzig Sachen pausenlos über meterhohe Rüttelschwellen brettern«, beschreibt einer der Segler die Tortur.

Für ein kürzeres Boot würde die Strafe auf dem Fuß folgen. Geht eine kleine Yacht eine Welle so direkt an, besteht die Gefahr, daß sie die Kraft verliert, diese auch zu überwinden. Kurz vor dem Kamm bleibt sie dann stecken, um von der Welle ins Tal zurückgeschoben zu werden, während sie über dem Boot zusammenschlägt.

In der Nacht vom Sonnabend auf Sonntag macht der Wind die Nagelprobe seemännischen Könnens. Am Sonntagmorgen sind es die Wellen. Ständig sind die Männer auf der Suche nach Anzeichen für Schäden: Lecks, brüchige hydraulische Leitungen, verbogene Ruder. Zwischen Skippern und Crews kommt es zu langen Diskussionen über den Sinn, das Rennen fortzusetzen. Als Vertreter der reinen Wissenschaft halten die BOM-Mitarbeiter weiter an ihrer 55-Knoten-Vorhersage fest, obwohl es vor Wilsons Promontory, dem südlichsten Punkt Australiens, bereits zu Geschwindigkeiten von einundsiebzig Knoten kommt. Satellitenphotos beweisen, daß sich die direkt über der Flotte zu einer engen Spirale verdichten: Die Corioliskraft ebnet den Weg aus der Stratosphäre.

Die Segler wissen es besser. Aufgrund ihrer Erfahrungen sind Segler hervorragende Amateurmeteorologen, und Skipper wie Crews lassen sich von dem Abflauen des Windes am Sonntag morgen nicht einlullen. Der Wellengang ist ein Bestandteil des kommenden Unwetters. Wie übel das wird, hängt von der weiteren Entwicklung des Tiefs ab. Angenommen es kommt zum Schlimmsten, und davon gehen inzwischen die meisten Skipper angesichts des gewaltigen Seegangs aus, dann sind die Stunden zwischen Sonnenaufgang und Mittag des 27. Dezember erneut eine Zeit schwerer Entscheidungen. Die Situation sieht ziemlich hoffnungslos aus, gestehen die ehrlicheren Skipper ihren Crews ein.

Sie befinden sich in einem fatalen Dilemma. Weiterzusegeln könnte den Tod bedeuten. Umzukehren und in Eden Schutz zu suchen gleichermaßen. Bei hohem Seegang mit einem Segelboot eine Wende zu riskieren heißt, seine Breitseite mutwillig den Wellen auszusetzen. Eine bessere »Einladung«, überrollt zu werden, gibt es nicht, vor allem bei Seen, die höher sind als manche Masten.

Um halb zwölf kommt das Unwetter näher. Der Wind frischt auf und bringt wahre Regenfluten mit sich. Steve Walker an Bord der *Business Post Naiad* kommt es vor, »als säße man während eines Platzregens auf dem Verdeck seines Autos, das mit hundertfünfzig über die Autobahn rast«.

Mit wenigen Ausnahmen entscheiden die Skipper, es wäre besser, die Wellen vor sich als achtern zu haben und sich von ihnen jagen zu lassen. Und das heißt: vorwärts und durch. Jetzt kommt es auf die richtige Taktik an.

Ed Psaltis ist voll auf Wettkampf eingestellt. Zu gleichen Teilen auf Selbstsicherheit, einem Gefühl für kalkuliertes Risiko und logischen Überlegungen beruhend, wird sein Entschluß, zum Wenden nach Westen in den Sturm zu segeln, zum bisher härtesten Test seines seemännischen Könnens und seines Muts. Trotz der damit verbundenen Gefahren genießt er das. Das Herz klopft ihm bis zum Hals, als er gegen die Seen ansteuert, die Tonnen von Wasser über die Decks schütten. Der Wind treibt die Gischt mit tausend Nadeln in sein Gesicht, aber Ed hat nicht vor, die Segelfläche zu reduzieren. Er wird unter allen Umständen zumindest ein Sturmsegel flattern lassen. Ungeachtet der Wetterbedingungen geht es auch beim Sydney to Hobart Race 1998 um ein Kräftemessen.

Auf der *Sword of Orion* segelt Steve Kulmar ähnlich aggressiv. Er beharrt auf seinem Kurs – rund zwanzig Meilen vor der Küste – und hält nur geringfügig nach Westen. Die *Sword* verfügt über Satcom C sowie Weather-Fax, und die Crew hat Kontakt mit Ölbohrinseln und der Wetterstation in Eden. Mit fünfzig Knoten drückt der Wind gegen ihren Mast, aber kurz nachdem sie über 71-Knoten-Böen vor Wilsons Promontory informiert wurde, erreicht sie die Nachricht, daß der Sturm eine Stärke von neunzig Knoten erreicht hat. Das ist ein Hurricane der Stufe drei, und er wird in den nächsten Stunden über die Flotte herfallen. Steve Kulmar, Glyn Charles und Rob Kothe erwägen ein Aufgeben, entscheiden sich dann aber wegen der Robustheit der *Sword* zum Weitermachen.

Trotz der Kollision mit der *Nokia* in den ersten Minuten des Rennens ist sie eine sichere Yacht. Eine CYCA-Inspektion vor dem Start hatte die *Sword* in die CYCA-Kategorie Eins eingeordnet: Boot mit optimalem Sicherheitsstandard.

An Bord der *Winston Churchill* gibt es weder Satcom C noch WeatherFax, aber Erfahrung und Intuition läßt die Crew den gleichen Weg einschlagen – wenn auch weit hinter der *Sword*. Die *WC* wird nicht aufgeben. Notfalls muß man vielleicht ein paar Stunden lang unter Topp und Takel vor dem Wind ablaufen, um danach wieder ins Rennen einzugreifen.

Der Bau hölzerner Boote reicht bis zu den Ägyptern zurück. Moderne Holzboote entstehen nach der Glattbau- oder Karweelmethode, die im Mittelmeerraum entwickelt wurde. In gleichmäßigem Abstand werden Spanten mit einem durchlaufenden Kiel verbunden. Dieser Kiel ist ein Steuerungssystem unter dem Boot, dem eine entgegenwirkende Ruderflosse Stabilität verleiht. Dollborde fassen die Spanten an ihrem oberen Ende zur Bootsform zusammen. Früher wurden die Planken an diesem »Gerippe« mit Pflöcken, dann mit Eisennägeln und Kupfernägeln befestigt. Heute verwendet man Leichtmetallhalter. Die Ritzen zwischen den Planken werden mit Teer oder Kalfatermaterial verfugt.

Eine andere Methode bei der Bootkonstruktion wird als Klinkerbauweise bezeichnet. Hierbei werden die Planken dachziegelförmig übereinandergelegt. Aber mit der steigenden Nachfrage nach Rennyachten mit extrem belastbaren Rümpfen ist diese Methode ins Hintertreffen geraten.

Karweel- wie klinkergebauten Booten ist eines gemein: Da Holz unter Wasser-, besonders Salzwassereinfluß verrottet, benötigt ein Holzboot ständige Pflege und Wartung, um seine Seetüchtigkeit nicht zu verlieren. Ist auch nur eine Planke schadhaft, sinkt das Boot.

Fragt man einen modernen Segler nach seiner Meinung über Holzboote, bekommt er keineswegs diesen gewissen romantischen Glanz in die Augen. Holzboote sind nur etwas für Hafenrundfahrten, bekommt man zu hören. Nie würde ein vernünftiger Segler sich auf einem Holzboot hinauswagen. Holz ist sehr viel anfälliger als die Materialien des Raumfahrtzeitalters. Planken können sich lockern und zu Lecks führen …

All das gilt doppelt und dreifach für ein Holzboot, das fünfzig Jahre auf den Spanten hat. Im Hinblick auf die *Winston Churchill* unkte Buckland von der *Assassin*, daß ein Mann schon lebensmüde sein müsse, um sich mit einem Holzboot am Syd-Hob zu beteiligen.

Dennoch segelt Richard Winning mit der *Winston Churchill* und einer Crew aus alten Freunden in die Bass Strait. Sie kommen hervorragend voran, stellt Winning gegen mittag fest. Er hat das Sturmsegel gehißt und geht die Wellen in einem Winkel von siebzig Grad an, weil die *WC* kein Boot ist, mit dem man – trotz einer Modernisierung in Höhe einer Viertelmillion Dollar – straflos durch zehn Meter hohe Wellen hinauf- und hinunterbrettern kann. Aber sie bleibt gut auf Kurs. Ihr tiefer langer Kiel, der vor der Regatta irgendwie anachronistisch wirkte, erweist sich jetzt als Vorteil, da er in dem hohen Seegang für eine gewisse Stabilität sorgt.

In besorgniserregendem Tempo verschlechtern sich die Wetterbedingungen. Längst weht der Wind wieder mit fünfzig Knoten, der Seegang erreicht eine Geschwindigkeit von fünfundvierzig Knoten. Jedesmal, wenn Winning mit der *WC* in einem Wellental gelandet ist, blickt er an einer Welle empor, die so hoch ist wie sein Boot. Dennoch hat der Seegang eine gewisse Berechenbarkeit. Es kommt zu keinen Turbulenzen, die eine Yacht zum Spielball ihrer Launen machen. Solange das so bleibt, könnte es gutgehen. Winning ist stolz auf sein Boot und überzeugt von seiner Crew. Die Männer sind auf alles vorbereitet.

Steamer Stanley steht neben Winning im Doghaus und erinnert sich an Alan Paynes Warnung, die sechzehn Jahre zurückliegt. »Und wenn es noch hundert Jahre dauert«, hatte er vor der CYCA erklärt, »irgendwann wird ein Hurricane mit Sicherheit das Syd-Hob verheeren.« Stanley hatte erlebt, wie 1984 Winde von Sturmstärke einhundertfünf von einhundertfünfzig Yachten zum Aufgeben zwangen und ein siebenundsiebzigjähriger Segler über Bord gespült wurde. Und 1993! Er kennt sich mit widrigem Wetter gut genug aus, um zu wissen, daß die *WC* in etwas Heftigeres als einen normalen Sturm hineinsegelt. Sicher, den Sturm 1945 hat sie überstanden. Aber damals tat die *WC*, was alle Holzboote tun sollten: Sie drehte bei. Sie holte alle Segel ein und ließ sich treiben, bis sich der Sturm verzogen hatte. Ihr tiefer Kiel bewahrte sie vor allzu heftigem Schlingern.

1998 wird ein Beidrehen nicht einmal erwogen. Abgesehen davon wäre das bei einem Seegang von fünfundvierzig Knoten absurd. Zu groß ist die Gefahr, ins Rollen zu geraten. Die Crew schließt also die Luken und segelt volle Kraft voraus in die Bass Strait.

Währenddessen veröffentlicht die CYCA-Rennleitung in Sydney eine Pressemitteilung, derzufolge die Flotte »extremen« Wetterbedingungen ausgesetzt sein wird, den schlimmsten seit 1993.

»Die führenden Boote *Sayonara* und *Brindabella* haben vor Flinders Island mit schwerer See und Winden bis zu fünfundvierzig Knoten zu kämpfen«, heißt es weiter in der Verlautbarung. »Weiter hinten im Feld hat die Yacht *Doctel Rager* von Windgeschwindigkeiten mit

Der Start bei sonnigem Himmel in Sydney Harbour: Vierundzwanzig Stunden später erwarten die Flotte in der Bass Strait Stürme von Hurricane-Stärke (unten). (Delly Carr/PPL, Ian Mainsbridge/PPL)

Unten: AFR Midnight Rambler *verläßt die Hafenanlage, um sich an den Start zu begeben. (Ed Psaltis)*

Unter Spinnaker segelt die Maxi-Yacht Sayonara *(Eigner: Larry Ellison) kurz hinter South Head die australische Ostküste entlang. (Dell Carr/PPL)*

Die Crew der Winston Churchill, *des australischen »Nationalheiligtums«, verläßt Sydney Harbour. Man beachte das Doghouse vor dem Steuerrad. (News Ltd./PPL)*

Kurz vor der Explosion der Wetterbombe hebt die Maxi-Yacht Brindabella *(Eigner: George Snow) von einer kleinen Welle ab. (Ian Mainsbridge/PPL)*

Glyn Charles vertrat Großbritannien bei den Olympischen Spielen 1996 in Savannah, Georgia, und kam mit seinem Boot auf den zehnten Platz. (Peter Bentley/PPL)

Nokia *mitten im Sturm. Alle Segel sind eingeholt, und Wasser überspült das Deck. Unten: Eine Welle schlägt über der* Nokia *zusammen. Das Photo wurde vom Cockpit aus aufgenommen. (Ian Mainsbridge/PPL)*

Nachdem die Stand Aside *leckschlug, läßt die Crew eine Rettungsinsel zu Wasser und wartet auf Rettung. Es ist gut zu sehen, mit welcher Wucht die Kabine vom Rumpf gerissen wurde. (Rod Hunter)*

Aufnahmen von der Stand Aside *vom Rettungsfloß aus. Man beachte die schwere Dünung rechts, über der ein Hubschrauber schwebt. (Rod Hunter)*

Die entmastete Business Post Naiad. *An Backbord treiben Takelage und Segel im Meer, der Baum ist total verbogen. Phil Skeggs und Bruce Guy mußten im Wrack zurückgelassen werden, aber der Rest der Crew wurde geborgen. (Ian Mainsbridge/PPL)*

Hubschrauberaufnahmen von der Stand Aside *am 27. Dezember zwischen vier und fünf Uhr nachmittags kurz vor Beginn der Rettungsmaßnahmen. (Ian Mainsbridge/PPL)*

Richard Winning, Eigner und Skipper der Winston Churchill, *verläßt den Rettungshubschrauber.* (News Ltd., (PPL)

Ein Opfer des Syd-Hob *wird an Bord eines Flugzeugs der australischen Marine gebracht.* (News Ltd./PPL).

Business Post Naiad *in Eden, nachdem sie auf See aufgegeben und später in den Hafen geschleppt wurde. (John Ford)*

Nach dem Sieg:
Die Crew der AFR Midnight Rambler.
In der Mitte Ed und Sue Psaltis.
(Gordon Livingstone)

Die Crew der AFR Midnight Rambler *bei der Proklamation des Siegerbootes des Sydney to Hobart Race 1998. Aus Respekt vor den Toten hat die Crew ihre Mützen abgenommen. (Ed Psaltis)*

fünfzig bis sechzig Knoten berichtet, die in Böen siebzig erreichen.«

Mit der letzten Information bezieht sich die CYCA auf einen Funkkontakt zwischen der *Doctel Rager* und der *Young Endeavour*, bei dem die Yacht meldete, daß der Sturm sehr viel stärker ist, als in der Vorhersage angekündigt. Law Carter von der *Young Endeaver* gibt das zwar an die CYCA weiter, aber nicht an den Rest der Flotte, obwohl die Zeitspanne langsam knapp wird, in der Boote noch vor der Explosion der Wetterbombe nach Eden ausweichen können.

Die Pressemitteilung macht deutlich, daß die Flotte inzwischen aus zwei Gruppen besteht. Als sich das Tief intensiviert und der Sturm zunimmt, haben die Maxis Tasmanien fast erreicht. Sie spüren die Wetterverschlechterung aber nicht annähernd so heftig wie die kleineren Boote, da die Maxis das Sturmtief verlassen, während die kleinen hineinsegeln.

Die Spitzengruppe der Regatta sieht – in Klassen eingeteilt – aus wie folgt: Die *Chutzpah* führt, gefolgt von *Atara, Terra Firma, Secret Men's Business* und *Ragamuffin*. An sechster Stelle liegt die *Sword of Orion*, an siebter die *AFR Midnight Rambler*. Die *Winston Churchill* ist weit abgeschlagen, läßt sich aber nicht entmutigen. Die *Stand Aside* setzt aus Richtung Neuseeland zum Endspurt auf Hobart an, aber das tut auch die *Chutzpah*. Die tasmanische Yacht *Business Post Naiad*, eine frühere Teilnehmerin am Admiral's Cup, folgt ihr dicht auf den Fersen. Die Crew der *Business Post Naiad* besteht aus einer Handvoll Freunden aus Launceston, mit dem einundfünfzigjährigen Bruce Guy, einem Bootsausstatter, als Skipper. Es war Guys lebenslanger Traum, in einem eigenen Boot am Syd-Hob teilzunehmen, und nun geht er in Erfüllung. Weiterhin gehören zur neunköpfigen Crew der Segelmacher Steve Walker, der Behördenangestellte Rob Matthew und Guys Nachbar, ein Schlosser namens Phil Skeggs. Skeggs ist ein Syd-Hob-Neuling, aber alle anderen haben schon häufiger an der Regatta teilgenommen. Sie versprechen sich von den Wetterbedingungen sogar einen Vorteil. Schließlich sind sie schon als Heranwachsende auf der Bass Strait gesegelt und kennen deren Temperament besser als jeder andere.

Am Sonntagnachmittag um zwei beginnt das wahre Sydney to Hobart Race. Zu diesem Zeitpunkt entlädt sich die Wetterbombe. Aus zehntausend Meter Höhe rasen Jetstreamwinde wie in einem Fahrstuhlschacht auf die Erde zu, stürzen sich förmlich hinab und machen aus der bereits kochenden Bass Strait eine tödliche Falle.

Für annähernd achtundvierzig Stunden. Südlich von Gabo Island werden auf Ölbohrinseln fünfundzwanzig Meter hohe Wellen registriert, und Piloten von Rettungshubschraubern registrieren mit Hilfe von Höhenmessern und durch Vergleiche mit nahegelegenen Landformationen sogar fünfundvierzig Meter hohe Wellen im Schwarzen Loch von Gabo Island. Die Windgeschwindigkeiten liegen bei beständigen hundertundfünfzig Stundenkilometern und erreichen Spitzenwerte von mehr als hundertachtzig.

Sobald sich der Sturm aus der Stratosphäre auf Meereshöhe hinabgestürzt hat, tobt er in östlicher Richtung durch die Bass Strait und bildet eine unheilige Allianz mit den Wellen und der Strömung. Gemeinsam jagen sie die Flotte. Gemeinsam jagen sie ein Opfer.

Um 14.20 Uhr haben sie eins gefunden.

Boote unter Wasser

27. Dezember, 14.20 Uhr

Die *Stand Aside* aus Victoria liegt hervorragend im Rennen, und in der Crew werden Spekulationen auf einen Sieg in ihrer Klasse laut. Sie segelt mit beständigen fünfzehn bis zwanzig Knoten und ist an vielen größeren Booten vorbeigezogen. Das weckt Hoffnungen. Das Gefühl, 1998 könnte *ihr* Jahr sein, überkommt die Männer. Die in Neuseeland gebaute *Stand Aside* wurde für Rennen bei hohen Windgeschwindigkeiten konstruiert. Darauf vertrauend, hat die Crew in den ersten vierundzwanzig Stunden der Regatta zweihundertvierzig Seemeilen hinter sich gebracht und ist mitten in der Bass Strait, als sich das Wetter radikal verschlechtert. Die stolze Genugtuung, einem greifbaren Sieg entgegenzusegeln, macht die Mannschaft der *Stand Aside* blind für die Gefahren.

Am Sonntag morgen um neun verkürzt die *Stand Aside* das Großsegel um drei Reffs. Zusätzlich flattert nur eine kleine Fock. Dennoch macht das Boot weiterhin gleichmäßige fünfzehn Knoten.

Gegen elf Uhr nehmen Wind und Wellen enorme Ausmaße an. Die *Stand Aside* fiert Großsegel und Vorsegel, drängt mit der Sturmfock vorwärts. Das beeinträchtigt die Manövrierfähigkeit, macht das Boot jedoch leichter beherrschbar. Die Seen werden so hoch, daß die *Stand Aside* in einem Wellental buchstäblich vor dem Sturm geschützt ist. Aber wenn sie anschließend wieder nach oben getragen wird, fangen das gereffte Hauptsegel und die Vorsegel den Wind ein, lassen die plötzlichen Böen die *Stand Aside* vorwärtsstampfen, und die Crew muß höllisch aufpassen, daß ihre Yacht nicht über Kopf geht. Einige Male kann das die Crew im letzten Moment verhindern. Ihre Begeisterung über den greifbaren Sieg verwandelt sich in heimliche Furcht. Jetzt würde sich jeder sehr viel lieber auf das Überleben konzentrieren als darauf, als erste in Hobart zu sein.

Schließlich treffen Skipper James Hallion und Navigator Rod Hunter zwei scheinbar logische Entscheidungen: Erstens holen sie alle Segel ein und laufen vor Topp und Takel vor dem Wind ab. Zweitens ändern sie den Kurs um vierzig Grad und segeln nicht mehr direkt nach Süden auf Hobart zu, sondern von Südosten, in Richtung Neuseeland. Nun ist die *Stand Aside* zwar der Gnade der Seen ausgeliefert, da keine Segel sie mehr antreiben und das Ruder seine Steuerfunktion verliert. Aber durch die Kursänderung auf Neuseeland lassen sie sich von der Dünnung aus dem Zentrum des Sturms treiben. Und in der Tat stellt Hunter wenig später zufrieden fest, wie problemlos das Boot reagiert. Der Wind jagt es nur noch mit vier bis fünf Knoten vor sich her, und das Ausweichmanöver beruhigt die angespannten Nerven der Mannschaft. »Es ist keine Schande, mitten im Rennen beizudrehen«, versichert Hallion seiner Crew, als er am Steuer steht und ihm der Sturm ins Gesicht peitscht. »Ganz und gar nicht.« Mit einer Hand versucht er vergeblich, sich die Kapuze tiefer über die Augen zu ziehen.

Die Männer kauern sich im offenen Cockpit um Hallion. Sie sind bis auf die Haut durchnäßt, sie frieren. Beigedreht – na und? Aber Hallion ist frustriert. Der einzige, der sich außer ihm Sorgen um ihre Position im Rennen macht, ist der achtundzwanzigjährige Simon Clark, der schon den ganzen Tag murrt, Hallion solle endlich aggressiver segeln. Aber zu diesem Zeitpunkt befindet er sich am Bug und beobachtet die Wellen. Er kann Hallions Worte nicht hören. »Sobald sich der Sturm verzogen hat, greifen wir wieder ins Rennen ein und werden schon bald wieder an den größeren Booten vorbeiziehen«, fährt Hallion fort. »Das ist nur eine Frage von vier oder fünf Stunden.«

Unter Deck gönnt sich Hunter eine Pause vom Beobachten der Instrumente, um die 14.05-Uhr-Positionsmeldungen abzuhören. Zunächst läßt das BOM mitteilen, daß die vorhergesagten 55-Knoten-Winde eingetroffen sind. Mit hohem Seegang sei zu rechnen. Diese Neuigkeit läßt Hunter höhnisch lachen. Mit Winden von Sturmstärke haben sie seit Stunden zu kämpfen, und gewaltiger Seegang herrscht mindestens seit Mitternacht. Diese BOM-Typen müssen noch eine Menge über Prognosen lernen, denkt er grimmig. Ihre »Vorhersagen« hinken ja selbst den tatsächlichen Ereignissen hinterher.

Dann fordert Telstra Control die Segler zu erhöhter Vorsicht vor der tasmanischen Küste auf, da der Tasman Island Leuchtturm nicht in Betrieb ist. Schließlich beginnen die Meldungen der Boote. Nun erfährt die Flotte, daß Iain Murrays Yacht *ABN Amro Challenge* nicht mehr im Rennen ist. Die *Adagio* meldet sich, dann *Adrenalin, Aera, Alexander of Creswell*. Hunter notiert sich jede Position. Später wird er sie auf die Karte übertragen, um festzustellen, an welcher Stelle die *Stand Aside* liegt.

Die *Chutzpaph* hat noch immer die Nase ganz vorn, weicht aber nach Neuseeland aus, ebenso die *Stand Asi-*

de. Das ist interessant ... Die *Dixie Chicken* meldet sich. Ihr Skipper ist ein neunzehnjähriges Mädchen. Sie segelt nach Eden zurück. Zu schade.

Auch die *Innskeeper*, die *Outlaw* und zwei Dutzend weiterer Boote entschließen sich zur Aufgabe. Inzwischen ist die Flotte auf weniger als neunzig Boote zusammengeschrumpft.

So viele Hotelzimmer gibt es doch gar nicht in Eden, denkt Hunter und wartet darauf, daß er an die Reihe kommt. Er fragt sich, wo sie alle schlafen wollen.

Da der offizielle Name seiner Yacht *VC Offshore Stand Aside* lautet, muß sich Hunter in Geduld üben. Wartet nur, bis ihr unsere Position hört, lächelt er in sich hinein und fragt sich dann, wie viele Boote nach der Meldung dem Beispiel der *Chutzpah* und der *Stand Aside* folgen werden. Die Leute müßten doch verbohrt sein, um die Logik einer Kursänderung nicht zu erkennen. Nur Verrückte segeln bei diesem Wetter direkt nach Süden weiter.

Die *Midnight Rambler* segelt nach Westen, direkt in das Zentrum des Tiefs hinein. Donnerwetter, dazu braucht man Mumm, denkt Hunter.

Midnight Special, Miintinta, Mirrabooka ...

Gähnend blickt Hunter auf seine Armbanduhr. Zwanzig Minuten nach zwei. Noch einmal überprüft er seine Angaben hinsichtlich Längen- und Breitengrad. Schließlich will er nicht stottern oder sich verhaspeln, während die ganze Flotte zuhört. Aber die Meldung ist ohnehin irgendwie aus dem Ruder gelaufen: Ständig unterbrechen Segler die Positionsangaben, um Niederschläge und weitere Zwischenfälle zu melden. Die beim Hochseesegeln unverzichtbare Funkdisziplin ist beim Teufel. Hunter irritiert das erheblich. Selbst in chaotischen Zeiten hat Professionalismus die Losung zu sein.

Mit Hallion stehen acht Crewangehörige Wache an

Deck. Vier weitere schnarchen wenige Schritte von Hunter entfernt. Bis auf den Sturm und die Tatsache, daß die *Stand Aside* von ihm durch Wellen getrieben wird, die höher sind als ein Jumbojet, ist alles ganz normal. Ändern könnte ohnehin niemand etwas. Vielleicht ist es tatsächlich am besten, es mit dem Schlafen zu versuchen.

Jemand übergibt sich. Wer es ist, weiß Hunter nicht. Der Gestank dringt in seine Nase, läßt ihn würgen. Er ist heilfroh, das Malheur nicht sehen zu können.

Plötzlich ein panischer Schrei vom Deck. Achtern steigt eine gigantische Welle aus dem Meer wie eine fremdartige Wasser-Kobra – aber das weiß Hunter noch nicht. Und wie Menschen, die todesgewiß in die schmalen schwarzen Augen einer Kobra blicken, pinkeln sich die Männer an Deck der *Stand Aside* in die Hosen und murmeln fieberhaft letzte Gebete.

Hunter fühlt sich vom Sitz gerissen, schlägt sich den Kopf schmerzhaft an der Decke. Grünes Wasser ergießt sich in sein Navigationszentrum, als hätte jemand ein Flutventil geöffnet. Die mordsteuren Computer schließen sich funkensprühend kurz, werden überflutet und unbrauchbar. Hunters Karten lösen sich in ihre Bestandteile auf. An Bord fällt alles Licht aus, als der Stromgenerator den Geist aufgibt, und Hunter ist von Finsternis umgeben.

Und noch immer rollt die *Stand Aside*, rollt und rollt. Wie eine Tonne in einem Wasserfall, ein Spielzeug für den Ozean. Die grüne Farbe des Wassers ist ein sicherer Hinweis darauf, daß die Welle direkt vom Meeresboden hochgekommen ist und grüne Algen mit sich gerissen hat. Die See ist immer schwarzweiß, mit Ausnahme dieser grünen Monster, die aus dem Nichts auftauchen wie Springteufel. Und sie kommen in der Tat aus dem Nichts. Bei der geringen Tiefe des Bass Strait verursachen ansteigende Wellen eine vertikale Strömung, bei der das sich vom Kontinent absetzende Wasser an der Oberfläche durch kältere, aus der Antarktis nach Norden drängende Wassermassen ersetzt wird. Doch dieses Ansteigen ist willkürlich und schwer vorherzusagen. Hunter hat häufig von Seeleuten gehört, die ihre Sicherheitsgurte lösten, weil sie die Gefahr für gebannt hielten, um dann von einer solchen Monsterwelle von Bord gerissen zu werden. Darüber hinaus sind diese Wellen größer und breiter als eine »normale« hohe Dünung, die einfacher zu berechnen ist.

Während die *Stand Aside* hilflos durch die Seen taumelt, meldet die *Sword of Orion* ihre Position. Aber da die Funkgeräte zerstört sind, kann Hunter nicht hören, daß Rob Kothe die Meldung zu einem ungewöhnlichen Schritt nutzt. Mehr als das. Er bricht mit der geheiligten Tradition, um eine Warnung zu übermitteln. Er will die anderen Segler über das Wetter informieren. »Wir haben es mit anderen Windstärken als den in der Vorhersage genannten zu tun«, sagt er mit ruhiger Stimme. »Wir erleben hier Winde von fünfzig bis zu fünfundsechzig Knoten, und es ist bereits zu Spitzen von achtundsiebzig gekommen.«

Mit seiner Warnung verbindet Kothe einen Hintergedanken. Er hofft darauf, daß vor ihm befindliche Boote ihre Wetterbeobachtungen mitteilen, so daß die *Sword* dann den günstigsten Kurs um das Unwetter herum bestimmen kann. Aber den Gefallen tut ihm niemand. Auf jeden Fall ist Kothes Meldung bemerkenswert. Sie markiert das Ende des Vertrauens auf das BOM. Die Flotte befindet sich in einem Niemandsland, und offizielle Wettervorhersagen sind bedeutungslos geworden. Jetzt zählt nur die Realität, und die kennen nur die Segler.

Als Telstra Control auf der Young *Endeavour* Kothes VHF-Nachricht erhält, kommt es zu einem Augenblick der Verwirrung. An Bord der *Young Endeavour* scheint niemand zu wissen, in welcher Form – falls überhaupt – sie auf Kothes Warnung reagieren oder diesen Sonderling einfach reden lassen sollen, um dann stoisch zur nächsten Positionsangabe überzugehen.

Doch dieser Moment währt nur kurz. Funker Lew Carter, normalerweise kein tollkühner Mann, braucht weniger als fünf Sekunden, um die Regatta inoffiziell in die eigenen Hände zu nehmen und der Flotte zu sagen, wozu sich CYCA, BOM, AusSAR und Royal Australian Navy offensichtlich nicht durchringen können: Daß es Zeit zur Umkehr ist. Schnell. Er funkt Kothes Mitteilung allen Booten, die sie nicht gehört haben. Dann erinnert er unter Hinweis auf Regel sieben, Absatz vier, der International Rules of Sailing die Skipper daran, daß es ihrer Verantwortung unterliegt, ob sie unter den herrschenden Bedingungen das Rennen fortsetzen wollen oder nicht.

Zweiundzwanzig Boote wenden und segeln nach Eden. Unter ihnen die *Midnight Special* aus Queensland mit ihrer ambitionierten Crew. Aber die Mehrzahl der Skipper vertritt die Ansicht, daß sie sich bereits zu weit in der Bass Strait befinden, um umkehren zu können, und daß sich das Wetter nach ein paar Stunden bessern wird. Sie machen weiter.

Und so sucht und findet die Wetterbombe ein weiteres Opfer. Die *Team Jaguar* wird von einer Welle überrollt und entmastet. Neben der Mastverankerung hat sich ein klaffendes Loch aufgetan. An Bord ist Melissa McCabe, eine Siebzehnjährige aus Eden, die ihre Syd-Hob-Teilnahme durch einen Aufsatzwettbewerb gewonnen hat. Zum zweiten Mal innerhalb von zwei Jahren hat die *Team Jaguar* den Mast verloren. Zu spät stellt man die Nutzlosigkeit des Satellitentelephons fest. Es ist nur auf den Empfang von Gesprächen programmiert. Daher gehen die

Notrufe über Funk hinaus. Ein TV-Kamerateam filmt später die Crewmitglieder, die beklommen unter Deck auf Segelstapeln liegen. Melissa starrt durch eine offene Luke zum stahlgrauen Himmel hinauf und bringt kein Wort über die Lippen. Sie denkt an ihre Eltern und erinnert sich an die vielen Stunden, die sie an ihrem Aufsatz gefeilt hat, bis jede Formulierung, jedes einzelne Wort so perfekt war, daß die Jury einfach erkennen mußte, wie sehr sie sich die Teilnahme an der Regatta wünschte. Solange sie zurückdenken kann, hat sie erlebt, daß beschädigte Boote in Eden Zuflucht suchten, und in *Today Show* gesehen, wie die faszinierenden Yachten unbehelligt von widrigem Wetter auf ihrem Weg ins offene Meer an Eden vorbeiflogen. Wie war es nur möglich, daß sich die Ehre, am Sydney of Hobart Race 1998 teilnehmen zu dürfen, in nur einem Tag in etwas Riskantes, sogar Lebensbedrohendes verwandelte? Wie um alles in der Welt konnte etwas so Großartiges wie diese Maxi-Yacht, dieses Traumschiff, mir-nichts-dir-nichts entmastet werden?

Melissa ist kein Mädchen, das sich mit aller Macht aus dem kleinen Eden fortsehnt. Aber sie wünscht sich, ihr Leben voll auszukosten, Abenteuer zu erleben, viel von der Welt zu sehen. Doch jetzt, klatschnaß von den Wellen, die durch das klaffende Leck in den Schiffsraum klatschen, sehnt sie sich nach der Sicherheit von Twofold Bay, deren Klippen sie stundenlang anstarren kann. Sehnt sich nach dem Kleinstadtalltag von Eden, wo es nicht viel bedeutet, eine Nachwuchsautorin zu sein. Die meisten Bewohner von Eden enden ohnehin früher oder später auf einem Fischerboot, in der Sägemühle oder im Touristengewerbe. Aber es ist Heimat, ein Zuhause. Und so hockt sie unglücklich auf einem nassen Segelsack und wartet darauf, dorthin geschleppt zu werden.

Von Eden aus wird ein Fischerboot auf die Suche nach

der *Team Jaguar* und Melissa geschickt. An Bord der *Young Endeavour* beginnt Lew Carter mit seinen Versuchen, die unzulängliche Satellitenverbindung wettzumachen. Seine Gespräche mit dem Fischerboot während der fünfzehnstündigen Suche nach der Yacht mit Melissa an Bord blockieren aber die Funkverbindung zu einem Zeitpunkt, zu dem andere Boote Hilfe weit nötiger haben als die *Team Jaguar*.

Auf der *Stand Aside* ist Hunter noch immer im Navigationsbereich eingeschlossen und nimmt das Chaos um sich wahr. Wasserrauschen, das Stöhnen des Windes, gurgelnde Schreie, das dumpfe Geräusch, mit dem Körper gegen den Rumpf geschleudert werden und die vage Befürchtung, daß er sich an den scharfkantigen Navigationsinstrumenten den Kopf aufschlagen und für Stunden das Bewußtsein verlieren könnte. Er versucht, ins Freie zu schwimmen, schafft das aber ebensowenig wie die drei anderen Männer unter Deck. Es ist, als versuche man in einer Waschmaschine zu schwimmen, in der jeder Versuch einer Vorwärtsbewegung durch eine Drehung vereitelt wird, die die Männer gegen Spanten, Kojen, Luken, die Decke schleudert. Als das Schlingern endlich endet, ist das Boot überflutet, aber aufgerichtet, und anstelle des Wassers rauscht der Wind durch den Schiffsraum.

Die Männer der *Stand Aside* sind Hobbysportler und sie als athletisch zu bezeichnen, wäre eine glatte Übertreibung. Keuchend vor Anstrengung und schwerfällig waten die vier zu den Stufen und quälen sich durch das Luk. Normalerweise wird das durch den Schutz des Cockpits belohnt. Doch das ist fort, weggerissen. Bleiches, graues Tageslicht fällt auf Hunter. Von seinen acht Crewmitgliedern, die vor dem Überrollen Wache schoben, ist keine Spur zu entdecken. Hunter kommt sich vor wie auf einem Geisterschiff.

Dann hört Hunter trotz des Heulens des Windes einen Hilferuf. Einen zweiten, noch einen. Aus der See! Er stolpert dorthin, wo früher die Reling war, späht in die Wellen und sieht, wie seine Männer Wasser treten. Die Welle hatte sie von Bord gerissen, aber ihre Sicherheitsgurte halten sie in der Nähe des Bootes. Behindert durch die Schwere ihrer nassen Schutzkleidung fehlt ihnen die Kraft, sich selbst wieder an Deck zu hieven. Neben ihnen im Wasser liegt der gebrochene Mast, wie Spaghetti schlängeln sich die Wanten durch die Wellen.

Hunter beginnt, die Männer an Bord zu ziehen, und hört nach und nach, was sich abgespielt hat. Der Schrei, den Hunter gehört hatte, kam von Simon Clark. Mit in die Gischt baumelnden Beinen hockte er steuerbords am Bug und beobachtete die Wellen, als sich unvermittelt die Monsterwelle erhob. Nach Clarks Theorie tauchen Monsterwellen immer in Paaren auf. Als er die verräterische Grünfärbung bemerkte, verschlug es ihm zunächst den Atem. »Abfallen!« brüllt er. Er schrie so laut, daß sein Hals schmerzte. Aber wegen des Sturms konnte Skipper Hallion ihn nicht hören.

Er schrie noch einmal und wandte sein Gesicht dann der Wasserwand zu. Diese Welle sieht aus wie ein Tennisplatz, der plötzlich senkrecht steht, dachte Clark.

Inzwischen hatte auch Hallion die Welle bemerkt. Hilflos mußte er zusehen, wie sich der Tennisplatz plötzlich mit einer drei Meter hohen Gischtschicht krönte, die gleich darauf wieder in sich zusammenbrach. Die *Stand Aside* geriet ins Schlingern, wurde die Welle hinaufgezerrt und auf ihrem Gipfel hin- und hergeschleudert. Die Männer der *Stand Aside* fühlten sich, als würden sie einen Wasserfall hinabstürzen.

Mit dem Gesicht voran wird Clark ins Meer geschleudert. Es kommt ihm so vor, als hätte sich sein Knie von seinem Beim gelöst. Später wird er erfahren, daß er einen Kreuzbandriß erlitten hat. Eine Verletzung, wie sie sich Profisportler häufig zuziehen. Stöhnend brechen sie zusammen und müssen mit einer Trage vom Spielfeld getragen werden.

Aber für Clark bleibt die Trage aus. Er schwimmt zum Boot und klammert sich daran, bis Hunter ihn an Deck zieht. Mißmutig muß der junge Wellenbeobachter feststellen, daß er nicht stehen kann.

Unterdessen kämpft Mike Marshman weiter draußen mit dem Ende seiner Sicherheitsleine. Von den Fingerspitzen seiner rechten Hand ist die Haut weggefetzt, vermutlich haben sie bei seinem Flug in die Wellen mit irgend etwas Scharfem zu enge Bekanntschaft gemacht. Marshman, ein robuster Mann aus Adelaide und Vater von drei Kindern, ist zwanzig Meter vom Boot entfernt und hantelt sich mittels Rettungsleine darauf zu, als sich diese plötzlich in der im Wasser treibenden Takelage verfängt. Fluchend versucht er, sie zu befreien, als eine See über Marshman zusammenbricht und ihn unter sich begräbt. Wie ein Film spult Marshmans Leben vor seinem inneren Auge ab, begleitet von Gedanken an seine Lieben, Bedauern und sachlicher Analyse seiner Situation.

Niemand kann Marshman helfen, und auch wenn er begreift, wie nahe der Tod ist, ist er noch lange nicht zum Sterben bereit. Nicht hier, nicht jetzt und vor allem nicht, weil sich ein paar Leinen miteinander verhakt haben. Also tut Marshman das Unfaßbare und löst seine Sicherungsleine. Zu allem Unglück legen sich nun auch noch Taue um seine Knöchel und drohen, ihn in die Tiefe zu ziehen. Marshman öffnet den Clip auf seiner Brust, tritt heftig um sich und fängt an, »wie verrückt« auf die *Stand Aside* zuzuschwimmen. Ohne die Leinenverbindung kann Wind und Wogen aber nichts mehr davon abhalten,

Marshman davonzuspülen. Er hat derweil nur Augen für das rettende Boot und bemerkt die grüne Wasserwand nicht, die sich hinter ihm erhebt.

Wie Abraham Isaak auf den Altar hebt, hebt die See die *Stand Aside* hoch in die Luft und läßt sie wieder ins Wellental stürzen. Doch Marsham schwimmt unverdrossen weiter, bis er das Boot erreicht hat und den festen Griff seiner Kameraden spürt, die ihn an Bord ziehen. Das Opfer braucht nicht gebracht zu werden.

Hunter versucht, so etwas wie Ordnung in das Chaos zu bringen. Geradezu verblüfft registriert er, was das Meer mit der in Neuseeland gebauten *Stand Aside* angestellt hat. Das Cockpit ist abrasiert, der Mast gebrochen. Aus den Bullaugen wurde die Verglasung herausgedrückt. Geblieben ist ein offenes Boot: ein 40-Fuß-Dingi ohne Segel, ohne Motor, Strom, Steuer oder irgendeine andere Möglichkeit zur Fortbewegung. Unter Deck ist der Bereich unterhalb des Cockpits überflutet, zwei Risse im Steuerbordrumpf lassen weiteres Wasser eindringen.

Die *Stand Aside* liegt tief im Wasser. Einerseits können so die Crewmitglieder leichter an Bord gezogen werden, andererseits macht es das Boot anfälliger für Schlingerbewegungen. Hunter schießt eine Funkboje (EPIRB) aus und verteilt Rettungswesten. Er greift sich einen Eimer, beginnt, stundenlang Wasser zu schöpfen und versucht, mit Hilfe der körperlichen Aktivität seine Furcht zu verdrängen. Irgendwann fällt Hunter, ein Schullehrer, ein Sack mit Signalfeuern in die Hände, durchnäßte, nutzlose Signalfeuer. Aber darunter entdeckt er einen Seesack mit einem tragbaren VHF-Radio nebst Antenne. Sofort funkt er Mayday.

Während Hunter der Welt seine Position bekanntgibt und inständig hofft, daß irgend jemand ihn hört, macht der Rest der Crew eine Rettungsinsel klar. Das scheint auf der Hand zu liegen, ist aber eine Maßnahme, zu der Seeleute erst bereit sind, wenn alles andere verloren ist. Seeleute schätzen Rettungsflöße nicht sonderlich. Sie halten sie für Nußschalen, riskant und dazu angetan, unter Umständen mehr Menschen umzubringen als zu retten. Die Formulierung, man begibt sich *auf* ein Rettungsfloß, deutet an, daß man es erst betritt, wenn das Boot bereits gesunken ist.

Aber die Besatzung der *Stand Aside* denkt voraus. Sie lassen die Rettungsinsel als Vorsichtsmaßnahme zu Wasser. Niemand besteigt sie. Statt dessen sichert die Besatzung sie mit einem Tau am Heck des Bootes. Sofort wird das Floß auf die ganze Länge des Tampens davongetrieben. Dann kauern sich die Männer dort zusammen, wo früher einmal das Cockpit war. Ihre orangefarbene Schutzkleidung kontrastiert mit den gelben Rettungsringen um ihre Hälse. Sie schließen die Augen oder öffnen sie lediglich zu engen Schlitzen, weil der Sturm so tobt, daß er in den Augen schmerzt.

Die Routine an Bord ist beim Teufel. Niemand ist zur Wache eingeteilt. Niemand dazu abgeordnet, ein Essen zuzubereiten. Keine Tampen müssen zusammengerollt oder Segel gewechselt werden. Hilflos, steuerlos tanzt die *Stand Aside* auf den Wellen, und ihre Crew sehnt nicht mehr das Überqueren der Ziellinie herbei, sondern das Stakkato-Hämmern des Rettungshubschraubers. Als einziges erinnern die vor Tagen so liebevoll am Bug angebrachten orange- und blaufarbenen Syd-Hob-Sticker daran, wie gut sie noch vor Stunden im Rennen lagen und auf ihrem Weg zum Ziel an zehn Fuß größeren Konkurrenten vorbeigeschossen sind.

In Canberra versammeln sich Rupert Lamming und die anderen neunundzwanzig Angehörigen des AusSAR-Teams in der Einsatzzentrale. Mit stoischer Gelassenheit blickt der Einundvierzigjährige auf seinen Computerbildschirm, der eine Karte von Australien und der Bass Strait zeigt. Seine pragmatische Ruhe macht Lamming zu einem optimalen Koordinator. Auf dem Monitor erscheint ein Notruf der *Thor Sky*, eines Frachters aus Thailand. Der Sturm drückt mit aller Macht gegen ihren Bug, und ein Besatzungsmitglied hat unabsichtlich ihr EPIRB ausgelöst. Höflich informiert die *Thor Sky* Canberra über den Irrtum und bietet an, den Ruf als gegenstandslos zu betrachten.

Wenigstens etwas Positives, denkt Lamming und beschäftigt sich mit Unterlagen auf seinem Schreibtisch. Aus reiner Neugierde zieht Lamming, der seit fünfzehn Jahren bei der Handelsmarine tätig ist, den Cursor dann doch auf das rotblinkende Notsignal und klickt zweimal mit der Maus. Aufgrund der Entschuldigung von *Thor Sky* weiß er, daß ihr EPIRB auf 406 Megahertz sendet.

Überrascht starrt Lamming auf den Schirm. Der EPIRB-Notruf kommt nicht mit 406, sondern mit 121,5 Megahertz. Das weist auf einen älteren Typ hin, der häufig von Segelbooten genutzt wird. Lamming zögert keine Sekunde, greift zum Telephonhörer und beginnt nach einem Flugzeug zu fahnden, das sich in der Nähe aufhält, um sich seine Beobachtung bestätigen zu lassen.

Über der Bass Strait zieht Ralph Schwertner, ein Pilot der tasmanischen Chartergesellschaft Tasair, mit seiner kleinen Propellermaschine im Auftrag des tasmanischen Fotographen Richard Bennett seit dem Morgengrauen seine Kreise. Bennett fotografiert, während seine Tochter Anne hinten sitzt und die Filme in den Kameras ihres Vaters auswechselt, damit er nonstop arbeiten kann.

Gegen neun Uhr befinden sie sich etwa neunzig Kilometer östlich von Mallacoota. Die Wetterbedingungen gestatten es Schwertner, bis auf knapp vierzig Meter hinunterzugehen, und Bennett macht Aufnahmen von der *Sayonara* und der *Brindabella*. Sechs Stunden später ist dieser Bereich nicht wiederzuerkennen. Zu Bennetts Mißvergnügen (dessen Spezialität faszinierende Luftaufnahmen von Segelbooten sind) hat sich das Wetter so verschlechtert, daß Schwertner nicht tief über das Meer hinwegfliegen kann. Der Pilot steigt auf tausendfünfhundert Meter und bereitet sich darauf vor, zum Flugplatz zurückzukehren. Doch gerade als Bennett seine Kameras verstauen will, erhält Schwertner einen Funkspruch aus Mallacoota. Wegen Lammings Beobachtung fordert AusSAR das Tasair-Flugzeug auf, in die Richtung des EPIRB zu fliegen und sich umzusehen.

Schwertner peilt die Funkquelle an und entdeckt bald darauf die *Stand Aside*. Er geht soweit wie möglich hinunter, um die Situation des Bootes in Augenschein zu nehmen. Unterdessen drückt Bennett unablässig auf den Auslöser. Dann steigt die Tasair-Maschine wieder höher und bestätigt AusSAR über Funk: »Ja, wir haben die *Stand Aside* gefunden. Sie sinkt.«

Unverzüglich alarmiert Lamming drei Rettungshubschrauber: *SouthCare* aus Canberra, *Helimed 1* aus Traralgon und *Polair 1* der Polizei von Victoria. Alle drei sind herkömmliche moderne Helikopter und verfügen über keinerlei Tunings, die ihre Schnelligkeit und Flugdauer bei diesen ungewöhnlichen Wetterbedingungen steigern würden. Später werden die Piloten berichten, daß sie bis an den Rand der Belastbarkeit buchstäblich alles aus ihren Maschinen herausholen mußten.

Auch das Maritime Operations Headquarter in Sydney wird über den Notruf informiert, obwohl die Marine zum gegenwärtigen Augenblick noch nicht um ihren Einsatz gebeten wird.

Wie an diesem Tag bereits üblich, erscheint Garry Ticehurst mit seinem ABC-Helikopter als erster am Ort des Geschehens. Der grauhaarige Ticehurst ist im wahren Sinn des Wortes unermüdlich. Der Pilot bedient mit beiden Füßen die Pedalsteuerung, seine linke Hand kontrolliert das Gleichgewicht, während die rechte durch den Steuerknüppel zwischen den Beinen des Piloten die Flughöhe reguliert. Darüber hinaus muß der Pilot die Instrumente im Auge behalten und über Kopfhörer den Funkverkehr abwickeln. Natürlich wird diese ohnehin multiple Belastung weiter erhöht, wenn die Windverhältnisse den Chopper aus seiner Bahn zu werfen drohen. Ticehursts lange Stunden in der Luft sind eine unglaubliche Dokumentation körperlicher und mentaler Leistungsfähigkeit.

Ticehurst geht auf sechzig Meter über dem Deck der *Stand Aside* hinunter. Der Hubschrauber kreist, das ABC-Team schiebt eine Kamera aus dem Fenster und nimmt die Qualen der Crew für die Abendnachrichten auf. Dann beendet Ticehurst seine Aufgabe als Medien-Helikopter und bleibt in der Nähe der *Stand Aside*, bis Hilfe eintrifft.

»Hilfe war unterwegs«, erinnert sich Ticehurst später. »Doch bis sie kam, dauerte es noch eine gute Stunde. Wir konnten von Glück reden, gerade aufgetankt zu haben. Das erlaubte uns, noch eine Weile dort zu bleiben.«

Im monotonen Tonfall aller Piloten berichtet er über Funk, daß die *Stand Aside* von zehn Meter hohen Wellen hin und her geschleudert wird. Auch wenn ihre Maschine von Kugeln durchlöchert ist und die Tragflächen verloren hat, hören sich moderne Piloten immer so an, als wären sie leicht gelangweilt. »Verständlicherweise ist der Skipper verzweifelt.«

Während Ticehurst wachsam die *Stand Aside* im Blick

behält, segelt die *Siena* vorbei. Die Wellentäler sind so tief, der Wind heult so ohrenbetäubend, daß ihre Besatzung von dem Hubschrauber nichts sieht oder hört. Auch die *Stand Aside* nehmen sie zunächst nicht wahr.

Aber als die *Stand Aside* von einem Brecher hoch in die Luft getrieben wird, entdeckt *Siena*-Skipper Iain Moray die *Stand Aside* und faßt einen bemerkenswerten Entschluß. Moray ist ein hervorragender Segler, und die *Siena* liegt durchaus gut im Rennen. Als sich Moray zum Beistand für die *Stand Aside* entscheidet, verzichtet er bewußt auf einen Regatta-Erfolg.

»Ich kann es kaum fassen«, kommentiert Ticehurst.

»Es ist meine moralische und ethische Pflicht, anderen in Seenot zu helfen«, stellt sich Moray. »Schließlich hoffe ich, daß mir in einer ähnlichen Situation auch geholfen wird.«

Auf einer zwölf Meter hohen Welle so behende drehend, als wäre die See ruhig und spiegelglatt, fährt die *Siena* eine Wende und bewegt sich auf die *Stand Aside* zu. Doch als sie die Welle hinunterschießt, nimmt das Tal dem Wind jede Kraft, und die *Siena* verliert ihre Steuerungsfähigkeit. Das Heck schwenkt herum, und die *Siena* liegt breitseits im Wellental, während die nächste See sich erhebt, um über ihr zusammenzuschlagen. Hilflos sieht Ticehurst zu, wie sich Moray mit der Wende abmüht. Mit knapper Not gelingt sie Moray. Die neue Welle wirft die *Siena* zur Seite. Unten fliegt die Besatzung von innen gegen das Deck, und bei einem Besatzungsmitglied wird später eine ernsthafte Kopfverletzung diagnostiziert. Aber Moray hält sein Boot in Funktion.

Erleichtert atmet Ticehurst auf. »Alle Achtung, *Siena*«, funkt er dem Boot.

»Danke«, kommt die gelassene Antwort.

Gegen den Wind läuft die *Siena* auf die *Stand Aside* zu.

Nach einigen Minuten erkennen die Besatzungen beider Boote, daß der Seegang für die *Siena* zu hoch ist. Nicht einmal eine Leine kann hinübergeworfen werden, um Crewmitglieder durchs Wasser zu ziehen und so an Bord der *Siena* zu holen. Moray beschließt, nur dann einzugreifen, wenn die *Stand Aside* sinken sollte. Dennoch ist die Anwesenheit der *Siena* eine große emotionale Unterstützung für die anderen, die bisher zwischen fatalistischer Resignation und Panik geschwankt haben. Jetzt fassen sie wieder Hoffnung. Unter hohem Risiko für sein Boot kreuzt Moray um die *Stand Aside* und wartet auf einen Rettungshubschrauber.

Dann hört Ticehurst über Funk, daß *Helimed 1* unterwegs ist. Mit einem achterlichen Wind von achtzig Knoten schafft *Helimed 1* die zweihundert Meilen von Traralgon nach Mallacoota. Der Hubschrauber wird aufgetankt, steigt nach zwölf Minuten wieder auf und erreicht die *Stand Aside* um 4.55 Uhr.

Moray segelt davon, obwohl er später wegen der Kopfverletzung seines Crewmitglieds die Regatta doch noch abbrechen muß. Die *Helimed* übernimmt die Rettungsbemühungen. »Der gesamte Aufbau des Bootes ist weg«, funkt der Pilot Ticehurst nach einem ersten Blick auf die *Stand Aside*. Er hört sich nicht pilotenhaft nonchalant an, sondern fassungslos. Hinter ihm bereitet sich der Rettungsschwimmer Peter Davidson auf den Sprung ins nasse Element vor.

In den Köpfen des Piloten, der Männer an den Winschen und der Rettungsschwimmer läuft die Rettungsprozedur ab wie ein Film. Zunächst gilt es, das verunglückte Boot zu identifizieren und im Auge zu behalten. Nach penibler Analyse von Windrichtung und Seegang ist der Kontakt mit den Menschen an Bord aufzunehmen. Sollte die Gefahr bestehen, daß sich Leinen oder Takelage mit dem Winschkabel verfangen, müssen die Seeleute aufgefordert werden, das Boot zu verlassen. Der schlimmste Alptraum eines Rettungsschwimmers besteht darin, sich am Sicherungsseil hängend in der Takelage eines Bootes zu verheddern. Schließlich soll er den oder die Verunglückten so schnell wie möglich aus dem Wasser bergen. Die Geschwindigkeit des Hubschraubers ist sehr hoch. Es besteht das Risiko, daß ein Schwimmer schlichtweg zerschnitten wird, doch ist es noch nie dazu gekommen.

Als nächstes wird der Rettungsschwimmer mittels einer Lose ins Wasser gelassen, verbindet sich und das Kabel mittels Clips und Karabinerhaken mit dem Verunglückten und gibt über Walkie-Talkie oder per Handzeichen das Signal zum Hinaufziehen. Die gemeinsame Aufwärtsfahrt ist nicht unproblematisch, vor allem dann, wenn der Verunglückte verletzt oder total erschöpft ist. Obwohl das rund zweihundert Meter lange Winschkabel dreihundert Kilo, also zwei Menschen trägt, setzt es der Luftstrudel der Rotoren einer hohen Belastung aus. Bei Rotordrehungen von achtzig Knoten kann der Aufwind das Kabel in unkontrollierbare Schwingungen versetzen. Sobald die beiden oben am Hubschrauber angelangt sind, bringt eine plötzliche Bö das Kabel manchmal erneut ins Schwingen und drückt Retter und Geretteten möglicherweise direkt gegen die metallenen Kufen.

Schließlich werden die beiden von dem Mann an der Winsch in den Helikopter gezogen. Sind mehrere Verunglückte zu bergen, läßt sich der Rettungsschwimmer wieder zum Boot hinunter, während der Gerettete ärztlich betreut wird.

Während also Davidson jetzt seine Schutzbrille aufsetzt, erscheint der Helikopter *SouthCare* aus Canberra am Unglücksort. Auch dessen zwei Rettungsschwimmer machen sich einsatzbereit, überprüfen Kleidung und Ausrüstung, ziehen Flossen über die Füße und Handschuhe über die Finger. In den meisten Fällen kommt *SouthCare* als fliegende Ambulanz zum Einsatz und bringt die Opfer von Verkehrsunfällen ins Krankenhaus, wenn der Transport über Land zuviel Zeit in Anspruch nimmt. Die Besatzungen sind fähige und zupackende Teams und haben bereits zahllose Leben gerettet – Menschen, die ohne ihre Hilfe gestorben wären. Doch im Moment empfinden Kristy McAlister und Michelle Blewitt mehr als nur Angst. Nicht etwa, weil sie die einzigen weiblichen Rettungsschwimmer vor Ort sind, sondern weil es ihre erste Rettung aus Seenot ist. Aber trotz ihrer mangelnden Erfahrung kommt Zögern oder Zaudern nicht in Frage. Zwölf Männer sind von der *Stand Aside* zu retten, es wird bereits dunkel, der Hubschrauber *Polar 1* ist noch nicht aufgetankt – also müssen Davidson und die beiden Neulinge es unbedingt schaffen.

Aufmerksam sehen Kristy McAlister und Michelle Blewitt zu, wie Davidson hinuntergelassen wird. Da die Rettung eingeleitet ist, kann Garry Ticehurst nach Mallacoota fliegen und auftanken. Schwertners Tasair macht es ihm nach. Beide Piloten sind zu Tode erschöpft, sehnen sich nach einer Tasse heißen Kaffee und einem Happen zu essen.

An jedem anderen Tag wäre das das Ende ihrer Anstrengungen. Aber die Wetterbombe läßt Ticehurst und Schwertner nicht auf ihren Lorbeeren ausruhen. Auf halbem Wege nach Mallacoota fangen beide Piloten weitere Notrufe auf. Schnell lassen Ticehurst und Schwertner auftanken, um wieder auf die Bass Strait hinauszufliegen. Die Bombe fordert Opfer um Opfer. In den nächsten vier Stunden überstürzen sich die Ereignisse, zahllose Rettungseinsätze werden unternommen. Und nicht jeder wird mit dem eigenen Leben davonkommen.

Die Ruhe im Auge des Sturms

27. Dezember, 15.30 bis 16.50 Uhr

Die Wetterbombe bedroht Ed Psaltis und die *Midnight Rambler*. Sein aggressiver Kurs hat ihn mitten durch das Schwarze Loch in der Höhe von Gabo Island geführt. Selbst an einem normalen Tag wäre das verhängnisvoll. Heute ist es der reine Wahnsinn, etwas für Lebensmüde. Der Rest des Regattafeldes hält sich in gebührendem Abstand zum Festlandsockel, dort ist das Meer tiefer und der Wellengang einfacher anzugehen. Ed steuert die *Midnight Rambler* in den seichtesten Bereich der Bass Strait, wo die Seen sehr viel höher, härter und unberechenbar sind.

Als Begrüßung reißt das Schwarze Loch den Windstärkenmesser von der Mastspitze der *MR*. Der Sturm stürzt sich buchstäblich auf den Mast, reißt den Windmesser aus seiner soliden Verankerung und schleudert ihn in die Welle, die fast heimtückisch auf die *Midnight Rambler* und Eds offenes, ungeschütztes Cockpit zugerollt kommt.

Verdutzt sieht Ed das Anemometer davonfliegen. Dann blickt er am Mast empor und sieht nach der Funkantenne. Sie ist noch da. Ed überprüft seinen Sicherheitsgurt, zieht ihn um Schultern und unter den Armen fester an. Er trägt eine Sonnenbrille, um seine Augen zu schützen, weil sich die Wassertropfen anfühlen wie Gewehrkugeln. Die Besatzung hat Angst. Die Männer bringen kein Wort über die Lippen und verrichten ihre Arbeiten, als wäre alles normal. Ed schätzt, daß mindestens vier von ihnen seekrank sind, aber noch keiner so schwer, daß er arbeitsunfähig wäre.

In Ermangelung eines Gesprächs, das ihn ablenken würde, und weil er nicht an seine Familie denken will, zitiert Ed unhörbar, aber unablässig ein paar Zeilen aus *Macbeth*:

Ich bin einmal
so tief in Blut gestiegen,
daß, wollt' ich nun im Waten stillstehn,
Rückkehr so schwierig wär, als durchzugehn.

Um drei Uhr nachmittags bricht eine Welle über die Dollborde der *MK* herein. Da die unter Deck führenden Luken ein paar Millimeter geöffnet sind, um frische Luft hereinzulassen, drängt sich das Wasser durch und überschwemmt die ganze Elektronik mit Ausnahme des Funkgerätes. Plötzlich ist Bob Thomas als Navigator überflüssig, da keines der Geräte mehr brauchbar ist, mit deren Hilfe er Bootsgeschwindigkeit, Richtung und Stärke des Windes, GPS-Position, Kurs auf und Entfernung bis Tasmanien, Wassertemperatur, Windeinfallswinkel, Strömungsrichtung und -geschwindigkeit bestimmen könnte. Auch der Kursfehleranzeiger und der elektronische Digitalkompaß sind dahin. Als einziges ist ein an Deck montierter altmodischer Kompaß geblieben, ein Gerät, dessen sich bereits Eds Vorfahren auf ihrem Weg nach Australien bedienten.

Der Kompaß ist so klein, daß ihn Ed vom Cockpit und

aus fünf Schritt Entfernung nicht einmal erkennen kann. Er beschließt, daß der Wellenbeobachter zusätzlich hin und wieder über Deck kriechen muß, um den Kompaß abzulesen und dafür zu sorgen, daß Ed weiterhin nach Süden segelt. Unter normalen Umständen stünden Ed einige traditionelle Navigationshilfen zur Verfügung, aber so wie die Dinge liegen, kann er sich weder an der Sonne, den Sternen oder sichtbarem Land orientieren. Statt dessen stürmen Wellen geradezu schwindelerregend aus allen Richtungen auf das Boot ein, und der Horizont ist eine einzige stahlgraue Masse.

Unter Sturmsegel macht die *MR* sieben bis acht Knoten, und Ed bleibt am Steuer, wechselt die Wellenbeobachter jedoch häufig aus. Nahezu pausenlos erschallt der Ruf »Welle!«, und Ed entwickelt eine simple Reaktionsmethode. Sobald der Ruf ertönt, hält Ed auf die Welle zu und steuert in einem Winkel von siebzig bis achtzig Grad auf sie hinauf. Dann verzieht er das Ruder so, daß die *Midnight Rambler* auf der Krone eine Art Pirouette dreht und auf der Rückseite hinunterschießt.

Das funktioniert so gut, daß Ed nach ein paar Stunden das Gefühl bekommt, die Sache im Griff zu haben. So kommt es, daß er vielleicht eine Spur weniger aufmerksam ist, als er es sein wollte, als die Monsterwelle zuschlägt. Er wird von der grünen Wasserwand kalt erwischt. In einer Sekunde segelt die *Midnight Rambler* noch befriedigend problemlos dahin, in der nächsten wird sie erledigt. Unter Deck will sich Chris Rockell gerade in seine Schlechtwetterkleidung zwängen, um die Wache zu übernehmen. Der Anprall der Welle schleudert ihn quer durch den Bootsraum, und er schlägt sich den Kopf an dem einzigen vorstehenden Riegel auf. Kopfwunden bluten unverhältnismäßig heftig, und schon bald rinnt Chris Blut in die Augen und über den Nasenrücken. Davon spürt Chris jedoch nichts, denn er hat das Bewußtsein verloren.

Aber immerhin befindet er sich noch an Bord. Ed nicht. Ed paddelt in der Bass Strait und hofft inständig, daß sein Sicherheitsgurt hält. Die Rettungsleine ist auf ganze Ausdehnung gespannt, und die stramme Einstellung der Gurte behindert seine Versuche, zur *MR* zurückzuschwimmen. Ed bleibt nichts anderes übrig, als Wasser zu treten und hilflos an den Gurten zu zerren. An Bord hat noch niemand bemerkt, daß er in den Wellen kämpft. Seine Stiefel und die vollgesogene Kleidung ziehen ihn unter Wasser. Sobald er den Mund auch nur einen Zentimeter öffnet, um nach Hilfe zu schreien, dringen ihm Unmengen Wasser in die Kehle.

Und dann sieht er eine zweite grüne Wand neben der *Midnight Rambler* hochsteigen. Der Zwilling der Monsterwelle ist erschienen um das Zerstörungswerk zu vollenden. Ed Psaltis verflucht sich innerlich dafür, das Schwarze Loch angesteuert zu haben. Jetzt wird sein Boot sinken. Und er wird ertrinken.

Seit der letzten Positionsmeldung ist die *Sword of Orion* zu einem Muster an Selbstlosigkeit geworden. Boote, die ihre Mastantennen verloren haben, nutzen die *Sword* als Relaisstation für ihre Notrufe. Die *Sword* fängt sie auf und gibt sie an Telstra Control weiter. Dann werden sie von Lew Carter an AusSAR übermittelt.

Trotz des Unwetters und ihres Einsatzes für andere kommen die Außenseiter der *Sword* noch immer phantastisch gut voran. Und dann flaut der Wind zu aller Verblüffung ab, die Sonne kommt hervor, und auf dem Bug landen Möwen. Begeistert klettert die Crew an Deck, um die Windstille zu genießen. Die plötzliche Veränderung kommt ihnen vor wie ein Traum. Unwirklich.

»Größere Segel, Boss?« ruft Darren Senogles Kothe zu.

Der Skipper sieht Kulmar oder Charles nicht einmal an. Aus seinen Jahren als Hängegleitflieger ist ihm die Launenhaftigkeit des Wetters vertraut.

»Warten wir noch.«

»Aber wir haben den Sturm hinter uns«, schreit Senogles.

»Abwarten.«

Höchst zufrieden, der Wetterbombe entgangen zu sein, schaukelt die *Sword of Orion* auf den Wellen. Er könne es kaum erwarten, die Segelfläche zu vergrößern, sagt Glyn Charles zu Steve Kolmar. Es sei höchste Zeit, wieder ins Rennen einzugreifen.

Der Wind frischt wieder leicht auf, dann verdüstert sich plötzlich die Sonne, als hätte irgendeine Riesenhand an einem Dimmer gedreht. Die Seen branden auf und brechen. Nach zwanzig Minuten Flaute verläßt die *Sword* das Auge des Wirbelsturms und segelt wieder in das Unwetter hinein. Regenfluten strömen hernieder. Der Seegang nimmt tumultuarische Ausmaße an, und die Wellen erreichen Höhen von fünfundzwanzig Metern.

Augenblicke wie der Aufenthalt im Auge des Sturms wirken sich immer negativ auf Abenteurer aus. Die Illusion von gefahrloser Ruhe schwächt ihre Entschlossenheit, da sie fest glauben, im Kampf gegen den »Gegner« – einen Berg, Stromschnellen, das Meer – bereits alles gegeben zu haben. Die erneute Herausforderung ist nicht nur entmutigend, sondern nahezu fatal.

Und so wird Rob Kothe, der ehrgeizige Segler, der auf nichts weniger als den Sieg aus war, an Deck seines Bootes von der Erkenntnis überwältigt, daß das Schlimmste erst noch kommen wird. In ihm erlischt etwas. Solange der Sturm ununterbrochen tobte, war es leicht, sich auf das Ziel in Hobart zu konzentrieren. Aber der Moment im Auge des Hurricane ließ ihn entspannen. Die *Sword* hatte den Sturm überstanden – besiegt – und wieder die Sonne gesehen. Kothe wollte schon das Großsegel hissen lassen. Voller Hoffnung auf den Erfolg, den Sieg. Das Gefühl der Erleichterung war umfassend. Die Crew jubelte.

Aber nun beginnt das Unwetter erneut zu toben …

Kothe ist sich sicher, keinen Widerstand mehr entgegensetzen zu können. Er hat genug, mehr als genug. Er möchte nur nach Hause, sich in seinen Lieblingssessel setzen, den Fernseher einschalten und lange Zeit gar nichts tun. Eine wundervolle Vorstellung. Trocken und warm. Weit weg von einem schwankenden Boot und den Auswirkungen der Seekrankheit. Rob Kothe möchte es endlich wieder behaglich haben. So schnell wie möglich.

Er ruft seine Crew zusammen und ordnet zur allgemeinen Verblüffung die Umkehr an. Dann zieht er sich unter Deck zurück, um Notrufe abzuhören und weiterzugeben und überläßt es Steve Kulmar, mit der *Sword* eine Wende Richtung Eden zu fahren.

Der schickt erst einmal jeden entbehrlichen Mann unter Deck. Schließlich hat es nach Abbruch des Rennens absolut keinen Sinn, noch irgendein Risiko einzugehen. Darren Senogles soll als Wellenbeobachter an den Bug, Glyn Charles das Steuer übernehmen. Charles stellt sich sofort ans Steuer, zieht seine Rettungsgurte fest und überprüft, ob das Ende der Leine fest mit dem Boot verbunden ist.

Breitbeinig, sein Gleichgewicht sichernd, beginnt Glyn, den Horizont nach Monsterwellen abzusuchen. Unter den gegebenen Umständen ist eine Umkehr gar keine so schlechte Idee.

Unter Deck spürt Rob Kothe, wie das Boot die Wende fährt. Wenig später funkt er der *Young Endeaver*, daß die *Sword of Orion* nicht mehr am Sydney to Hobart Race 1998 teilnimmt. Die Außenseiter nehmen Kurs auf Eden.

Kingurra

Je weiter man in den Mahlstrom hineinsteuert,
desto größeren Gefahren setzt man sich aus.
Aber das ist man seinen Talenten
und Begabungen einfach schuldig.

Verfasser unbekannt

27. Dezember 16.00 bis 19.30 Uhr

Die AusSAR-Einsatzzentrale ist mit Männern in der inoffiziellen Sommeruniform besetzt: kurzärmelige weiße Hemden, Anzughosen, Krawatten. Kontrolliertes Chaos herrscht vor. Medienvertreter und besorgte Angehörige lassen die Telephone klingeln, aber auch die üblichen Neugierigen, die die letzten Neuigkeiten über den Regattaverlauf erfahren möchten. Die Wetterbombe ist explodiert, und die Situation verschlechtert sich zusehends. Jeder das Regattafeld überfliegende Satellit bringt neue Beweise, daß sich weitere Boote in Schwierigkeiten befinden.

Ziviles Rettungspersonal bricht den Urlaub ab. Sieben Hubschrauber und zwanzig Starrflügelflugzeuge bereiten sich auf ihren Einsatz vor. Für ein Seegebiet von viertausend Quadratmeilen wird eine Rastersuche für den Fall geplant, daß es noch schlimmer kommt. Über der Bass Strait werden Sonarbojen abgeworfen, um mehr über die aktuelle Strömung herauszufinden.

Gegen fünf Uhr nachmittags ist aus einem rotblinkenden EPIRB ein Dutzend geworden. Die einzigen bereits gestarteten Helikopter konzentrieren sich auf die *Stand*

Aside, daher sind Garry Ticehurst und Ralph Schwertner Augen und Ohren der AusSAR auf See. Sie übermitteln Nachrichten aus der Flotte, geben Wetterbeobachtungen weiter. In der Einsatzzentrale erhebt sich der jeweilige Empfänger der Informationen und durchquert den Raum. Wie es AusSAR-Gepflogenheiten entspricht, werden die Namen der Schiffe in Seenot auf riesige weiße Tafeln geschrieben und in drei Dringlichkeitskategorien eingeteilt. Bei Einbruch der Dunkelheit wird die Zahl von zwölf auf fünfzehn steigen: ein Rekord.

Einige der Yachten gehören in die erste Kategorie und benötigen unverzüglich Hilfe. Der zweiten Kategorie ordnet man Boote zu, auf denen keine unmittelbare Gefahr für Leib und Leben besteht, wie beispielsweise auf der *Ninety-Seven*, die ihre Steuerungsfähigkeit verloren hat und um ein Haar mit einem Frachter kollidiert wäre. Drittrangige Dringlichkeit wird jenen Schiffen eingeräumt, deren Crews ihr EPIRB aus Furcht auslösten. Weil sie inmitten von haushohen Wellen Todesängste ausstehen, an Frauen und Kinder denken und sich fragen, was aus ihnen wird. Wenn diese Crews einen Notruf senden, dann nur, um der Welt mitzuteilen, wo sie sind. »Wir wenden und steuern Eden an. Die Seen sind verdammt hoch, und wir haben nur noch zwei Mann an Deck. Unsere Position lautet so-und-so, und wenn Sie uns sofort einen Chopper schicken könnten, der uns in Sicherheit fliegt, wären wir wirklich verdammt glücklich.« Diese Seeleute relativieren den Ruf der hartgesottenen, unerschütterlichen australischen Segler etwas.

Die *Solo Globe Challenger* gehört in die Dringlichkeitsstufe eins. Skipper und Eigner ist Tony Mowbray, ein Arbeiter aus der Kohlenstadt Newcastle, nördlich von Sydney, der schon immer rund um die Welt wollte. Aber nicht auf einer gemütlichen Kreuzfahrt, sondern nonstop, allein, als Einhandsegler. Mit diesem Unternehmen will er Geld für den John Hunter Childrens' Hospital Kids Club in Newcastle zusammenbringen. Als Persönlichkeit ist er abwechselnd gesellig und dann wieder so introvertiert wie alle, die auf See Einsamkeit suchen.

Die *Solo Globe Challenger* ist mehr als eine Segelyacht, es ist Mowbrays Himmel auf Erden. Nachdem er endlich ein Boot gefunden hatte, das seinen Ansprüchen genügte, verkaufte Mowbray die kleinere *Polaris*, nahm Hypotheken auf sein Haus auf und erwarb diesen 43-Fußer. Er hat bereits dreizehnmal am Syd-Hob teilgenommen und verbringt jede freie Minute mit Vorbereitungen für den Oktober 1999. Dann will er von Newcastle aus zu seiner Weltumsegelung aufbrechen, um auf den Tag genau sechs Monate später zurückzukehren. Die Syd-Hob 1998 ist sowohl ein Testlauf für die *Solo Globe Challenger* als auch ein Versuch, zu Spenden für das Kinderkrankenhaus zu animieren.

Mowbray hat seine letzten Ersparnisse verbraucht, um für fünfzigtausend Dollar einen Mast, Navigationshilfen und andere Ausrüstungsgegenstände zu erstehen. Weil das Sydney to Hobart Race kein Solorennen ist (die Bestimmungen verlangen mindestens sechs Crewmitglieder, von denen drei über Syd-Hob-Erfahrungen verfügen müssen), tut er sich mit sieben seiner Arbeitskollegen und Freunden aus den Minen zusammen. Zwei von ihnen, David Marshall und David Cook, haben noch nie an einem Syd-Hob teilgenommen. Marshall nimmt einen Talisman mit an Bord, den Plastikdelphin eines seiner fünf Kinder. Wenn die Dinge ganz übel werden, holt er ihn hervor und starrt ihn an, als verfüge er über Zauberkräfte.

Zunächst läßt sich die Regatta für die Männer der *Solo Globe Challenger* durchaus vielversprechend an, aber am Nachmittag des Sonntag wird das Wetter so unbarmherzig, wie es Mowbray in zweiunddreißig Jahren noch nicht erlebt hat. Er treibt Topp vor Takel und läßt die tückischen »Klippen und Riffe« – die Wellen – keine Sekunde aus den Augen. Eine Welle nach der anderen bricht über seinem kostbaren neuen Boot zusammen, und jedes Mal kann Mowbray mit knapper Not verhindern, daß die *Solo* Schaden nimmt.

Aber Mowbray kann nicht ständig am Steuer stehen. Als er für einen Moment unter Deck geht, treffen zwei Wellen sein Boot. Die erste ist über fünfzehn Meter hoch. Sie schlägt am Bug zu und schleudert die *Solo* zur Seite. Die zweite kommt von achtern. Eine dreiundzwanzig Meter hohe Wasserwand bricht auf die *Solo* nieder. In der Kabine zerbricht ein Zwei-Meter-Oberlicht, und kaltes, schwarzes Wasser strömt ein. Platt liegt die *Solo* im Wasser, ihr neuer Aluminiummast ist verbogen wie ein billiger Kleiderbügel.

Während sich die *Solo* wieder aufrichtet, stolpert Mowbray an Deck. Mit zerschmetterten Beinen liegt Keir Enderby unter dem Mast. »Befreit mich von diesem Mistding!« schreit er jeden an, der in seine Nähe kommt.

Tony Purkiss' Blut färbt eine Lache Meerwasser scharlachrot. Er hat sich am fallenden Mast den Kopf aufgeschlagen. Glen Picasso hängt riskant über die Kante und kommt ohne Hilfe nicht wieder an Deck, weil er sich mehrere Rippen geprellt oder gebrochen hat.

Mowbray hebt die Verletzten auf und zerrt sie unter Deck. Er schnallt sie in den Kojen fest und deckt sie zu. Dann löst er den EPIRB-Notruf aus und versucht, den Motor zu starten. Der springt nicht an. Auch das Funkgerät funktioniert nicht. David Cook sieht Mowbray finster an. »Wie zur Hölle kommen wir ohne Segel, ohne Motor und ohne Kommunikationsmöglichkeiten hier wieder raus? Wir waten in Blut, überall liegen Verletzte.

Wir könnten sinken. Wenn wir diesen Kahn nicht bald irgendwie auf Vordermann bringen, werden wir alle zum Teufel gehen, vor allem die Verletzten.«

»Ruhig Blut, Mann. Hier geht niemand zum Teufel«, entgegnet Mowbray.

Er zwingt sich zur Ruhe, versucht, den ungeheuren Verlust zu ignorieren – die sinnlose Arbeit, das vergeudete Geld, seine Träume. Er zieht ein Segel hoch, fährt eine Wende und nimmt Kurs auf Eden. Dann fordert er die Besatzung auf, das Oberlicht mit Schlafsäcken zuzustopfen, damit kein weiteres Wasser eindringen kann.

»Und wenn ihr damit fertig seid – schöpft«, schreit er. »Schöpft Wasser, bis dieses Boot wieder trocken ist.«

Sie machen sich an die Arbeit. Marshall hockt sich jedoch in eine Ecke, beginnt zu beten und umklammert die ganze Zeit den Plastikdelphin, als würde der die Rettung bringen. Er ist aber nicht vor Entsetzen gelähmt, sondern erforscht seine Motive für dieses waghalsige Unternehmen. Warum verläßt ein Mensch, dem es an nichts fehlt, sein Haus und stürzt sich in Abenteuer? Cook sucht den Himmel nach dem Rettungsflugzeug ab, das sie alle in Sicherheit bringen wird.

Mowbray bleibt am Steuer und starrt ungläubig auf die Wellen. »So etwas werde ich nie wieder sehen«, sagt er. »Diese Monster sind darauf aus, uns umzubringen. Man kann sehen, daß da der Tod am Werk ist.«

Während die Besatzung der *Solo Globe Challenger* das Firmament nach Rettung absucht, befinden sich Ticehurst und Schwertner bereits wieder in der Luft und spähen auf der Suche nach der *Solo* aufs Meer hinunter. Ein anspruchsvolles Unterfangen, da die sturmgepeitschte See endlos scheint, sich von Minute zu Minute verändert und aus dieser Höhe ein 34-Fuß-Boot kaum größer aussieht als ein Streichholz.

EPIRBs könnten die Aufgabe erleichtern, aber die Strömung treibt Boote so schnell durchs Wasser, daß keins mehr da ist, wo es eben noch vermutet wurde. Die *Solo* bildet da keine Ausnahme. Normalerweise dienen EPIRBs als Zielflughilfe. Aber im Moment werden so viele EPIRBs aktiviert, daß es die Radaranlagen überfordert. Sie schaffen es nicht, sich auf einzelne Flugzeuge zu konzentrieren. Die Piloten können nur zur letztbekannten Position fliegen und sich dann auf ihre Augen verlassen. Auch von Canberra ist keine Hilfe zu erwarten: Durch die ununterbrochen eingehenden Notrufe, die unablässig klingelnden Telephone und die Koordination des Einsatzes von Hubschraubern und Flugzeugen regiert in der AusSAR-Zentrale das blanke Chaos.

Die einzige Konstante ist Ticehurst. Mittlerweile verläßt sich AusSAR mehr auf seine Funkinformationen und Suchflüge, als das Team zugeben möchte. TV-Hubschrauber kommen in ihren Plänen für den Notfall nicht vor.

Um 17.18 Uhr suchen Ticehursts Blicke noch immer das Meer ab. Seine Augen sind rot, er ist hundemüde. Inzwischen befindet er sich länger als zwölf Stunden in der Luft. Ein Blick auf den Treibstoffanzeiger zeigt, daß der ABC-Chopper aufgetankt werden muß, daher unterbricht Ticehurst die Suche nach der *Solo*. Der 90-Kilometer-Flug nach Mallacoota wird zu einem verbissenen Kampf gegen den Wind. Ticehurst hat das Gefühl, kaum voranzukommen. Und dann fängt er den Funkspruch auf, der bald ganz Australien erschüttern wird: »Mayday, Mayday, Mayday ... Hier ist die *Winston Churchill, Winston Churchill.*«

Ticehursts Augen werden riesengroß. »*Winston Churchill, Winston Churchill*, hier ABC-Chopper. Nennen Sie Ihre Position. Over.«

»Zwanzig Meilen südöstlich von Twofold Bay. Over.«

»Ursache Ihres Mayday? Over.«

»Wir sind leckgeschlagen und nehmen schnell Wasser auf. Der Motor ist ausgefallen, damit auch die Pumpen. Wir machen Rettungsfloße einsatzbereit.«

»Roger. Wie viele sind an Bord?«

»Neun.«

Unverzüglich gibt Ticehurst den Notruf an Canberra weiter. Wegen seines Treibstoffmangels kann er nicht direkt zur *Winston Churchill* fliegen. Er versucht, Winning davon in Kenntnis zu setzen, erhält aber keine Antwort. AusSAR schickt sofort *Polair 1* zur *Winston Churchill*, den Hubschrauber der Victoria Police, der ursprünglich für die Rettung der *Stand Aside* vorgesehen war, und außerdem die Brigantine HMS *Young Endeaver* mit Telstra Control.

Die plötzliche Flut von Notrufen übersteigt jedoch die AusSAR-Kapazitäten, und das Team verfügt über zu wenige Hubschrauber, um alle retten zu können. Die Besatzung der *Stand Aside* wird mittlerweile Mann für Mann von Bord geholt, wobei allein Peter Davidson die ersten acht rettet. Aber Davidsons *Helimed 1* hat fast keinen Treibstoff mehr und muß nach Mallacoota zurück. Das heißt, daß in den nächsten drei Stunden ein Hubschrauber weniger in der Luft ist. Die Ereignisse überstürzen sich. Drei Stunden sind zu lange, um auf einen neuen Helikopter warten zu können.

AusSAR ist zu jeder Zeit über den Stand der Rettungen informiert und spricht häufig mit dem Hubschrauberpiloten, während sich der Schwimmer im Wasser befindet. Diese Gespräche hörten sich vermutlich alle ähnlich an wie das, das von einem Hubschrauber während eines Rettungsunternehmens abgehört wurde: »Da kommt eine verdammte Welle! Paß auf die verfluchte Welle auf!« Und dann, sehr viel ruhiger: »Tschuldigung, mein Junge.

Habe hier ein kleines Problem. Versuche einfach nur, zwischen den Wogen und Wolken zu bleiben.«

AusSAR weiß, daß als letzter Rod Hunter von Bord geholt wurde, bevor *Helimed 1* den Ort des Geschehens verlassen mußte. Nach sieben Bergungen rettet Davidson auch noch Hunter nach allen Regeln der Kunst: Er befestigt die Gurtschlingen unter Hunters Arm, zieht ihn blitzschnell von der Rettungsinsel, dann folgt das langsame Kreiseln nach oben (»Sehen Sie nach unten, nur um sich von den Wellen zu verabschieden«, wird Verunglückten geraten) – eine leichte Schwingung des Kabels, um eine schmerzhafte Begegnung mit den Kufen zu vermeiden, und dann geht's hinein in die Kabine.

Sorgen macht man sich bei AusSAR um die beiden Frauen Michelle Blewitt und Kristy McAlister, die die zwei verbliebenen Crewmitglieder von der *Stand Aside* bergen sollen. Die Männer unten sind ausgelaugt und in keiner guten körperlichen Verfassung, und die Frauen zwar kräftig, aber eher zierlich gebaut. Zu allem Unglück läßt der Sturm das am Heck der *Stand Aside* vertäute Rettungsfloß heftig schlingern. Irgendwie werden Blewitt und McAlister die Männer dennoch retten müssen. AusSAR würde ihnen gern dabei helfen, ihnen Mut zusprechen, aber das Team muß sich um andere Boote in Seenot kümmern. Telstra Control meldet, daß die *Business Post Naiad* vermutlich gekentert ist und ihren Mast verloren hat. Noch gibt es dafür keine Bestätigung, und in den Vorabinformationen ist auch nicht von Verletzten die Rede. Und jetzt macht die *Winston Churchill* Wasser – das Symbol des Sydney to Hobart Race. Niemand weiß, ob sie tatsächlich sinkt, aber ein erfahrener Segler wie Richard Winning springt nicht beim ersten Anzeichen eines Problems auf ein Rettungsfloß. Irgend etwas stimmt da mit Sicherheit nicht, aber wie schlimm ist es wirklich?

John Constable gerät zwar nicht in Panik, aber der Koordinator des Luftrettungsdienstes sucht händeringend nach Flugzeugen. Man muß die *Solo Globe Challenger*, die *Business Post Naiad* und die *Winston Churchill* unverzüglich finden. Neben den noch nicht geretteten Seeleuten der *Stand Aside* hat Beistand für diese drei Boote höchste Priorität. Es muß dringend etwas unternommen werden. Aber wie? Weder Rettungsboote noch Fischtrawler befinden sich in der Nähe der Flotte. Die anderen Flugzeuge können keine Rettungsaktionen durchführen, auch wenn auf einigen Booten Seeleute die Hoffnung hegen, PC-3 Orion könnte Kabeltaue abwerfen und Boote in Sicherheit schleppen. Doch das wäre das sichere Ende, da die Orion mit einer Fluggeschwindigkeit von hundertfünfzig Knoten bei diesem gewaltigen Seegang zerschmettert würde. Daher kommen für Bergungen nur Hubschrauber in Frage. Aber der einzige verfügbare Hubschrauber ist *Polair 1* der Victoria Police – und der befindet sich auf dem Weg zur *Winston Churchill*. Wenn auch nur noch ein einziges Boot Mayday funkt, zwingt das Constable zu einer Entscheidung, wer gerettet werden soll und wer nicht. Zwingt ihn dazu, Gott zu spielen. Darüber zu befinden, wer leben wird und wer sterben muß.

Um 15.50 Uhr erhält *Polair 1* den Auftrag, der *Stand Aside* Beistand zu leisten. Aufgrund eines Rückenwindes von 120 km/h benötigt der Helikopter für den Flug von Essendon nach Mallacoota nur zwei Stunden statt der üblichen drei und erreicht eine Durchschnittsgeschwindigkeit von 205 Meilen. Während des Fluges hört die Besatzung den Notruf der *Winston Churchill*.

Nach einem schnellen Auftanken verläßt *Polair 1* Mallacoota um halb sieben. Die Besatzung hat den Auftrag, bei den Bergungen von der *Stand Aside* Beistand zu leisten. Zur gleichen Zeit läßt Garry Ticehurst seinen ABC-Chopper auftanken und startet zwei Minuten später. Mit Rückenwind kommt der blauweiße *Polair*-Helikopter schnell auf eine Geschwindigkeit von 220 Knoten, aber Ticehurst holt ihn rasch ein. In Zweierformation steuern sie die von der *Winston Churchill* genannte Position an.

In Canberra verfolgt John Constable den Flug der Helikopter. Noch scheint er die Lage einigermaßen im Griff zu haben …

Aber dann kommt der Notruf, den Constable befürchtet hat: Von der *Kingurra*, einer fünfundzwanzig Jahre alten Luxusyacht, funkt Skipper Peter Joubert, daß ein Mann über Bord gegangen ist. Die Besatzung kann ihn zwar noch sehen, aber er ist bewußtlos, trägt keine Rettungsweste und treibt vierhundert Meter vom Boot entfernt im Meer …

Vermutlich ist der Mann so gut wie tot, denkt Constable. Bis er einen Hubschrauber an Ort und Stelle hat, ist es längst dunkel. Falls der Mann nicht an Unterkühlung stirbt, wird er ertrinken. Und selbst wenn es ihm gelingt, lange genug am Leben zu bleiben, wird es unmöglich sein, ihn ohne Satelliten-Ortungsbake zu finden. Das wäre wie die Suche nach einer Nadel im Heuhaufen.

Aber Constable kann den Mann auch nicht einfach ignorieren. Soll er *Polair 1* von der *Winston Churchill* abziehen, oder überläßt er den Unglücklichen seinem Schicksal? Die Entscheidung ist so bedeutungsschwer, daß Constable Lamming hinzuzieht, den Leiter des AusSAR-Teams.

Lamming orientiert sich über die Situation. Im Idealfall sollte *Polair 1* direkt zur *Winston Churchill* fliegen. Aber die ist nirgendwo zu entdecken. Vielleicht sitzen sie aber auch in Rettungsinseln und treiben ohne Funkgerät irgendwo durch die Wellen. Oder vielleicht hat sich *WC* auch selbst geholfen, und der Besatzung ist es irgendwie gelungen, das Leck abzudichten, so daß sie nun mit Motorkraft Richtung Eden fährt. Das Problem bei der *Kingurra* besteht darin, daß die Besatzung zu wissen glaubt, wo der Mann ist, und eine Bergung daher für das Leichteste von der Welt hält: Ein Hubschrauber kommt, seilt einen Rettungsschwimmer ab, birgt den Schiffbrüchigen und fliegt wieder davon.

Aber Lamming neigt Constables Einschätzung zu: Ein Chopper kann erst nach Einbruch der Dunkelheit dort sein und dann wird es eine Suche nach einer Nadel im Heuhaufen. Aller Wahrscheinlichkeit nach ist der arme Mann – eher noch ein Junge, ein Amerikaner, knapp über Zwanzig – nicht zu retten. Um ihn zu bergen, müßte ein Hubschrauber losgeschickt werden. Sofort. Um in den Wellen nach einem bewußtlosen Seemann ohne EPIRB zu fahnden. Unmöglich. Aber, schießt es Lamming durch den Kopf, geht es bei ihren Rettungsversuchen nicht gerade darum, das Unmögliche zu versuchen? Lamming weiß, daß er seines Lebens nicht mehr froh werden könnte, wenn sich die Angst um die *Winston Churchill* als unbegründet herausstellt, und der Junge seinem Schicksal überlassen wird.

Und so entscheidet Lamming, *Polair 1* zur *Kingurra* zu schicken, und Constable gibt den entsprechenden Funkspruch durch. Sofort ändert *Polair 1* den Kurs und begibt sich auf die Suche nach einem gewissen John Campbell aus Seattle, Washington, der ohnmächtig im Wasser treibt und nicht weiß, wie und warum er dorthin gekommen ist. Da sich die *Kingurra* in der Nähe der letzten Position der *Winston Churchill* befindet, bittet Lamming die Besatzung, gleichzeitig nach ihr Ausschau zu halten. Aber *Polair 1* meldet, keine Spur von der *WC* entdecken zu können. Es sei davon auszugehen, daß die Besatzung ertrunken ist. Sie hätte auch nirgendwo Rettungsflöße ausmachen können.

Daß sich Campbell im Wasser befindet und der Rest der *Kingurra*-Crew nicht, ist eine der unerklärlichen Launen der Natur, die das Hochseesegeln so gefährlich machen wie das Bergsteigen. Und daß das Sydney to Hobart Race so riskant wie eine Besteigung des Mount Everest …

Campbell war an Deck. Im Cockpit. Unterhielt sich mit Crewmitgliedern. Es verblüffte sie, daß der Maximalausschlag des Anenometers der *Kingurra* – wie bei den technisch weniger gut ausgestatteten Booten der Flotte – bei sechsundachtzig Knoten liegt. Gischt wird über Deck gepeitscht. Zusammen mit drei anderen Besatzungsmitgliedern hockt Campbell anschließend im Cockpit, gesichert durch Rettungsgurte. Etwa jede Viertelstunde fällt ein Brecher über das Boot her und durchnäßt die Männer bis auf die Haut. Die Seen sind unangenehm, aber berechenbar. Sobald eine auftaucht, braucht man sich lediglich an etwas Festes an Bord zu klammern und sich der Welle entgegenzuneigen. Campbell stellt fest, daß gemeinsames Leid halbes Leid ist. Überall um sie herum kämpfen Männer um ihr Leben. Aber die vier an Deck hören keinen Funk, daher wissen sie nichts von der *Stand Aside*, der *Team Jag* oder den anderen Booten. Sie sind nur durchnäßt, frieren, haben Hunger, fühlen sich hundeelend. Nichts ahnend von den Problemen um sie herum, achten sie auf Wellen, um sich rechtzeitig zu wappnen.

Plötzlich ein scharfes »Wahrschau!«. Steuermann Anthony Schniders sieht die Riesenwelle, die plötzlich aus dem Nichts auftaucht. Campbell klammert sich am Cockpit fest, duckt sich. Die anderen drei tun es ihm nach.

Aber diesmal reicht das nicht. Die Welle dreht die *Kin-*

gurra und schleudert sie seitlich fünfzehn Meter in die Tiefe. Gischt schließt sich bogenförmig über ihrem Deck und hält sie in einer Art Tunnel gefangen. Wäre die *Kingurra* ein Surfer und keine Yacht, wäre es ein geradezu magischer Moment. An beiden Enden des Tunnels könnte er Licht sehen, um ihn wären nur dunkles Wasser und ein so ohrenbetäubendes Rauschen, daß die Stille in der Wasserröhre geradezu atemberaubend wirkt. Die Wucht würde den Surfer von einem Ende des Tunnels zum anderen schieben. Er könnte sogar mit der Fingerspitze die »Tunneldecke« berühren, wenn er wieder ans Tageslicht schießt.

Aber die *Kingurra* ist eine Yacht. Der Zylinder schiebt sie nicht ans Tageslicht, sondern schließt sich immer enger um das Boot, bis Wasser auf Wasser trifft und unglaubliche Strudel auslöst. Es ist so, als befände sich die *Kingurra* in einer horizontalen Zentrifuge.

Der Crew wird es dunkel vor Augen. Campbell schlägt mit dem Gesicht gegen etwas Hartes. Peter Meikle, der neben Campbell stand, stellt fest, daß es dunkel ist, naß, er aber dennoch atmet. Seltsam. Dann begreift Meikle, daß das Boot kieloben treibt und er in einer Luftblase steckt.

Unter Deck spürt der vierundsiebzigjährige Skipper Peter Joubert, ein Professor für Ingenieurwissenschaften an der Universität Melbourne, daß ihm der Brustkorb eingedrückt wird. Ein Besatzungsmitglied ist mit voller Wucht auf ihn geschleudert worden. Als wären die Schmerzen nicht schon schlimm genug, strömt jetzt auch Wasser durch irgendein Leck in den Bootsraum. Männer schreien, beginnen laut zu beten, fluchen obszön.

Dann bewegt sich die *Kingurra* wieder. Zwei, drei, vier Sekunden vergehen. Tageslicht ersetzt das dunkle Wasser, und das Boot richtet sich wieder auf. Meikle blickt sich um, sieht niemanden und glaubt, er wäre als einziger nicht von Bord gespült worden. Er ringt nach Luft wie ein Fisch auf dem Trockenen. Gischt peitscht über das Deck, ihr Salz brennt auf Meikles Gesicht. Das Heulen des Windes, das Peitschen der Gischt ... Die sensorische Überlastung fühlt sich eher an wie sensorische Deprivation. Gottes kleine Erinnerung daran, daß Meikle noch am Leben ist. Meikle empfindet Erleichterung, Besorgnis, Angst.

Damian Horrigan wurde Richtung Bug geschleudert. Jetzt kämpft er sich zum Cockpit zurück. Schniders und Campbell hat es nach achtern verschlagen. Über das offene Heckwerk ist ein dünner Sicherheitsdraht gespannt. In ihm haben sich Schniders' und Campbells Sicherheitsgurte verfangen, ihre Beine hängen ins Wasser.

Beide Männer scheinen bewußtlos zu sein. Dann murmelt Anthony Schniders etwas Unverständliches und hievt sich wieder an Bord.

Aber Campbell rührt sich noch immer nicht. Meikle quält sich über das schlingernde, wasserglatte Deck zum Heck. Campbells Sicherheitsgurt hat sich um seinen Hals gelegt und schnürt ihm die Kehle zu. Ohnmächtig hängt er im Wasser. Schlaff. Reglos. Sein Kinn blutet heftig, und seine geschlossenen Augen quellen bereits hervor.

Meikle schreit um Hilfe. Unter Deck antwortet niemand. Sie alle sind zu mitgenommen. Stehen unter Schock. Die Crew, die sich am ersten Abend auf See an Roastbeef gütlich tat und für die das Rennen eher eine Vergnügungsfahrt werden sollte, leidet nun unter geprellten Rippen und aufgerissenen Armen. Sie haben sich die Schädel an scharfen Kanten und harten Gegenständen aufgeschlagen. Einige Männer müssen sich übergeben. Die Toilette läuft über. Salzwasser strömt ein, überflutet Kleidung und Trockensäcke. Joubert hat sich Rippen gebrochen, einen Lungenflügel durchbohrt, die Milz aufgerissen. Dennoch kriecht er zum Funkgerät und sendet einen Notruf (»Wir brauchen einen Hubschrauber!«) und löst dann seinen zweiundzwanzigjährigen Enkel an den Bilgenpumpen ab.

Nach ein, zwei Minuten reagiert Navigator Tony Vautin auf Meikles Hilferuf. Er weiß, daß Campbell durch Meikles Initiative wieder an Bord gekommen ist, so daß der sich für ihn verantwortlich fühlt. Selbst als Schniders schnell nach dem Steuer greift, um einer 20-Meter-See auszuweichen, befinden sich Vautin und Meikle am Heck und versuchen, Campbells schlaffen Körper weiter auf die *Kingurra* zu zerren. Vautin hat Probleme mit dem optimalen Zugreifen, daher fällt Meikle der Löwenanteil der Anstrengung zu.

Meikle ist kein Muskelprotz. Kaum über zwanzig. Eigentlich noch ein Junge. Schmal, mittelgroß, nicht übermäßig athletisch. Campbell ist schlank, aber groß und vermutlich zehn Kilo schwerer als Meikle. Meikles Problem besteht darin, daß Campbell so weit über den Sicherheitsdraht hinaushängt, daß er ihn lediglich am Sicherheitsgurt packen kann, unter den Armen. Und das zwingt Meikle dazu, sich weit über den Draht zu lehnen, wobei die Hebelgesetze kontraproduktiv wirken. Campbells Beine befinden sich unter Wasser, und der Sog sorgt dafür, daß Campbell nahezu waagerecht im Wasser liegt. Die Beine stecken in Stiefeln, wassergefüllten Stiefeln, was den Sog zusätzlich verstärkt, als Meikle erbittert darum kämpft, seinen Freund über den Sicherheitsdraht zu zerren.

Als er es sich vor Beginn seiner Wache ein bißchen bequemer machen wollte, hat Campbell seinem Freund die Lebensrettung unwissentlich erschwert. Die Schutzkleidung für Segler besteht aus mehreren Schichten, um die

Körperwärme besser zu bewahren. Von Bergsteigern bis zu Tiefseetauchern folgen Abenteuersportler dem gleichen Prinzip. Zunächst zog Campbell also die isolierende Unterschicht über seine Kleidung. Aber anstatt nun in die sperrige äußere Hülle – das Ölzeug – zu schlüpfen, legte Campbell erst seinen Sicherheitsgurt an und dann das Ölzeug. Aus Erfahrung weiß er nämlich, daß ihn der Sicherheitsgurt *über* dem Ölzeug einengt. Dann kann er kaum atmen. Besser ist es, ihn darunter zu tragen. Das gibt ihm mehr Bewegungsfreiheit, vor allem bei diesen grauenhaften Wetterbedingungen.

Dabei übersieht Campbell die Tatsache, daß die isolierende Unterkleidung aus absolut glattem Stoff besteht. Schließlich soll sie wasserabstoßend wirken. Und diese Funktion erfüllt nur total glattes, undurchlässiges Gewebe. Aber als Meikle Campbell nun am Sicherheitsgurt an Deck ziehen will, erweist sich das Material der Unterkleidung als höchst hinderlich. Als erstes gleitet Campbells rechter Arm aus dem Sicherheitsgurt. Schnell greift Meikle nach der Hand des Freundes. Doch dann rutscht Campbells Körper ganz aus dem Sicherheitsgurt. Jetzt ist Meikle Campbells einzige Verbindung zur *Kingurra*. Leer hängen Sicherheitsgurt und Ölzeug am Sicherheitsdraht.

Horrigan und Schniders sind zu beschäftigt, den Wellen auszuweichen, um auf Meikles Hilferufe reagieren zu können. Sie können sie gar nicht hören. Nach wie vor heult und pfeift der Sturm ohrenbetäubend.

Fest umklammert Meikle die Hand seines Freundes. Dann nicht mehr so ganz fest. Schließlich nur noch die Finger. Wenn Campbell doch nur zu sich kommen und mithelfen würde. Los, John! Wach endlich auf!

Die See will Campbell. Ein plötzliches Aufwallen der Strömung reißt ihn von Meikle fort. Fast ruhig erkennt Meikle, daß sein Freund verloren ist. Dagegen könnte jetzt niemand etwas tun. Aber wenn er nicht doch noch etwas versucht, gibt es überhaupt keine Rettung für Campbell mehr.

Während Horrigan das Steuer übernimmt, behält Schniders Campbell im Blick. Wenn sie ihn aus den Augen verlieren, ist seine Überlebenschance gleich Null. Hastig springt Meikle unter Deck und informiert Joubert, der »Mann über Bord« funkt. Dann eilt er wieder an Deck, um mit Schniders das weitere Vorgehen zu besprechen. Während der ganzen Zeit verspürt Schniders einen eigentümlichen Schmerz, den er sich nicht erklären kann. Später wird er feststellen, daß sein Knie zertrümmert ist.

Meikle und Schniders beschließen, eine Wende zu fahren, auch wenn das nahezu unmöglich scheint. Die Brecher haben das Sturmsegel zerfetzt, der Motor ist durch das Wasser unter Deck überflutet. Schniders wird die Wellen dazu zwingen, die *Kingurra* umzudrehen. Er ist sicher, es schaffen zu können.

Anstatt Campbell ihre EPIRB zuzuwerfen, damit Rettungsteams ihn lokalisieren können, entscheiden Meikle und Schniders, die Funkboje für den Fall auf der *Kingurra* zu belassen, daß dem Boot selbst etwas zustößt. »Solange wir ihn sehen«, sagt Schniders zu Meikle, »können wir die Retter über Funk dirigieren.« Meikle blickt über das Heck und sieht seinen Freund in zehn Meter Entfernung mit dem Gesicht nach unten treiben. Keine ideale Position, aber noch gibt es Hoffnung.

Dann hebt Campbell den Kopf. Seine Stiefel, die Hosen, das Isolierunterzeug treiben davon. Ja, denkt Meikle, ja! Endlich! Er wirft die schweren Sachen von sich und schwimmt auf das Boot zu.

Aber Campbell ist noch immer halb bewußtlos. Benommen tritt er Wasser und entfernt sich immer weiter von der *Kingurra*. Peter Meikle beginnt sich zu fragen, wie lange sie ihn noch im Auge behalten können. Schon bald ist er nur noch jede halbe Minute für wenige Sekunden sichtbar.

Als Campbell endlich ganz zu sich kommt, befindet er sich sechshundert Meter und ein Wellental von der *Kingurra* entfernt. Er glaubt zu träumen. Unmöglich kann er auf zwanzig bis dreißig Meter hohen Wellen durch die Bass Strait geschleudert werden. Du *mußt* träumen, John, sagt er sich. Schließlich habe ich nichts anderes am Leib als meine Unterwäsche. Nein, nein, ich liege in meiner Koje und habe einen grauenhaften Alptraum. Sobald ich aufwache, muß ich mir alles aufschreiben. Mit Sicherheit hat das irgendeine tiefschürfende Bedeutung, über die ich unbedingt nachdenken sollte.

Aber anstatt aufzuwachen und festzustellen, daß der Alptraum vorüber ist, kommt er langsam ganz zu sich und erkennt, daß es die Realität ist. Er treibt in den Wellen. Er *ist* in der Bass Strait. Der Sturm heult so laut, daß er seine eigenen Gedanken nicht fassen kann. Sobald er zum Wassertreten zu erschöpft ist, wird er ertrinken. Campbell schätzt, daß ihm noch etwa eine Stunde bleibt. Bestimmt wird die *Kingurra* wenden und ihm eine Leine zuwerfen. Er kann sie sehen. Von Zeit zu Zeit taucht ihre Mastspitze über einer Wellenkrone auf. Zumindest ist er nicht ganz allein. Irgendwie ist das ferne Boot ein Trost.

Dann denkt er an Unterkühlung. Nichts entzieht dem Körper schneller Wärme als kaltes Wasser. Sobald Campbells Temperatur absackt, versucht sein Körper, durch Erschauern und Frösteln Wärme zu erzeugen, doch wenn das nicht funktioniert, wird Campbell ein Gefühl rauschhaften Wohlbefindens überwältigen. Da er aus Seattle kommt, aus der Nähe des Mount Rainier, hat er gehört, wie es Bergsteigern in den letzten Stadien der Hyperthermie ergeht. Das extreme Wohlgefühl veranlaßt viele, ihre

Kleidung abzuwerfen und splitterfasernackt durch Schneestürme zu spazieren. Manche sterben auf dem Rücken liegend, mit hinter dem Kopf gefalteten Händen, als lägen sie in einer Hängematte.

Bei Seeleuten ist das anders. Wenn Campbells Körper auskühlt, wird sein Herz aufhören, Blut in seine Extremitäten zu pumpen. Das ist eine physische Präventivmaßnahme zum Schutz der lebenswichtigen Organe. Erst werden die Füße gefühllos, dann die Hände, Beine und Arme. Er wird gar nicht dazu kommen, sich in dieser vermeintlichen Hängematte zurückzulehnen, weil Arme und Beine ihm den Dienst versagen. Und dann sinkt John Campbell auf den Grund der Bass Strait, wo sein Körper in der Strömung schaukelt, bis er verwest, von Fischen gefressen oder von einer grünen Monsterwoge wieder an die Oberfläche gerissen werden wird.

Campbell bleibt weniger als eine Stunde, bis die Auskühlung ihn tötet. Positiv für ihn ist allerdings die relativ warme Wassertemperatur der Bass Strait von rund zwanzig Grad. Gott sei Dank ist es Sommer.

Eine Welle hebt ihn hoch. Er kommt sich vor wie in einem himmelwärts rasenden Fahrstuhl. Er bemüht sich, einen Blick auf die *Kingurra* zu werfen. Da ist sie. Hoffnung. Dann schießt der Fahrstuhl wieder abwärts, und Campbell findet sich eingeschlossen von Wasserwänden in einem Wellental wieder. Aber er gibt die Hoffnung nicht auf. Seit zwanzig Minuten ist er im Wasser.

Leben am – eisernen – Faden

27. Dezember, 17.30 bis 19.00 Uhr

Etwa zum gleichen Zeitpunkt verfängt sich Michelle Blewitt in den vom Rettungsfloß der *Stand Aside* herabhängenden Leinen. Die letzten vier Crewmitglieder befinden sich zwischen Floß und Boot. Ein Tau verbindet sie miteinander. Als Befestigungen für Treibanker hängen weitere Leinen vom Rettungsfloß. Aber in ihrer Hast, das Floß aufzublasen und sich vom Boot zu entfernen, hat die Crew auf die Treibanker verzichtet. Jetzt treiben die Leinen unsichtbar im dunklen Wasser wie Schlangen, die darauf warten, alles Erreichbare zu umschlingen.

Beispielsweise Michelle Blewitt. Das Rettungsfloß kippt und schleudert die Männer ins Meer. Sie will das Floß aufrichten und verheddert sich dabei in den Leinen. Ein kurzer Moment der Panik. Dann zieht sie ihr Messer und befreit sich mit einem schnellen Schnitt.

Sie verhakt einen Mann mit dem Winschkabel. Die Rettungsvorschriften verlangen, daß sie zusammen mit dem Verunglückten hinaufgleitet und dabei seinen Torso mit den Beinen umfängt, um Kreiselbewegungen zu verhindern. Er hat Salzwasser geschluckt und spuckt es nun wieder aus – direkt auf Michelle Blewitt. Oben angekommen, sorgt sie dafür, daß er sicher in den Hubschrauber hineinkommt. Dann bleibt sie einen Moment in der Tür des Helikopters sitzen, ruht sich aus und sieht hinunter. Der Anblick ist furchterregend. In einer Sekunde befindet sich das Meer gut dreißig Meter unter dem Chopper, dann brandet eine Welle hoch und verpaßt die Maschine lediglich um drei Meter. Die Vorstellung, daß sie sich freiwillig wieder in diesen Hexenkessel hinunterbegeben wird, läßt sie erzittern. Ein Adrenalinstoß beschleunigt ihren Herzschlag, stoppt das Zittern und vermittelt ihr ein eigentümliches Gefühl von Gelassenheit. Das einzig Vertraute ist der Geruch da draußen: salzige Gischt und JP4-Treibstoffabgase, genau wie bei Übungseinsätzen.

Michelle Blewitt wartet, bis die Dünung wieder anschwillt, damit sie nur drei und nicht dreißig Meter hinunter muß. Impulsiv löst sie sich von der Leine, überprüft Maske und Schnorchel. Dann stößt sie sich mit beiden Händen ab und springt. Nach einer Sekunde freien Falls ist sie im Wasser, taucht unter und spürt, wie der Sog der Dünung sie nach unten zieht. Hektisch mit Händen und Füßen paddelnd, versucht sie an die Oberfläche zu kommen. Aber das verursacht in ihr eine Art Schwindelgefühl, und Michelle Blewitt weiß nicht recht, ob sie nach oben oder unten paddelt. Selbst als ihr Kopf aus dem Wasser taucht, ist ihre räumliche Wahrnehmung begrenzt. Die See ist schwarz und weiß. Der Himmel schwarz und grau. Von oben drückt der Wind, von unten die Strömung. Nur das Rettungsfloß vor ihr gibt Perspektive. Energisch schwimmt Michelle Blewitt darauf zu, packt die Haltegriffe, stemmt sich über den Rand und landet auf dem harten Boden. Dann ruht sie sich eine Minute aus, genießt das Gefühl, noch am Leben zu sein, und geht wieder an die Arbeit.

Die im Rettungsfloß liegenden Männer sind traumatisiert, benommen. Sie wollen nur eins: weg von hier. Aber einige haben Angst vor der Reise durch die Luft. Sie befürchten, aus dem Sicherheitsgurt zu gleiten und ins Meer zu stürzen. Doch mit Kristy McAlisters Hilfe zieht Michelle Blewitt auch die letzten beiden Männer vom Floß. Beide Frauen schweben mit den Verunglückten am Kabel hinauf, setzen sich wieder in die Tür und berechnen die Dünung für den nächsten Absprung. Noch ein Besatzungsmitglied steht an Deck der *Stand Aside*. Erneut läßt sich Michelle Blewitt fallen. Als sie untertaucht, dringt ihr Salzwasser in die Kehle. Sie schluckt zwei Mundvoll Wasser. Die widerliche Flüssigkeit läßt sie fast erbrechen. Wellen drücken sie unter Wasser, und die Kombination aus Atemlosigkeit, Salzwasser im Magen, Erschöpfung und räumlicher Desorientierung kommen ihr vor wie Vorboten des Todes.

Aber als sich Michelle Blewitt an die Oberfläche gekämpft hat, bemüht sie sich um eine gelassene Miene. Sie hat mehr Erfahrung als Kristy McAlister, die erst seit zwei Monaten Rettungseinsätze fliegt. Die Ruhe zu bewahren und ein gutes Beispiel zu geben sind Zeichen von Professionalität. Zumindest hilft es Michelle Blewitt so bei der Verdrängung ihrer eigenen Ängste.

Sie schwimmt auf die *Stand Aside* zu, die wie ein Korken auf den Wellen tanzt. Das letzte Besatzungsmitglied springt von Bord. Michelle Blewitt befestigt seinen Sicherheitsgurt am Kabel, und die beiden schweben gemeinsam in die Höhe. Bald darauf sitzen sie und Kristy McAlister sicher im Helikopter und fliegen nach Mallacoota. Dann dreht sich ihnen der Magen um.

Aber zwischen Würgen und Erbrechen lächeln sie sich strahlend an: Die Neulinge haben es geschafft.

Und dann funken sie an AusSAR: Alle zwölf Crewmitglieder der *Stand Side* sind gerettet. Begeisterungsschreie erfüllen die Einsatzzentrale. Zwölf Männer! Damit sind Maßstäbe gesetzt. Solange dieses Unwetter tobt, wird AusSAR dafür sorgen, daß Menschen mit ähnlicher Professionalität aus Seenot gerettet werden. Es darf keinen Verlust an Menschenleben geben. Die Wetterberichte zeigen, daß der Sturm weiter zunimmt, aber inzwischen sind fünfunddreißig Boote auf dem Weg nach Eden. Ihnen kann nichts mehr geschehen. Auch der entmastete *Business Post Naiad* nicht. Gerade kommt die Nachricht, daß sie mit Motorkraft in den Hafen einläuft.

John Constable jubelt mit den anderen, aber seine Aufgabe ist nicht leichter geworden. Nach Einbruch der Dunkelheit kann er weder *SouthCare* noch *Helimed 1* einsetzen. Keiner der Chopper ist mit Nachtsichtgeräten ausgestattet. Das sind nur die *Sea King* und *Sea Hawk* der RAN. Für die Intensivierung der Suche nach der *Winston Churchill* braucht er die Marine. Bisher sind sie ohne militärische Hilfe ausgekommen, doch nun nicht mehr. Constable braucht die 816. und 817. Staffel der Navy. Wenig später meldet Maritime Headquarters in Sydney, daß die HMAS *Newcastle* und der Marine-Luft-Stützpunkt in Nowra seine Leute aus dem Urlaub zurückruft. Gegen Mitternacht können sie vor Ort sein.

Das ist noch lange hin, aber wenigstens können sich die Besatzungen von *Helimed 1* und *SouthCare* ausruhen. Dieser Junge aus Seattle treibt offenbar noch immer im Meer, aber *Polair 1* und der ABC-Hubschrauber müßten jede Minute bei der *Kingurra* ankommen. Unwillkürlich fragt sich Constable, ob es nicht doch falsch war, *Polair 1* zur *Kingurra* zu schicken anstatt zur *Winston Churchill*. Noch immer meldet sich *WC* nicht. Das ist kein gutes Zeichen. Der Verlust eines so bedeutenden Bootes wird sich in der Erinnerung der Öffentlichkeit festhaken und die phantastischen Erfolge mit der *Amro Challenge* und der *Stand*

Aside verblassen lassen. Wenn die Öffentlichkeit doch begreifen könnte, wie schwierig es ist, bei diesem Unwetter so vielen Booten gleichzeitig Beistand zu leisten ...

Doch dazu kann Constable im Moment nichts beitragen. Er kann nur auf Nachricht von *Polair 1* warten. Und darauf hoffen, daß sie diesen jungen Amerikaner finden.

Der junge Amerikaner weiß vor allem zwei Dinge: Er steckt tief in der Tinte, und die *Kingurra* bewegt sich auf der Suche nach ihm im Kreis. Er darf nicht zulassen, daß man ihn aus den Augen verliert. Jedesmal, wenn ihn eine Welle anhebt, schwenkt er wild seine Arme. Und versucht verzweifelt, auf das Boot zuzuschwimmen. Bei dieser Strömung ist es zwar fast ein Schwimmen auf der Stelle, aber das ist besser als gar nichts.

In hohem Bogen fliegt ein Lichtsignal über das Wasser. Seltsam. Vielleicht glaubt man an Bord, er könne sie nicht sehen. Campbell schwimmt noch konzentrierter auf die *Kingurra* zu. Er befindet sich in einem scheußlichen Zustand: Sein Kiefer ist gebrochen, seine rechte Augenhöhle aufgerissen, seine rechte Wange zerquetscht. Aber das Adrenalin in seinen Adern dämpft die Schmerzen, und er ist sich seiner Verletzungen nicht bewußt. Er konzentriert sich ausschließlich darauf, die *Kingurra* zu erreichen, beginnt aber langsam einzusehen, daß das so unmöglich ist, als wollte er nach Neuseeland schwimmen. Ziemlich weit weg von Seattle, denkt Campbell und verdrängt die Bilder von seiner Familie, von Wally und Sally, die vor seinem inneren Auge auftauchen. Schwimm weiter, schwimm, schwimm! Warum haben sie dieses Leuchtsignal abgeschossen? Schwimm, schwimm! So kalt ist das Wasser eigentlich gar nicht, aber ich bin wirklich ziemlich erschöpft. Kann meine Zehen kaum noch spüren. Schwimm weiter, schwimm!

Campbells enormer Willenskraft ist es zu verdanken,

daß er den *Polair*-Hubschrauber hört, selbst durch das Heulen des Windes. Er fuchtelt mit den Armen, schwimmt hektisch weiter, stößt Freudenschreie aus, benimmt sich wie ein zum Tode Verurteilter, der eine zweite Chance erhält. Aber die Anstrengungen laugen Campbell aus. Jetzt fällt ihm das Wassertreten noch schwerer. Doch das ist ihm egal. Er muß sich bemerkbar machen. Schwimm, schwimm!

Aber die *Polair*-Besatzung sieht Campbell nicht. Sie kann ja nicht einmal die *Kingurra* sehen. Das Boot ist weiß. Die See auch. Dunkle Regensträhnen verbinden Himmel und Meer. Irgendwo, unsichtbar, geht die Sonne unter.

Drei Mann befinden sich an Bord des *Polair*-Hubschraubers. Pilot ist Darryl Jones, ein Senior Constable der Polizei von Victoria. Die beiden Rettungsschwimmer sind Senior Constable Barry Barclay, ein gertenschlanker Mann mit einem gewaltigen Schnurrbart, der fast sein ganzes Gesicht verdeckt, und Senior Constable David Key, ein stämmiger Familienvater. Den Regeln entsprechend wechseln sich Barclay und Key bei ihren Rettungseinsätzen ab. Einer springt ins Wasser, der andere bedient die Winsch. Heute muß Key hinunter. Barclay hat nichts dagegen.

Jones, Key und Barclay verfügen über beträchtliche Erfahrung bei der Rettung aus Seenot. Sie sind gute Kollegen und Freunde. Wenn Barclay oder Key während einer Rettung Jones bitten, die Position des Choppers zu verändern, verständigen sie sich mit knappen Gesten. Kein Bedarf an Formalitäten. Alle drei können sich absolut aufeinander verlassen und verfügen über einen gewissen beruflichen Stolz. Sie kennen sich aus, haben bereits viel Erfahrung und halten sich durchaus für ein qualifiziertes Rettungsteam. Die Marine und Burschen wie Shane Pashley heimsen zwar alle Lorbeeren ein, aber die Fähigkeiten des *Polair 1*-Teams stehen denen der Marine in nichts nach.

Doch als sie sich der *Kingurra* nähern, empfinden die Männer von *Polair 1* bei aller professionellen Selbstsicherheit so etwas wie ängstliches Unbehagen. Einen so hohen Seegang, einen solchen Sturm haben sie noch nie erlebt, das schwören alle drei.

Jones fliegt zu der von der *Kingurra* angegebenen Position. Er sieht das Boot nicht. Barclay und Key sehen es auch nicht. Mit Hilfe der GPS-Koordination beginnt Jones immer tiefere Kreise zu fliegen. Zu diesem Zeitpunkt feuert die *Kingurra* das Leuchtsignal ab.

»Da ist sie«, schreit Barclay, als er das Boot entdeckt. Er ruft die *Kingurra* über VHF und versucht dann gemeinsam mit Vautin, die *Polair 1* zu Campbells ungefährem Aufenthaltsort zu dirigieren. In rund sechshundert Metern müßten sie ihn entdecken, sagt Vautin.

»In welcher Richtung?«

»Da bin ich mir nicht ganz sicher.«

Vautin verschweigt Barclay, daß Campbells Kopf verblüffende Verheerungen angerichtet hat, als die Welle über der *Kingurra* zusammenbrach. Bei seinem Flug durch die Luft hatte Campbell mit dem Kopf einen Rettungsring aus seinen Metallhalterungen geholt. Das Metall brach ihm den Kiefer, aber Campbells Kopf rächte sich, lockerte die Halterungen, und der Rettungsring flog ins Meer. Vielleicht weiß Vautin das nicht, vielleicht hält er als Navigator es auch für wichtiger, daß Campbells rechte Gesichtshälfte auch den Primärkompaß zerstört hat.

Jedenfalls erfahren Barclay und Key nichts von dem Rettungsring. Daher ist Key verständlicherweise begeistert, als er – im Taucheranzug in der Choppertür sitzend

– den Rettungsring erspäht und glaubt, es sei Campbell.

»Da ist er«, jubelt Key.

Aber der Rettungsring ist leer. Enttäuschung überkommt Key. Alle paar Sekunden schießt eine Gischtwolke durch den Ring. Bei diesen Lichtverhältnissen, aus der Luft, hat die Gischtwolke ausgesehen wie ein Mensch. Bei diesen Lichtverhältnissen, aus der Luft, kann fast alles innerhalb eines Rettungsringes aussehen wie ein Mensch. Key fragt sich, ob die Männer der *Winston Churchill* gestorben sind, weil *Polair 1* abgezogen wurde.

»Ich habe mich geirrt«, sagt Key düster zu Jones. »Ist nur ein leerer Rettungsring.«

Jones läßt seinen angehaltenen Atem entweichen, packt den Steuerknüppel und bereitet sich vor, in einer anderen Richtung weiterzusuchen. Langsam wird es dunkel. Ein Blick auf die Benzinuhr zeigt ihm, daß der Hubschrauber doppelt soviel Treibstoff verbraucht wie unter normalen Umständen. Wenn sie diesen Jungen nicht bald finden ...

»Moment.« Aus dem Augenwinkel hat Barclay etwas wahrgenommen. Jetzt nimmt er das Objekt ins Visier seiner Nachtsichtbrille – und sieht zwei Arme winken. Keinen Menschen. Nur Arme. Sie winken wie verrückt, verzweifelt. Wie jeder winken würde, dessen allerletzte Hoffnung – ein wundervoller blauweißer Hubschrauber mit nach unten gerichtetem Scheinwerfer – abdrehen will, um für immer zu entschwinden.

»Da ist er!«

»Bist du sicher?«

»Ja. Er ist es, eindeutig. Es sei denn, da unten tobt noch jemand herum.«

Seit fünfunddreißig Minuten befindet sich Campbell im Wasser. Er ist erschöpft und verletzt. Die Auskühlung lähmt seine Extremitäten, er kann Arme und Beine kaum noch bewegen. Wenn er versucht, Wasser zu treten, bekommt er den Mund nur wenige Zentimeter weit aus dem Wasser. Beim Atmen schluckt er jede Menge Gischt. In der kurzen Zeitspanne, in der Jones über ihn hinwegfliegt, verschwindet Campbell zweimal ganz von der Oberfläche.

Jones geht in einen Schwebeflug über. Als Key abwärts gleitet, gerät das Kabel in heftige Schwingungen. Abgesehen von seiner Brille, trägt er jetzt einen gelben Plastikgesichtsschutz von der Art, mit der Skifahrer ihre Haut vor Erfrierungen schützen. Dennoch sticht der Sturm wie mit Nadeln in sein Kinn, den Hals und die Ohren – Stellen, die von der Maske nicht geschützt werden. Daher löst er eine Hand vom Kabel und legt sie über Mund und Nase. Wenn er das nicht tut, befürchtet Key, wird ihn der Schmerz bei seinen Aufgaben behindern.

Die Stakkatogeräusche des Hubschraubers machen Key fast taub. Das nimmt auch nicht ab, als er sich der Wasseroberfläche nähert, denn nun ersetzt das Heulen des Sturms das Rattern der Rotorblätter.

Eine 30-Meter-Welle (die Höhenangabe stammt von Jones, der die bedenkliche Nähe zu seinem Chopper registriert) packt Key bei den Knöcheln und zerrt ihn unter Wasser. Laß uns ein bißchen miteinander spielen, scheint die Welle boshaft zu zischen. Mit korkenzieherähnlichen Strudelbewegungen rollt die Welle Key herum, um ihm die Orientierung zu nehmen, und spuckt ihn wieder an die Oberfläche. Key ist sich nicht sicher, ob Barclay oben das Kabel losgehakt hat. Vermutlich. Es wäre nur vernünftig. Jedenfalls besser, als den ganzen Chopper von der Welle verschlucken zu lassen.

Bei unvorhergesehenen Unglücksfällen, einem Helikopterabsturz beispielsweise, sind Rettungsschwimmer darauf trainiert, im Wasser zu überleben. Zu ihrer Standardausrüstung gehören Taucheranzug, Flossen, Schutzhelm, Maske und Schnorchel. Darüber hinaus tragen sie eine Rettungsweste und sind mit EPIRB, Walkie-Talkie, Leuchtsignalen und einer Stroboskoplampe ausgestattet. Bis zu einer Entfernung von knapp fünfzig Kilometern von der Küste sind Rettungsschwimmer stets darauf vorbereitet, an Land zu schwimmen.

Aber während Salzwasser in Keys Mund und Nase dringt, wünscht er sich alles andere, als an Land zu schwimmen. Er will nur an die Oberfläche. Sein Taucheranzug gibt ihm prinzipiell Auftrieb, aber die Welle hält ihn noch immer fest unter Wasser. Er weiß nicht mehr, was oben ist und was unten. Panik überkommt Key – ein Gefühl, das von seiner Gesichtsmaske noch verstärkt wird. Er hat den überwältigenden Wunsch, sich die Maske abzureißen, seinen Schnorchel auszuspucken und endlich wieder atmen zu können. Inzwischen ist er fast eine Minute unter Wasser und würde fast alles für eine Lungenladung gleichgesättigter Luft geben …

Und als würde die Welle spüren, daß sie keinen Spaß an ihm haben kann, wenn sie ihn nicht zwischendurch Luft schnappen läßt, gibt sie ihn frei. Key schießt an die Oberfläche und kann keuchend Luft holen. Erstaunlicherweise ist das Kabel noch immer mit ihm verbunden und hat sich auch nicht um seinen Körper gewickelt, als er seine Korkenzieherrunde drehte. Ein kleines Wunder.

Die Seen schwellen himmelwärts an und reißen Key mit sich. Okay, denkt Key, höchste Zeit, sich auf die Arbeit zu konzentrieren. Auf der Höhe der Welle dreht sich Key suchend nach Campbell um. Er entdeckt ihn, denn der fuchtelt noch immer mit den Armen. Aber den Mund kann er kaum über Wasser halten, und er sieht erschreckend bleich aus. Key brennt darauf, auf ihn zuzuschwimmen, um ihn zu retten.

Allerdings befindet sich Campbell ein Wellental weiter. Eine fünfundzwanzig Meter hohe Wasserwand trennt ihn von Key. Der Hubschrauber schwebt über demselben Wellental. Key ist an der falschen Stelle.

Schnell löst Darryl Jones das Problem, indem er Key mittels Kabel in das richtige Wellental zieht. Aber anstatt über die trennende Woge gehievt zu werden, geht es mitten hindurch. Key schließt die Augen. Er hat das Gefühl, auf eine Betonwand zu prallen und dann von ihr verschluckt zu werden. Wieder spürt er, wie sein Magen gegen die Salzwasserladungen revoltiert. Über diese Posse wird er später mit Darryl ein ernstes Wörtchen reden. Ihn übers Wasser zu ziehen ist eine Sache, aber mitten durch eine Welle hindurch …

Key öffnet die Augen. Campbell ist das erste, was er sieht. Kreideweiß, fast leblos, rudert der mit den Armen und versucht zu schwimmen. Key nähert sich ihm. Die Männer halten sich aneinander fest, erholen sich. Nach nur fünf Minuten ist Key zu Tode erschöpft. Wie Campbell so lange überleben konnte, ist ein Rätsel. Key will Campbell den Gurt anlegen, doch das verzögert sich. Eine gewaltige Doppelwelle reißt sie hoch und schleudert sie dann wieder in die Tiefe. Verzweifelt klammern sich beide aneinander. Doch schließlich ist es geschafft.

Ein knappes Daumenrecken von Key, und Barclay katapultiert sie himmelwärts. Jones verweilt gerade so lange, bis Key und Campbell sicher in der Maschine sind, dann nimmt er Kurs auf die Küste, denn die *Kingurra* funkt, daß sich ihre Lage stabilisiert. Der ekstatische Campbell überschüttet Key und Barclay mit Küssen.

Jones fliegt auf schnellstem Wege nach Mallacoota zurück. Er hat es für sich behalten, aber der Treibstoff wird knapp. Der 220-Knoten-Wind, der sie von hinten schnell zur *Kingurra* brachte, kommt nun von vorn. Jones weiß wirklich nicht, ob sie es schaffen können.

Hinter ihm ziehen Key und Barclay Campbell die nassen Sachen aus. Mit den flachen Händen reiben sie den Körper des Mannes, um so das Blut wieder durch seine Adern zirkulieren zu lassen. Campbell liegt ausgestreckt auf dem Boden, zu beiden Seiten knien die Polizisten und bemühen sich, seine Körperfunktionen wieder in Gang zu bringen. Als Campbell sich aufsetzen will, drücken sie ihn wieder zurück. Erfahrung hat gelehrt, daß plötzliche Bewegungen ausgekühlte Menschen umbringen können.

Der Rückflug wird zu einem Duell zwischen Zeit und Entfernung. Jones blickt auf seinen Monitor (fünfundvierzig Minuten bis Mallacoota und Benzin für achtzig Minuten), während Campbell zu den Lebenden zurückkehrt und in Decken gehüllt wird. Dann sind es noch dreißig Minuten bis Mallacoota und Treibstoff für fünfzig. In dem betont gelassenen Ton der Piloten wendet sich Jones an seine Kollegen. Nur mal angenommen, sagt er. Nicht, daß es dazu kommen wird, aber wenn wir im Bach landen sollten, wie sollten wir uns darauf vorbereiten?

Nirgendwo Land in Sicht. Eine Reststrecke von zwanzig Minuten mit Treibstoff für fünfundzwanzig. Irgendwann steht es zehn zu zehn. Schließlich bestellt Jones über Funk Krankenwagen zu einem freien Feld kurz vor der Landebahn.

Sie landen sicher. Ein Krankenwagen kommt, um John Campbell ins Hospital zu fahren.

»Kommt dieser Bursche auch wieder in Ordnung?« fragt ein erschöpfter Key, kurz bevor sich die Türen schließen.

»Yeah.«

»Gut. Er hat es sich aber auch verdient.«

Am nächsten Morgen werden Darryl Jones, Barry Barclay und David Key Campbells Rettung im Fernsehen und den Medien wiederfinden. Aber irgendwie anders, als sie es erlebt haben. Key wird zum Mann an der Winsch, Barclay zum heldenhaften Schwimmer, und Jones wird überhaupt nicht erwähnt. Aber das macht ihnen nichts aus, sie sind schließlich ein Team. Es beeindruckt sie nicht sonderlich, wenn ihre Namen mit einem wagemutigen Rettungsunternehmen in Verbindung gebracht werden, allerdings nur für zwei Wochen. Das ist alles ganz gut und schön, aber aus diesen Gründen tun sie ihren Job nicht. Danach befragt, würden sie vermutlich sagen, daß sie Rettungsflüge aus dem gleichen Grund unternehmen, aus dem sich Segler am Syd-Hob beteiligen: um ihre mentalen, physischen und psychischen Grenzen auszuloten. Auf gewisse Weise, und das gestehen sie nur einander ein, macht »Suchen und Retten« Spaß. Nicht, wenn man mitten dabei ist. Aber danach, wenn man es geschafft hat. Eine unglaubliche Ruhe überkommt einen. Man fühlt sich unvorstellbar wohl. Und der Körper fängt an, die Anstrengung zu vergessen, die Gefahr zu verkleinern. So ist das bei Abenteuern.

Irgendwann werden Darryl Jones, Barry Barclay und David Key einräumen, aber nur unter sechs Augen, daß Campbells Rettung das Schwerste war, was sie jemals gemacht haben. Nachdem ihnen das gelungen ist, haben sie nichts mehr zu fürchten. Nie mehr.

Aber morgen ist ein anderer Tag. Und in ihren Hinterköpfen bohrt die Erkenntnis, daß sie »morgen« vielleicht mit einer Rettungsaktion konfrontiert werden, die noch einen Tick schwieriger ist. Und so, wie Darryl, Barry und David heute nicht wissen können, daß ihre Heldentat weltweit in allen Zeitungen steht, können sie auch nicht ahnen, daß eine weitere Rettungsaufgabe John Campbells Bergung nahezu einfach erscheinen lassen wird.

Midnight Rambler

27. Dezember, 16.00 bis 19.00 Uhr

Ed Psaltis lebt. Irgendwoher hat er die Kraft genommen, nach der Kenterung zur *Midnight Rambler* zurückzuschwimmen. Sie richtet sich gerade wieder auf, als Ed sich wieder ins Cockpit hievt. Er greift nach dem Steuer und bringt die *MR* aus der Gefahrenzone – nur eine Sekunde, bevor eine zweite Monsterwelle über ihr zusammenschlägt. Jetzt liegt Ed unter Deck in einer Koje und schläft. Bob steht am Steuer, hat es übernommen, nachdem Ed eine zweite Kenterung um halb sechs nur um ein Haar überlebte. Prellungen und Quetschungen bedecken Eds Körper. Welle um Welle hatte ihn im Cockpit herumgeschleudert, ihn vom Steuer und allen Verstrebungen abprallen lassen. Selbst mit gesichertem Rettungsgurt von Bord gerissen zu werden ist eine neue Erfahrung für Ed. Er spricht nicht darüber, nicht einmal mit Bob und Arthur, aber die direkte Begegnung mit dem Tod hat ihn erschüttert. Das Boot ist zu schnell gekentert. Im Handumdrehen war er von Bord. Jetzt schläft er, hat aber Alpträume, ohne Sicherheitsgurt ins Meer geschleudert zu werden und mit Wellen zu kämpfen, die so grün und dick sind wie Erbsensuppe, während die *Midnight Ramb-*

ler in der Ferne verschwindet. Er ruft um Hilfe, die gesamte Crew steht an Deck und sieht ihn, aber anstatt zu wenden, winken die Männer nur und segeln davon. Eds Verzweiflung ist unvorstellbar.

Er fährt aus seinem Alptraum hoch. Die Schmerzen in seiner rechten Körperhälfte sind fast unerträglich. Ed dreht sich um und lehnt seine Wange gegen die Rumpfwand. Die Beschichtung fühlt sich kühl auf seiner Haut an. Ihre glatte Ebenheit ist irgendwie tröstlich, als würde etwas Vertrautes inmitten des Unbekannten Sicherheit verheißen.

Arthur liegt in der unteren Koje, sein Kopf ist nur zwanzig Zentimeter von Eds entfernt. Gegenüber schläft Chris, vielleicht ist er bewußtlos. Beim Anblick von Chris' klaffender Wunde erwägen Ed und Bob ernsthaft, die *MR* zu wenden, doch davon will Chris nichts hören. »Meinetwegen wird nicht umgekehrt«, erklärt er entschlossen. Und dann will er unbedingt an Deck, um trotz seiner Verletzung die Wache durchzuziehen. Schließlich versprechen Ed und Bob, nicht nach Eden zurückzukehren, solange sich Chris für mindestens sechs Stunden in die Koje legt. Arthur war sogar bereit, die einzige trockene Decke zur Verfügung zu stellen, wenn Chris sich fügt. Und so kam es zu einem Kompromiß.

Eds Finger betasten eine zehn oder zwölf Zentimeter lange Schwellung an seinem linken Rippenbogen. Vermutlich stammt sie von einer allzu direkten Begegnung mit einer Deckstütze. Eds Mund fühlt sich trocken an, seine Lippen sind aufgesprungen. Er verzieht sie zu einem ironischen Grinsen: Er ist dehydriert. Wasser, wohin er nur blickt, während er innerlich austrocknet. Es dürfte ihn nicht überraschen. Bei diesem Wetter mit dem Steuer zu kämpfen ist weit anstrengender als Rudern oder ein Dauerlauf, und er hat unter seinen drei Kleidungsschichten eimerweise Schweiß verloren. Das erklärt auch seine unglaubliche Erschöpfung. Er erinnert sich daran, daß Wasserentzug einen Körper schneller auslaugt als Hunger oder Schlafmangel und schwört sich, erst einmal etwas zu trinken, bevor er wieder an Deck geht.

Und dann kommen die Gedanken an Sue zurück. Sue, Benjamin und Matthew. Und seinen Vater. Aber die gesamte Crew denkt an ihre Familien, also ist Ed mit seinen Sorgen nicht allein. Mit Ausnahme sarkastischer Bemerkungen über die linden Lüfte verliert keiner ein Wort über das Wetter, aber fast jeder macht irgendwann Bemerkungen über die Seinen: »Ich frage mich, wie es meiner Frau geht. Ob sie über uns in den Nachrichten berichten? Kann nur hoffen, daß die CYCA ihnen mitteilt, daß es uns gutgeht.« Alle Besatzungsmitglieder sind entweder verheiratet und haben Kinder oder sind mit einem anderen Crewmitglied verwandt. Sorgen sind normal. Sogar die unbewußte Furcht vor dem Sinken ist normal.

Ed fragt sich, ob Bill Psaltis jemals mit an den Rumpf gedrückter Wange auf einer Koje lag und über die Familie und den Tod nachgedacht hat. Diese Vorstellung ist so grotesk, daß Ed fast laut gelacht hätte. Bills Sorge galt immer und vor allem dem Boot. Nie hätte er während einer Regatta auch nur einen Gedanken an die Familie verschwendet. Er kann sich gut vorstellen, wie sein Vater selbst jetzt Sue auffordert, sich zu beruhigen, und sich fragt, was das ganze Theater eigentlich soll. Höchstwahrscheinlich sorgt sich Bill mehr darum, ob die *Midnight Rambler* noch Chancen auf den Sieg hat, als um die Sicherheit von Ed und Arthur.

Wie aufs Stichwort meldet sich Arthur. »Hör dir das an«, sagt er.

Ed hört nichts. Seine Gedanken überschlagen sich.

Hört Arthur etwas, das er nicht hören kann? Vielleicht die Geräusche einer Fehlfunktion? Ist irgend etwas zerbrochen, ausgefallen, was sich bei diesem Sturm als fatal erweisen könnte?

»Ich höre gar nichts. Was meinst du denn?«

»Hör doch hin ...« Und dann beginnt Arthur erstaunlicherweise zu schluchzen. »Kannst du es denn nicht hören?«

Ed hört – nichts. Absolut nichts. Und die *Midnight Rambler* bewegt sich kaum. Ed verläßt das Bett und schlüpft in sein Ölzeug. Durch das Luk klettert er an Deck – in den hellen Sonnenschein hinaus. Vögel. Auf dem Wasser spiegeln sich die Sonnenstrahlen wider. Der Wind weht mit zahmen zehn Knoten.

Lächelnd nimmt Bob eine Hand vom Steuer und macht eine so umfassende Geste über das Meer, als hätte er das Wunder bewirkt.

»Wie findest du das, Junge?«

»Unglaublich. Unglaublich schön.«

Arthur kommt an Deck. Nach und nach tauchen alle Besatzungsmitglieder auf, selbst Chris. Sie ziehen ihre Hemden aus, lassen sich die nackten Oberkörper von der Sonne wärmen und machen sich erstmals wirklich bewußt, wie elend sie sich in den letzten vierundzwanzig Stunden gefühlt haben. Ein oder zwei reden sogar davon, unter Deck zu gehen und Shorts anzuziehen.

»Wartet damit lieber noch«, warnt Ed.

Er nimmt die Ruhe und den Frieden in sich auf. Ja, das muß das Auge sein. Dessen ist er sich gewiß. Bald kommen neue Probleme. Aber im Moment ist die Ruhe einfach wundervoll. Lächelnd blickt er zum Himmel und schickt unhörbar eine Nachricht nach Sydney: Es geht mir gut, Sue, Ben und Matt. Hört ihr? Ed Psaltis und die *MR* sind okay. Wir werden diesen Sturm besiegen. Noch ist das Ärgste nicht vorüber, aber die *Midnight Rambler* läßt sich nicht unterkriegen.

Früher war Glyn Charles ein Gelegenheitssegler und bereit, jederzeit für jeden hinauszufahren, doch in diese Kategorie gehört er nicht mehr. Jetzt ist Glyn dabei, sich seine eigene Kategorie maßzuschneidern: die eines segelnden Renaissance-Menschen. Er ist ein Mann mit vielen Talenten und Interessen. Er hat den Kopf eines Mathematikers, denkt ständig um Ecken, kalkuliert Unwägbarkeiten, entwickelt Strategien. Bis zur Clipper-Größe kann Charles jedes Boot segeln. Er ist auch ein bekannter Autor. Monatlich erscheinen Artikel und Kommentare von ihm in britischen Segelsportmagazinen. Sein 1997 erschienenes Buch ›Keelboat and Sportsboat Racing‹ zeigt, wie man es vom Dingi-Segler zum Olympia-Teilnehmer bringen kann, und wird von vielen als wegweisend für den Segelsport betrachtet.

Darüber hinaus ist Charles ein ausgewiesener Allround-Sportler. Seine Fähigkeiten im Schwimmen sind wohlbekannt, und es macht ihm nichts aus, im Meer oder einem Pool dreitausend Meter im Stück zu schwimmen. Er ist schlank und kräftig. Er vermeidet zu üppiges Essen und zu viele Drinks, das Verhängnis vieler Segler, vor allem natürlich jetzt, zwanzig Monate vor den Olympischen Spielen.

Durch die Beziehung zu Annie Goodmann reifer und umgänglicher geworden, genießt es Charles, im kunstbeflissenen Emsworth zu wohnen. Er ist auf dem besten Weg, zur Ruhe zu kommen, häuslich zu werden – jedenfalls in dem Maß, wie das einem internationalen Segler möglich ist. Hinter vorgehaltener Hand raunen hochrangige Vertreter des britischen Yachtsports, daß Charles für seine olympische Karriere nur noch rund zehn Jahre bleiben und daß er danach mit seinen Kenntnissen und Fähigkeiten als idealer Kandidat für einen hohen Posten in der Sportpolitik zu betrachten ist. Dazu wird es auf jeden Fall kommen, wenn Charles olympisches Gold gewinnt, ist aber auch ohne Sieg auf dem Treppchen sehr wahrscheinlich. Charles ist zu bekannt, zu beliebt, hat zuviel zu sagen, um sang- und klanglos von der Bühne zu verschwinden. Er hat Leidenschaft und Durchsetzungsvermögen, steht für einen gradlinigen Kurs und den erfüllten Traum wahrer Liebe.

Wie alle Segler kennt sich Glyn in der Astronomie aus und hegt eine geheime Bewunderung für das Geheimnis der Sterne. Wenn nötig, kann Glyn wie die Seeleute in alten Zeiten seinen Kurs nach Sonne und Sternen steuern. Glyn weiß, daß Orion das Sinnbild des Jägers ist. Im alten Ägypten wurde es mit dem Überfluten des Nil in Verbindung gebracht. Die drei Sterne des »Gürtels« dienten als Orientierungspunkte für die drei großen Pyramiden von Gizeh. Bei den Mayas hießen sie »Herdfeuer«. Das Buch Hiob der Bibel erwähnt Orion namentlich im Zusammenhang mit der Macht von Gottes Zorn: »Er bewegt die Erde aus ihrem Ort, daß ihre Pfeiler erzittern. Er spricht zur Sonne, so geht sie nicht auf und versiegelt die Sterne … Er macht den Wagen am Himmel und Orion und die Plejaden und die Sterne gegen Mittag.«

Glyn weiß, daß sich hinter dem Namen des Bootes, das er an diesem trostlosen Sonntagnachmittag steuert, eine gewaltige Geschichte verbirgt. Die Ruhe im Auge des Sturms ist mittlerweile nur noch eine Erinnerung, und das Unwetter tobt ärger als zuvor. Doch das ist sein Bezug zur Geschichte: Ein Seemann hat auch widriges Wetter zu überstehen. In einer anderen Zeit wäre er vielleicht ein Cook oder Magellan geworden und würde statt am Steuer einer schnittigen Rennyacht am Ruder eines robusten

Schiffes wie der *Endeavour* stehen und unbekannte Horizonte erkunden. Captain James Cook und Glyn Charles sind sich tatsächlich bemerkenswert ähnlich. Wie Glyn Charles stammte Cook als Sohn eines nordenglischen Landarbeiters aus einfachen Verhältnissen, kämpfte sich nach oben und bekam als erster Nicht-Offizier das Kommando für ein britisches Kriegsschiff. Wie Charles war Cook ein Renaissance-Mensch, sowohl Seemann wie Arzt, und an Bord seiner Schiffe befanden sich ebensoviele Botaniker und Naturwissenschaftler wie Seeleute. Cook erlitt einen grauenhaften Tod: Er wurde in der Kealakekua-Bucht auf Hawaii von Eingeborenen erschlagen, weil seine Besatzung gegen Tabugesetze verstoßen hatte.

Doch während er die *Sword of Orion* Richtung Eden steuert, denkt Glyn weder an Geschichte noch an grauenhafte Tode. Er genießt es einfach, das Boot mit dem Wind im Gesicht durch die Wellen zu lenken. Es freut ihn, daß ihm Kothe und Kulmar die Verantwortung für die *Sword* und ihre Besatzung übertragen haben. Und das hier ist allemal besser als jeder Gutwetter-Törn. Beim Segeln geht es schließlich um einen Kampf gegen die Elemente. Charles genießt die Spannung, in einer nachfolgenden See zu segeln. Plötzlich und ohne Vorwarnung tauchen die Wellen steuerbords und achtern auf. Aber das ist gut so. Bedingungen wie diese machen Glyn zu einem noch besseren Seemann. Seeleute mit Erfahrungen in so harter See – und die Wellen hinter der *Sword* erreichen Höhen von neun bis dreißig Meter – gibt es nicht viele. Selbst im Royal Ocean Racing Club am St. James' Place in London, dem heiligen Gral all dessen, was britisch ist und mit dem Segeln zu tun hat, können sich nur wenige derartiger Erfahrungen rühmen. Und diese alten Knaben segeln bereits ihr ganzes Leben. Sie haben sogar das Konferenzzimmer neben der Bar im zweiten Stock zum Fastnet Room umbenannt. Lächelnd stellt sich Glyn vor, wie er in die RORC-Bar schlendert, es sich in einem der bequemen Ohrensessel gemütlich macht und die ehrwürdigen Mitglieder in ihren blauen Blazern mit Geschichten ergötzt, wie er eine 43-Fuß-Yacht durch Wellen steuerte, die doppelt so hoch waren wie die beim Fastnet Race 1979. Solange er zurückdenken kann, hat sich Glyn Geschichten vom Fastnet Race 79 anhören müssen. Höchste Zeit, daß Glyn Charles beginnt, selbst ein paar Geschichten zu erzählen. Erfahrungen wie diese können ihm bei der Suche nach Sponsoren helfen. Erfahrungen wie diese werden ihm nach den Olympischen Spielen einen Platz im Whitbread-Team sichern.

Der Regen durchnäßt ihn bis auf die Haut, aber die Gedanken an künftige Erfolge geben ihm ein behagliches Gefühl. Glyns Zehen werden kalt, weil Wassertropfen an den Säumen des Ölzeugs seine Beine hinunter und bis in seine Stiefel rinnen. Bugmann Darren »Dags« Senogles hat seinen Sicherheitsgurt mit dem Jackstag verhakt, was ihm größere Bewegungsfreiheit gewährt, Glyn verhakt seinen mit einem festen Punkt hinter dem Steuer. Nur das Sturmsegel ist gehißt. Kulmar hat empfohlen, einen leicht nördlichen Kurs zu segeln, so daß die Wellen vor allem aus Westen kommen. Allerdings hat er Glyn auch freigestellt, einen besseren Kurs zu wählen, falls der das will. Kulmar sitzt im Navigationsbereich unter Deck, etwa in der Mitte des Bootes. In der Nähe hockt Kothe vor seinem High-tech-Funkgerät und gibt Notrufe an die *Young Endeavour* weiter. Glyn denkt daran, wie jeder an Bord davon ausging, daß alles besser wird, sobald die *Sword* Kurs auf Eden nimmt. Aber so ist es nicht. Im Gegenteil: Sie sind mitten in die schlimmste Phase des Sturms geraten – auf ihrer Flucht ins Paradies, nach Eden. Am liebsten hätte Glyn ironisch gelacht.

»Dem Sturm ist es scheißegal«, hatte Kothe kurz vor dem Wenden geknurrt, »ob wir weiter auf Hobart zuhalten oder den nächsten Hafen ansteuern.« Und Glyn weiß, daß das stimmt.

Er versucht, seinen Rhythmus zu finden, als er die *Sword* über eine Welle nach der anderen steuert. Er kalkuliert den Winkel sorgsam, forscht nach einem Schema im Wellengang. Das scheint es nicht zu geben, aber gemachte Erfahrungen sagen ihm, daß irgendwann ein Muster deutlich werden wird. Er muß nur Geduld aufbringen.

Anstatt auf kürzestem Weg Land anzusteuern, kreuzt die *Sword* wie ein Skiläufer über eine Slalompiste. Mit dem Rad kämpfend, entschließt sich Glyn zu einer Kursänderung.

»Geh unter Deck«, schreit er Dags zu. »Finde heraus, ob es irgendwelche neuen Wetterinfos gibt. Ich erwäge einen neuen Kurs und will wissen, ob sich das mit dem Wetter verträgt.«

»Okay«, schreit Dags zurück, rutscht auf dem Hosenboden zum Vorluk. Mit der linken Hand sichert er sein Gleichgewicht, mit der rechten zieht er die Leine seines Sicherheitsgurtes die Führungsschiene entlang. Der Sturm will Dags von Bord zerren, und der Regen macht das Deck so glitschig wie einen frischgebohnerten Boden. Endlich beim Luk angelangt, streckt Dags die Hand aus, um es zu öffnen.

Prompt schlägt die Luke wieder zu. Mit aller Macht zerrt Dags an ihr und schafft es endlich, sie zu öffnen. Dann will er noch einen letzten prüfenden Blick auf die See werfen. Er hebt den Kopf. Und sieht sich einer grünen Wasserwand gegenüber. Sie ist riesig, mindestens fünfundzwanzig Meter hoch, und anscheinend nur Zentimeter von ihm entfernt. In den zehn Sekunden, die Dags brauchte, um das Luk zu öffnen, ist die Woge aus dem Nichts aufgetaucht.

Glyn hat die Monsterwelle noch nicht bemerkt.

Dags reißt den Mund auf, um eine Warnung zu schreien, aber die *Sword of Orion* wird hochgerissen, bevor ihm die erste Silbe über die Lippen kommt. Die Welle ist mehr ein Wasserfall als ein aufbrandender Bestandteil des Ozeans. Für den Bruchteil einer Sekunde hängt die *Sword* an der Welle wie ein Bergsteiger an der Felswand. Daß sie da in fünfundzwanzig Meter Höhe klebt, widerspricht allen Gesetzen der Gravität.

Als die Welle bricht, wird Dags ins wirbelnde Wasser geworfen. Unter Deck werden Kothe, Kulmar und der Rest der Crew gegen die Funk- und Navigationsgeräte geschleudert. Die Wucht wickelt den Mast ordentlich um den Rumpf, paßt ihn dem Schiffsbauch an. Wie ein gewaltiger Baseballschläger schwingt der Baum horizontal über das Deck. Als die Wellenkrone über dem Cockpit zusammenbricht, donnert der Baum hart gegen Glyns Rippen und schickt ihn von Bord. Die *Sword* hebt ab und stürzt dann volle zwei Sekunden lang die Wellenfront hinunter. Einen Sekundenbruchteil drückt die Welle das Boot unter Wasser.

Als es endlich vorbei ist, liegt Kothe flach auf dem Gesicht unter Deck, eingeschnürt von elektrischen Kabeln. Eins seiner Beine ist unterhalb des Knies rechtwinklig abgespreizt. Oben schreit Dags: »Mann über Bord!« Schreit aus Leibeskräften, als wäre Glyn nicht noch irgendwo in der Nähe des Bootes, sondern würde bereits davongetrieben.

Die gesamte Besatzung kommt an Deck, selbst Kothe, der wegen seiner gerissenen Kniebänder die Strecke im Kriechgang zurücklegt. Immer noch schreiend, deutet Dags zum Horizont. Das Deck bietet ein Bild der Zerstörung, das Steuer ist fort und der Mast über die Kante gedrückt. Auch Glyns Sicherheitsgurt hängt über Bord, ein Ende noch immer mit dem festen Punkt verbunden. Die Welle hat die Nähte des Sicherheitsgurtes auseinandergefetzt, und jetzt schwimmt Glyn im Meer, dreißig Meter vom Boot entfernt. Dags schreit Glyn zu, er solle gefälligst schwimmen. Und die ganze Crew beobachtet, wie Charles es versucht, aber über sechs Stöße nicht hinauskommt. Er kann sich nur eingeschränkt bewegen, denn der Baum hat ihn schwer getroffen. Ohne zu antworten, tritt Glyn Wasser. Er wirkt benommen und sieht aus, als hätte er große Schmerzen. Dags schlingt sich ein Seil um die Taille und befestigt das andere Ende am gebrochenen Mast der *Sword*.

»Ich schwimme zu ihm«, schreit er. »Das kann ich schaffen. Bereitet euch darauf vor, uns zurückzuziehen.«

Aber bevor Dags springen kann, fällt eine zweite Welle über die *Sword* her. Niemand sah sie kommen. Alle werden von den Füßen gerissen. Die *Sword* schlingert nicht, sondern rutscht über die Wasseroberfläche wie ein Surfbrett. Als die Männer wieder auf den Füßen stehen, ist Glyn zwei Wellentäler und hundertfünfzig Meter entfernt. Jetzt kann Dags nicht mehr zu ihm schwimmen. Er wäre in der Gischt und dem tosenden Wasser kaum zu finden.

Weil Boote keine Bremsen haben, ist für Rennyachten im Falle des Überbordgehens ein Rückkehrmanöver zu dem Unglücklichen obligatorisch. Man kann das durch eine Q-Wende oder durch Halsen erreichen. Schneller geht es durch Einschalten des Motors, aber das ist bei einem Segelboot nicht so einfach wie beim Starten eines Autos. Startbatterien sind einzuschalten, und der Treibstoffhahn muß geöffnet werden. Aber für die *Sword* kommt nichts davon in Frage. Sie kann nicht mehr halsen, weil sie weder über einen Mast noch über ein Steuer verfügt. Sie kann auch nicht mit Motorkraft zu Glyn fahren, weil der Mast Leinen und Segel unter das Boot gezogen hat, die sich mit Sicherheit in der Schiffsschraube verfangen würden. Darüber hinaus sind unter Deck große Bereiche überflutet, was die Motorzuleitungen kurzschließen würde. Hilflos muß die Besatzung zusehen, wie Glyn abgetrieben wird. Er trägt Ölzeug und Stiefel, aber keine Rettungsweste. Er tritt Wasser, blickt verzweifelt in Richtung *Sword* und wartet darauf, daß die Crew endlich irgend etwas unternimmt. Wegen seiner Verletzungen kann es nicht lange dauern, bis er alle Kraft verliert. Offenbar wird er jetzt schon schwächer, denn er beginnt unterzugehen, taucht aber immer noch auf. Von Mitleid überwältigt, will Dags auch jetzt noch ins Wasser springen.

»Er ist zu weit weg«, warnt Kulmar. »Es wäre dein sicherer Tod.«

»Ich kann es schaffen. Ich kann ihn erreichen.«

Glyn beobachtet die Aufregung an Bord. Er tobt innerlich, fühlt sich hilflos und verwirrt. Das kann doch nicht wahr sein. Sein Körper läßt ihn im Stich. Er kann den linken Arm nicht bewegen, und nahezu jede Rippe auf seiner linken Seite ist gebrochen. Die Crew unternimmt sicher alles zu seiner Rettung, aber es muß doch etwas geben, was sie darüber hinaus tun können. Im Grunde ist es ganz einfach. Jemand muß nur den Mut aufbringen, ins Wasser zu springen und zu ihm zu schwimmen. Sicher, er ist für die meisten ein Fremder, aber Glyn würde für einen anderen Seemann ohne mit der Wimper zu zucken sein Leben riskieren. Wieder schluckt er Salzwasser, kann den Kopf kaum noch aus dem Wasser strecken, aber die Jungs an Bord sehen zu, wie er untergeht, als wäre es eine Art absurdes Theater. Glyn ertrinkt. Er kann kaum atmen, geschweige denn schreien. Tonnenschwer hängt seine Kleidung an ihm. Er hat nur noch einen gesunden Arm und wird sich nicht mehr lange über Wasser halten können.

Aber die *Sword* befindet sich selbst in Seenot, und die Crew kann ihm nicht helfen. Zwischen gelegentlichen Blicken auf Glyn, der immer weiter abtreibt, schöpfen die Männer Wasser. Winde von siebzig Knoten fegen noch immer über das Deck, und die Wellen werden auch nicht kleiner. Eine See hat die Steuerbordseite des Achterdecks vom Rumpf gerissen, die meisten der inneren Schutzwandverstrebungen sind gebrochen, und durch die Rumpf/Deck-Verbindung und den Ruderradschacht dringt Wasser ein. Mast und Takelage müssen entfernt werden.

Die *Sword of Orion* sinkt.

Rob Kothe aktiviert das EPIRB. Er bringt die Funkboje an Deck und befestigt sie dort mit einer Schnur. Er streitet mit der über Glyns Schicksal verzweifelten Besatzung, die dem Regatta-Neuling vorhält, das EPIRB gehöre nicht an Deck. Aber er schreit zurück, es sei verdammt noch mal sein Boot, und mit seinem verdammten EPIRB könne er machen, was er will.

Feindseligkeit, Chaos, Verzweiflung und eine Crew, die weg will – und das sofort! Und unterdessen ist Glyn Charles noch immer sichtbar, verschwindet aber immer mehr in der Ferne.

Kothe geht unter Deck. Der Mann, der den ganzen Nachmittag die Flotte über die Wetterbedingungen informierte und als Funkbrücke für zahllose Boote in Seenot fungierte, funkt seinen eigenen Notruf. Mit dem Mast ging auch das Hochfrequenzradio verloren, also kann er nur über VHF funken. Mayday nach Mayday geht hinaus, aber er bekommt keine Antwort. Keine einzige.

Kothe geht wieder an Deck, und in diesem Moment segelt ein anderes Boot in hundertundfünfzig Meter Entfernung an der *Sword* vorbei.

Vier rote Leuchtfallschirme werden abgefeuert, aber auch darauf erfolgt keine Reaktion. Hektisch rudert die Crew mit den Armen, und Kothe kriecht wieder unter Deck, um einen weiteren Notruf zu funken. Gut, er sendet über VHF, aber das erklärt nicht, warum das andere Fahrzeug nicht antwortet.

Das Boot, dessen Namen Kothe nicht erkennen kann, reagiert nicht auf das SOS. Die Crew der *Sword* ist fassungslos darüber, daß ihre Hilferufe unbeantwortet bleiben.

Wutschnaubend humpelt Kothe wieder unter Deck, um weiterhin Notrufe zu funken.

»Mayday, Mayday, Mayday. Hier *Sword of Orion*. Mayday, Mayday, Mayday.«

Aber die Funkverbindung ist durch Gespräche zwischen dem Fischerboot, das nach der *Team Jaguar* sucht (die später einräumen wird, nie in wirklicher Gefahr gewesen zu sein) und Lew Carter an Bord der *Young Endeavour* blockiert. Kothe schwört sich, so lange zu funken, bis ihm die Stimme versagt, erhält aber keine Antwort auf seine verzweifelten Hinweise, daß ein Mann seiner Besatzung am Ertrinken ist.

Könnte vielleicht endlich jemand einen verdammten Hubschrauber schicken? »Was ist eigentlich mit euch los, Leute?«

Unterdessen geht Glyn Charles unter. In einer Sekunde sieht die Crew ihn noch, in der nächsten reißt ihn eine Welle mit sich fort, während er noch immer darauf hofft, daß jemand zu ihm schwimmen wird.

Auch als Captain Cook auf Hawaii in Lebensgefahr war, hätte er sich retten können, indem er zum Schiff zurückschwamm. Aber wie Glyn Charles war Cook verletzt und konnte nicht schwimmen. Hilflos mußten seine Männer mit ansehen, wie ihr Captain einen langsamen und qualvollen Tod starb.

Genauso hilflos sieht die Crew der *Sword of Orion* jetzt zu, wie Glyn Charles stirbt. Selbst mit nur einem gesunden Arm ist Glyn zu zornig, zu sehr Kämpfer, um die Arme zu verschränken, mit dem Wassertreten aufzuhören, zum letzten Mal tief durchzuatmen und seinen Körper dem Meer zu überlassen. Statt dessen bringt ihn die Auskühlung langsam um. Es beginnt damit, daß er unkontrolliert zu zittern beginnt. Dann werden seine Beine gefühllos, seine Arme. Im Anfangsstadium begehrt Glyn noch zornig gegen die Ungerechtigkeit auf, gegen die Absurdität, die Sinnlosigkeit. Während seine Körpertemperatur sinkt, überkommt ihn Bedauern, Selbstmitleid. Dann Trauer. Schließlich, als seine Eigentemperatur bei achtundzwanzig Grad angelangt ist, erfüllt ihn ein unglaubliches Wohlgefühl, und das schreckliche Zittern seines Körpers hört auf. Glyns Verstand ist noch voll funktionsfähig, und er nimmt den Himmel, die Wellen, den Wind mit der Liebe eines lebenslangen Seemanns bis ganz zum Ende wahr. Dann findet seine Seele nach einem Ende voller Kampf und Aufbegehren ihren Frieden, und Glyn Charles geht unter.

Das optimale Rettungsfloß

Heute bin ich davon überzeugt, daß wir Herren unseres Geschicks sind; daß die uns gestellten Aufgaben uns nicht überfordern;
daß wir unsere Mühen und Qualen ertragen und bewältigen können.

Winston Churchill

27. Dezember, 15.15 Uhr bis Mitternacht

Das optimale Rettungsfloß für ein Segelboot muß leicht sein, damit es unter Deck verstaut werden kann. Denn alles, was schwerer ist als fünfzig Kilo, muß an Deck vertäut werden. Das optimale Rettungsfloß ist mit einem eigenen EPIRB ausgestattet, damit Rettungsmannschaften das Floß selbst dann finden können, wenn das Mutterschiff gesunken ist. Es hat metallene Ösen an den Innenseiten, an denen Seeleute ihre Rettungsleinen festmachen können. Ein Gore-Tex-Verdeck schützt vor Regen und Sonne. Unter dem Floß ist ein Treibanker befestigt, um zu verhindern, daß es von Winden umgeschlagen werden kann. Zur Überlebensausrüstung gehören ein Süßwasservorrat, gefriergetrocknete Lebensmittel, eine Leuchtmunitionspistole und all das, was eine Crew für ihre Rettung als unverzichtbar erachtet.

Das optimale Rettungsfloß darf auch nicht teuer sein, damit Seeleute es auch kaufen, anstatt zu etwas Minderwertigem zu greifen, das kaum den Vorschriften genügt. Ich denke an etwa dreitausend Dollar. Verglichen mit den Kosten einer Yacht ist das ein geringer Preis für die Sicherheit von Leib und Leben. Aber viele Segler gehen ihr

Leben lang ohne ein Rettungsfloß auf See. Und rühmen sich dessen sogar noch, wenn sie mit Gleichgesinnten beim Bier zusammensitzen. Früher oder später schrumpft die Vorstellung eines optimalen Rettungsfloßes auf etwas für Segelanfänger oder Landratten zusammen. Richtige Segler brauchen das perfekte Rettungsfloß nicht, weil richtige Segler nie untergehen ...

John Stanley, Richard Winning, John Dean, Jim Lawler, Bruce Gould, John Gibson und Mike Bannister sind richtige Segler. Wirklich gute Seeleute von Kindesbeinen an. Sie haben von Dingies über Laser-Boote, 18-Fuß-Skiffs bis zu Hochsee-Rennyachten alles gesegelt. Die letzte Erfahrung fehlt Michael Rynan und Paul Lumtin, aber sie sind lange genug in Sydney Harbour gesegelt, um sich auszukennen.

Jetzt ist die *Winston Churchill* in höchster Not, und die neun Männer gehen bei dem hohen Seegang auf zwei Rettungsflöße. Vor ihnen liegt die längste Nacht ihres Lebens.

Zwei Stunden zuvor

Am Nachmittag des 27. Dezember – 27 wie ihre Segelnummer – segelt die *Winston Churchill* nach Süden, mit Kurs auf Hobart. Steamer Stanley sitzt im Doghaus direkt vor dem Steuer. Steamer ist ein Mann mit einem gutmütigen, runden Gesicht und einem graumelierten Schnauzer. Er hat die *WC* umgebaut, den Rumpf aus Huonpine liebevoll aufpoliert und ihn durch zusätzliche dreihundertfünfzig Festhalter stabiler gemacht. Angesichts seiner auf See verbrachten Zeit und seiner profunden Kenntnisse über die Grenzen und Möglichkeiten der *WC* kommt Stanley der Ehrentitel eines Meisterseglers zu. Theoretisch sollte in allen taktischen Fragen auf ihn gehört werden. Das ist nicht immer der Fall – Winning gibt gern den Ton an und kennt sein Boot gut genug, um Entscheidungen selbst zu treffen –, aber häufig. Daher hockt Stanley im Doghouse, als die *WC* durch den gewaltigen Seegang brettert und die Wellen in einem Sechzig- bis Siebzig-Grad-Winkel angeht. Der extrem lange Kiel taucht tief ein und sorgt für weit bessere Balance als die kleineren Kiele moderner Rennboote.

Die Stabilität der *WC* gibt Stanley eine gewisse Sicherheit, aber sie ist sechsundfünfzig Jahre alt. Endlos kann sie die Beanspruchung nicht durchstehen. Vielleicht ist es an der Zeit, die Taktik zu ändern, denn mit Anbruch der Nacht erhöht sich das Risiko, von einer hereinbrechenden See überrascht zu werden. Stanley sieht nur drei Möglichkeiten: Weiter nach Süden zu steuern, zu wenden und vor Topp und Takel nach Eden vor dem Wind abzulaufen oder beizudrehen. Das Unwetter 1945 hatte die *WC* problemlos überstanden. Für Stanley gibt es keinen Grund, daß es diesmal anders laufen sollte.

Inzwischen hat die Zahl der tückischen Seen zugenommen. War vor kurzem noch jede fünfzigste eine Monsterwelle, ist es nun jede fünfzehnte. Ein paar Meter hinter Stanley steht Winning am Steuer. Wellenbeobachter ist John Dean, ein Rugby-Fan und Vater von zwei halbwüchsigen Jungen. Durch ein Fenster – die Bullaugen der Hundehütte sind kleine, nur vierzig Zentimeter breite Glasscheiben – sieht Stanley gleichmütig zu, wie die *WC* eine Welle hinaufschießt. Die Welle ist knapp dreißig Meter hoch, und die Schwerkraft drückt Stanley gegen die rechte Wand des Doghouse. Durch das Bullauge sieht er nichts als dunkles Wasser.

Die *WC* steigt, höher und höher … Und gerade, als sich Stanley innerlich darauf vorbereitet, daß das Boot die Krone überwindet, um auf der Rückseite hinunter ins Wellental zu schießen, blockiert die *Winston Churchill.*

Kommt einfach zum Stillstand. Noch hat sie den Kamm der Welle nicht erreicht, sondern befindet sich anderthalb Meter unterhalb der Krone. Jetzt sieht Stanley durch das Bullauge kein dunkel glänzendes Wasser mehr, sondern das Strudeln und Schäumen einer brechenden Welle. Weiter ansteigend neigt sich die Gischtwand bogenförmig über das Boot, um über ihr zusammenzuschlagen. Stanley spürt, wie die *Winston Churchill* die Welle rückwärts hinabrutscht. Sie befindet sich mitten zwischen Wellenkrone und Wellental, als die Woge das fünfundzwanzig Tonnen schwere Boot in die Luft hebt und auf die Seite wirft.

Die Bullaugen des Doghouse zerschmettern. Stanley wird quer durch den Raum geschleudert und gegen die linke Wand gedrückt. Die See wirft ihn flach auf den Boden und drückt ihm den Brustkorb ein. Er kann nicht atmen, Salzwasser dringt ihm in Mund, Nase und Ohren. Beim Aufprall hat er sich seinen Fußknöchel verstaucht, der immense Druck des tonnenschweren Wassers läßt Muskeln in seinen Lenden und in seiner – vor geraumer Zeit operierten – Hüfte reißen, krümmt ihm höchst schmerzhaft die Beine.

Anstatt zu rollen, wurde die *Winston Churchill* gegen die Rückfront einer anderen Welle geschleudert. Ganz so, als spielten die Wogen Baseball – mit einem Segelboot anstelle eines Balls.

Die Wellen vereinen sich und überrollen die *WC*. Sie richtet sich wieder auf. Stanley hört, daß jemand seinen Namen ruft. Er blickt zum Fenster hinaus und sieht Winning und Gould an ihren Sicherheitsgurten in der Takelage hängen. Ihre Füße schwingen oberhalb der Planken – wie Gehenkte. Stanley humpelt zu ihnen. Nachdem er sie aus ihrer Notlage befreit hat, übernimmt Stanley die Verantwortung für das Boot. Winnig erhält den Auftrag, den Motor anzuwerfen. Stanley will unter Deck, um die Ventile der Bilgenpumpen zu öffnen. Das Steuer wird Bruce Gould übertragen, der mit zweiunddreißig Syd-Hob-Teilnahmen die größte Erfahrung hat.

Unten kommt Stanley erstmals der Verdacht, daß die *WC* verloren sein könnte. Der Mast hat sich durch den Schiffsboden gebohrt. Auf der rechten Seite sind fast zwei Meter Reling verschwunden. Wasser strömt ein. Planken haben sich gelockert, und der Boden steht mehr als dreißig Zentimeter unter Wasser. Der Motor muß so schnell wie möglich gestartet werden, um mittels der Bilgenpumpen das Wasser aus dem Schiffsraum zu schaffen, aber auch, um sofort Kurs auf Eden zu nehmen.

Doch als Winning den Motor einschaltet, setzt der zwanzig Sekunden später wieder aus. Winning versucht es erneut – mit dem gleichen Ergebnis. Das eindringende Wasser hat den Motor überflutet. Auch alles andere unter Deck ist zerstört: Karten, Navigationsinstrumente, Computer.

Entsetzt fährt Lumtin aus dem Schlaf unter Deck hoch. Er denkt, eine Bombe wäre explodiert. Fast hätte er diesmal nicht an der Syd-Hob teilgenommen, weil er über Weihnachten mit einer Erkältung im Bett gelegen hatte. Aber er wollte Richard nicht im Stich lassen, daher kam er trotz seiner Krankheit an Bord.

Jetzt befindet er sich in der überfluteten Kajüte. Überall sieht er Blut. Er springt von der Koje und sucht, bis zu den Hüften im Wasser stehend, nach seinem Ölzeug. Als er endlich auf Winning trifft, sieht ihn der Eigner nicht an. »Wir sinken, Junge. Du solltest deine Siebensachen schnappen und an Deck gehen.«

Lumtin krümmt sich, als hätte ihn jemand in die Magengrube getreten. Du wolltest eine Herausforderung, Paul, sagt er sich selbst. Jetzt hast du sie.

Inzwischen macht die Crew oben die Rettungsinseln

startklar. Es bedarf keines Hellsehers, um vorauszusagen, daß die *Winston Churchill* sinken wird. Sie hat ein großes, häßliches Leck in der Seite. Mast und Takelage sind schwer beschädigt. Lebensmittel, Ausrüstungsteile, Erbrochenes und Toiletteninhalte treiben um Winnings Oberschenkel und Hüften, während er zum Funkgerät watet. Für ganz Australien repräsentiert diese Yacht mit ihrem Einsatz während des Zweiten Weltkriegs, den Kontakten zu Großbritannien, den Syd-Hob-Teilnahmen lebendige Geschichte – jetzt ist sie dabei, endgültig in die Geschichte einzugehen. Voller Trauer greift Winning zum Mikrophon. Das HF-Radio ist auf die WeatherFax-Frequenz eingestellt, und das kann Winning nicht mehr ändern. Mißmutig nimmt er statt dessen mit dem VHF-Funk vorlieb.

»Mayday, Mayday, Mayday ...«

Stanley klettert wieder an Deck. »Kommt her, Jungs«, sagt er beherrscht ruhig und kommt sich vor wie ein Animateur auf der *Titanic*, während er Rettungswesten verteilt und so tut, als wäre eine unbestimmbar lange Zeit auf den Rettungsflößen das Beste, was der Crew zustoßen kann. Diese erfahrenen Seeleute trauen Rettungsflößen nicht. Zu schwierig zu dirigieren. Zu wenig massiv. Manchmal, so haben sie gehört, hebt eine Bö das ganze Floß hoch und läßt es über die Meeresoberfläche rutschen wie einen flachen Kiesel über einen Teich.

Obwohl das Boot bis zur Hälfte des Rumpfes unter Wasser liegt, steuert Gould die *WC* vor Topp und Takel. Winning schickt noch immer Notrufe. »Hier *Winston Churchill, Winston Churchill.* Wir sind leck geschlagen und nehmen extrem schnell Wasser auf. Wir können den Motor nicht starten. Neun Mann an Bord. Neun ...«

Die Rettungsflöße sind aufgeblasen und am Heck vertäut. Winning erscheint an Deck. Er ist klatschnaß bis zur Taille.

»Glück gehabt, Richard?« fragte Steamer seinen Freund.

»Ich habe mit dem ABC-Chopper gesprochen und ihm unsere Position genannt. Aber ich weiß nicht, wann sie bei uns sein können.«

»Also gut, Jungs. Auf die Flöße«, ordnet Stanley an.

Wartend schaukeln die Rettungsinseln auf den Wellen. Optimal sind sie nicht. Sie entsprechen nicht einmal den SOLAS (Safety of Life at Sea)-Bestimmungen, die für Einhand-Weltumsegelungen gelten. Die Rettungsflöße der *WC* entsprechen aber den Sicherheitsvorschriften der Kategorie eins der Australian Yachting Federation. Unsicher sind sie nicht, aber auch nicht optimal. Sie sind sehr leicht und damit den Launen einer schweren See unterworfen.

Als die Männer von Bord der Segelyacht gehen, die seit dem Verlassen des Hafens von Sydney praktisch ihr Zuhause war, um nach ein paar Schwimmstößen ihre Rettungsfloß-Nußschalen zu besteigen, haben die Gentlemen der *Winston Churchill* Todesangst. Wenn sie doch nur irgendeinen Weg finden könnten, die *Winston Churchill* zu retten ...

Doch den wird es nicht geben. Wind und Seegang lassen die *WC* hilflos stampfen, ziehen sie unter Wasser. Gould bleibt am Steuer, als die Decks bereits überflutet sind. Nur noch die Hundehütte und das Cockpitdach ragen aus dem Wasser. Als Skipper leitet Stanley das Besteigen der Rettungsinseln. Winning, Gould, Michael Rynan und Paul Lumtin schwimmen zum ersten Floß.

Winning schüttelt Steamer die Hand, verabschiedet sich, ohne auszusprechen, was beide denken. »Bis bald, Junge.«

»Viel Glück. Paßt da draußen gut auf euch auf.«

Winning läßt sich Zeit, scheint sich von seinem geliebten Boot kaum trennen zu können. »Sie war ein wahres Prachtstück, Steamer. Ich werde sie vermissen.«

»Wir werden sie alle vermissen, Richard.« Stanley macht eine Kopfbewegung auf das steigende Wasser und zum Rettungsfloß, schüttelt noch einmal Winnings Hand. »Beeil dich.«

Als sich Winning in die Bass Strait hinunterläßt, schwimmt Paul Lumtin bereits die letzten Stöße zum runden Floß mit dem millimeterdicken Boden und dem papierdünnen Verdeck, das seine Rettung sein soll. Lumtin denkt nur an seine Familie und daran, wie sehr er sich danach sehnt, sie wiederzusehen. Er verflucht seinen Hang zum Abenteuer und erkennt zu spät, daß er sich mit all seinen verrückten Ideen nur selbst etwas beweisen wollte. Vor seiner Tätigkeit für Richard Winning – und bevor er vor vier Jahren zu segeln begann – arbeitete Lumtin als Stuntman in einem Vergnügungspark in Sydney. Dort bestand seine Aufgabe darin, dreimal täglich aus siebenundzwanzig Meter Höhe rücklings vom Mast eines Piratenschiffs zu springen. Als wäre das noch nicht genug, verbrachte er seine Freizeit auf der Jagd nach weiteren Kicks, tauchte am Great Barrier Reef mit den Haien, unternahm Kunstflüge, schoß riskante Skipisten hinab. Er war sich bewußt, daß das Syd-Hob kein Zuckerschlecken werden würde, aber jetzt ist die Situation nur noch absurd. Neun Männer schwimmen zu den Rettungsflößen, kämpfen um ihr Leben. Als er sich an Bord hievt, ist Lumtin sicher, daß einige es nicht schaffen werden. Er ist dankbar, jung und kräftig zu sein, weiß aber auch, daß das Wetter das Beste geben wird, um ihn und sein hübsches Rettungsfloß zu versenken. Lumtin verflucht seine Lust am Abenteuer – plötzlich kommt sie ihm töricht vor, überaus egoistisch – und ist sicher, daß er sich ab sofort nichts mehr zu beweisen braucht. Und dann schwört Paul

Lumtin für den Fall, daß er mit dem Leben davonkommt, Nancy und die Mädchen nie wieder zu verlassen.

Richard Winning klettert hinter Lumtin auf die Rettungsinsel und löst das EPIRB aus.

Jim Lawler, Mike Bannister, John Dean, John Gibson und schließlich auch Steamer Stanley schwimmen zum zweiten Rettungsfloß, das mit dem ersten durch eine Leine verbunden ist. Sofort treiben Wellen die Flöße von der sinkenden *WC* fort. Dreißig Sekunden später ist sie gesunken.

Nach sechsundfünfzig Jahren, siebzehn Syd-Hob-Teilnahmen, der Kollision mit einem Wal, zahllosen Parties an Bord, unzähligen Wochenendkreuzfahrten, vermutlich etlichen an Bord gezeugten Kindern und dem Segen ihres Namenpatrons ist die *Winston Churchill* nicht mehr. Steamer Stanley und Richard Winning sehen zu, wie sie im Wasser verschwindet. Die 52-Fuß-Yacht aus kupfergenagelter Huonpine, mit Achterstag und Doghouse – nur noch Erinnerung.

Die Segler strengen ihre Augen an, um wenigstens noch etwas von ihr zu entdecken – ein Stück des Mastes, das Doghousedach, ein oder zwei Meter Dollbord vielleicht. Sie hoffen, daß die See die *WC* für einen allerletzten Blick noch einmal freigibt. Aber Fehlanzeige. Ungeachtet ihrer Würde, ihrer königlichen Haltung schlägt das Meer rüde über ihr zusammen. Es ist fast ein Sakrileg. Sie hätte wahrhaft Besseres verdient.

Dann treiben die neun Männer auf ihren zwei Rettungsflößen durch die Wellen. So, als hätte es die *Winston Churchill* nie gegeben und die neun noblen Gentlemen wären auf mysteriöse Weise auf die Bass Strait hinausgelangt.

Winning und Stanley wenden ihre Aufmerksamkeit dem Nächstliegenden zu: dem Überleben. Schließlich sind diese Männer keine Gelegenheitssegler, sondern Seeleute mit Verantwortung. Alle Besatzungsmitglieder haben Frauen und Kinder – mit Ausnahme von Michael Rynan, aber der hat Eltern, die sich um ihn sorgen. Lawler ist Großvater, John Dean Trainer des Jugendteams eines Rugbyclubs. Winning gehört ein Unternehmen mit zahllosen Angestellten. Sie *müssen* überleben. Winning und Stanley obliegt es, alles andere zu verhindern.

Das erste Rettungsfloß ist rund, das zweite rechteckig und größer. Voneinander unabhängige Luftkammern gewährleisten, daß ein etwaiges Leck in einer Kammer nicht gleich das ganze Floß untergehen läßt. Orangefarbene Verdecke sollen die Flöße für Suchflugzeuge deutlicher sichtbar machen. Jedes Floß verfügt über zwei Paddel, eine Erste-Hilfe-Kiste mit Notproviant, Spiegelkompaß, Tabletten gegen Seekrankheit, Taschenlampe, Leuchtfallschirme, orangefarbene Rauchsignale, Signalpfeife, Flickzeug, fluoreszierende Markierungsbojen, Wärmeschutzutensilien und eine Handpumpe.

Innerhalb weniger Minuten drückt eine Welle das runde Floß nach links, während das rechteckige rechts abgetrieben wird. Das Verbindungstau spannt sich und – reißt. Auch die unter dem Boden angebrachten Treibanker, die die Geschwindigkeit abbremsen und dem Boot mehr Stabilität geben sollen, werden losgerissen. Dann werden die Flöße plötzlich in die Luft gehoben. Wie Gummibälle jagt der Wind die Flöße über das Meer. Wellen heben sie an und lassen sie abrupt wieder fallen. Bei Einbruch der Dunkelheit können die Männer die andere Crew kaum noch sehen. Selbst wenn es anders wäre, wären sie zu beschäftigt mit dem eigenen Floß, um öfter als jede halbe Stunde nach den Kameraden Ausschau zu halten. Sie schöpfen unablässig Wasser.

Auf Winnings Floß wird Paul Lumtin von Gewissensbissen geplagt. Er hat seinen Töchtern, der vierjährigen Jacinda und der elfmonatigen Brianna, versprochen, wieder nach Hause zu kommen. Ganz gleich, was auch passiert, hat er zu ihnen gesagt. Ihr könnt euch darauf verlassen.

Aber seit der letzten heftigen Bootsbewegung gibt es an Bord keine Überlebenshilfsmittel mehr. Süßwasser, Lebensmittel, Notrufsignale – alles ist fort und damit auch einiges von Lumtins Zuversicht. Der Stickstoffkanister – dessen Inhalt zum »Aufblasen« des Floßes dient – hat den Boden durchlöchert, und nun kommt die See von oben und von unten.

Die Männer des zweiten Floßes haben sogar noch größere Probleme. Wegen seiner Verletzungen kann sich Steamer Stanley kaum bewegen. Beim Hinablassen der Rettungsflöße hat sich John »Gibbo« Gibson an der Leine die Finger auf die Knochen aufgeschürft. Alle fünf Männer tragen mit Stroboskoplampen ausgestattete Rettungswesten. Mit ineinander verhakten Beinen hocken sie auf dem Floßrand. Ursprünglich hatten sie die Beine nur überkreuzt, aber ein Schlingern des Floßes ließ sie hoch in die Luft fliegen. Steamer hält es sogar für möglich, daß sein Knöchel gebrochen ist.

Jetzt strecken sie die Füße von sich. Eine Welle baut sich auf, und sie verhaken schnell wieder ihre Beine, während das Floß umschlägt. Im Grunde ist es so sogar angenehmer. Der harte Gummiboden verhindert, daß Wasser einströmt. Das einzige Problem ist der schnell abnehmende Sauerstoffvorrat. Das geringe Volumen des Rettungsfloßes gibt ihnen nur rund zehn Minuten zum Atmen.

Ihr rechteckiges Floß ist ein deutsches Modell namens ProSaver. Im Juli hat es Winning für dreitausend Dollar gekauft. Stanleys Ansicht nach läßt es in puncto Sicherheit eine Menge zu wünschen übrig. Mike Bannister, John

Dean, Jim Lawler, Jim Gibson und Steamer Stanley diskutieren über das weitere Vorgehen. Sollen sie ins Freie schwimmen und das Floß wieder umdrehen? Sie haben gesehen, wie Winning das mit seinem Floß gemacht hat, und es schien die richtige Entscheidung zu sein.

Oder ist es besser, das ProSaver so zu belassen, wie es ist, und nur für eine bessere Luftzufuhr zu sorgen? In einen Bootsboden ein Loch zu schneiden ist zwar ketzerisch, scheint aber angesichts der Tatsache, daß sich Stanley kaum rühren kann und auch keiner von den anderen in der körperlichen Verfassung ist, bei diesem Seegang hinauszuschwimmen, um das Floß wieder aufzurichten, eine logische Entscheidung zu sein.

»Hört mal«, schlägt Jim Lawler zuversichtlich vor. Er ist fit und vermutlich der sportlichste von allen, »ich werde tauchen und dann zur Verdecköffnung hinausschwimmen. Dann klettere ich auf das Floß und zerre es mithilfe der Ankerleine wieder herum.«

»Das ist nicht gut. Die Öffnung ist verdammt klein. Du müßtest die Rettungsweste ausziehen, um hindurchzukommen. Sollte in diesem Moment eine Monsterwelle auftauchen, bist du auf Nimmerwiedersehen verschwunden.«

»Ich werde schon nicht davongetrieben«, beharrt Lawler.

»Es muß eine bessere Möglichkeit geben.«

»Und wenn wir ein kleines Loch in den Floßboden schneiden? Nur einen schmalen Schlitz? So bekommen wir besser Luft, ohne gleichzeitig die Wellen einzuladen. Was haltet ihr davon?«

»Wer hat ein Messer?«

»Ich.« Lawler zieht sein Taschenmesser hervor.

»Ihr wollt ein Loch in den Floßboden schneiden? Eine absurde Idee!«

»Aber jetzt ist es nicht mehr der Boden, sondern das ›Dach‹. Und wenn wir nicht endlich etwas unternehmen, geht uns in rund drei Minuten die Luft aus.«

»Ich bin dafür, daß wir das Ding wieder umdrehen.«

»Und ich sage euch, um durch die Öffnung zu gelangen, muß der Mann seine Rettungsweste ablegen. Bei diesem Seegang ist das genauso schwachsinnig, wie ein Loch ins Floß zu schneiden.«

Leicht benommen durch den Sauerstoffmangel und nicht bereit, Jim Lawler einem Risiko auszusetzen, beschließen die fünf schließlich, daß Lawler mit seinem Taschenmesser einen Schlitz in das »Dach« schneidet. Vorsichtig läßt Lawler die Klinge aufspringen, hebt die Hand, durchsticht den Floßboden und führt einen etwa acht Zentimeter langen Schnitt aus. Die anderen vier sehen so gespannt zu, als würde Lawler eine Operation am offenen Herzen vornehmen.

Dann ist es geschafft. Ein Schwall kühler Luft dringt durch den Schlitz, und die Männer können wieder atmen. Sie fühlen sich geborgen, geschützt. Plötzlich verspricht das kopfüber treibende Rettungsfloß ein Minimum an Sicherheit.

Zwei Stunden tanzen sie so über die Wellen, schwatzen Belangloses und lauschen auf den Rettungshubschrauber, der ihnen jeden Moment zur Hilfe kommen muß. Aber dann dreht eine Welle das Floß wieder um. Das Gewicht von fünf taumelnden und stürzenden Männern strapaziert den Boden des Rettungsfloßes. Der acht Zentimeter lange Luftschlitz weitet sich aus. Vorsichtig versuchen die Männer ihre Sitzposition mit miteinander verflochtenen Beinen wieder einzunehmen, aber es ist zu spät. Die Zerstörung des Bodens hat begonnen. Wenige Augenblicke später gibt es ihn nicht mehr. Ihre Entscheidung verfluchend, klammern sich die fünf Männer an die Floßumrandung. Ihre Füße hängen ins Wasser. Das orangefarbene Verdeck schützt ihre Köpfe.

Die Sonne ist untergegangen. Rettungshubschrauber sind nicht zu hören. Es gibt weder ein EPIRB an Bord noch eine andere Möglichkeit, einen Notruf auszusenden. Der Sturm tobt unvermindert weiter. Krampfhaft halten sich Mike Bannister, John Dean, Jim Lawler, John Gibson und Steamer Stanley an den Resten ihres Rettungsfloßes fest. Es wird eine sehr lange Nacht werden.

In allen vier landesweit sendenden australischen Fernsehsendern – ABC, Channel 10, Channel 9 und Channel 7 – ist das Verschwinden der *Winston Churchill* die wichtigste Nachricht. Von der Rettung der *Stand Aside* werden Bilder gezeigt, aber von der *WC* gibt es kein Filmmaterial, da sie bislang nicht geortet wurde. Die Zerstörung der Flotte scheint total, und es halten sich hartnäckige Gerüchte, daß auch die *B-52* und die *Solo Globe Challenger* verschwunden sind. Die *Sword of Orion* rollt und schlingert, ein Mann aus Sydney wird auf See vermißt, und fünfundvierzig Boote suchen Zuflucht in Eden.

Tiefernst teilt Bill Woods, Sportreporter bei Channel 10, vom Constitution Dock in Hobart der Nation die erschreckenden Nachrichten mit. Woods, der seit Jahren über die Syd-Hob berichtet, äußert sich erschüttert über die niedergeschlagene und bedrückte Stimmung in Hobart. Normalerweise herrscht am Constitution Dock eine geradezu ausgelassene Atmosphäre. Viele Angehörige und Freunde der Segler sind bereits in Hobart und warten auf das Finish. Jetzt bestürmen sie die Rennleitung – die inzwischen von Sydney nach Hobart umgesiedelt ist – pausenlos mit ängstlichen Fragen nach den Booten.

Alle Sender schicken Kamerateams nach Mallacoota,

um live vom Auftanken und der Rückkehr der Rettungshubschrauber zu berichten. Einige Teams begeben sich zu den Familien der *WC*-Besatzung. Bruce Goulds Angehörige äußern sich optimistisch: »Er hat bereits so vieles auf See überlebt. Wir sind fest überzeugt, daß er auch diesmal dies heil übersteht.« Aber John und Robyn Rynan, die Eltern des neunzehnjährigen Michael, sind sehr besorgt. Es ist Michaels erstes Syd-Hob, erzählt Robyn Rynan den Reportern. Davor segelte er auf Flying 11-Yachten in Sydney Harbour. Die Teilnahme am Sydney to Hobart Race sei für ihn ein großer Sprung gewesen, aber sie alle wären sicher gewesen, er würde es packen. »Nein, mit so etwas haben wir nicht gerechnet.« – »Ja, wir hoffen inständig, daß er gesund zurückkehrt.«

In Melbourne fahndet Annie Goodman nach Neuigkeiten über die *Sword of Orion*. Sie hört, daß die gekentert ist und entmastet wurde, aber ein Rettungsflugzeug hat die Yacht gesichtet. Ein Crewmitglied aus Sydney wurde von Bord gerissen. Wie furchtbar, denkt sie. Aber wenigstens scheint Glyn nichts passiert zu sein.

Sue Psaltis befürchtet das Schlimmste. Keine Nachricht von Ed, und sie sorgt sich, daß er den Mast und das HF-Radio verloren hat. Sie steckt die Jungen ins Auto und fährt zu ihren Schwiegereltern, damit sie die Nacht nicht allein verbringen muß. Als sie dort ankommt, entdeckt sie auf Bill Psaltis' Gesicht etwas, was sie noch nie gesehen hat: Angst. Doch er tut so, als gäbe es keinen Grund zur Sorge.

»Es wird ihnen nichts zustoßen, Sue«, wiederholt er immer wieder. »Meine Jungen sind hervorragende Segler. Sie wissen, wie sie sich bei einem solchen Sturm verhalten müssen. Es wird ihnen nichts geschehen.«

»Ich bin sicher, daß ihnen nichts zustößt, Bill.«

»Natürlich nicht. Meine Jungen sind ausgezeichnete

Segler. Sie wissen, wie man sich bei einem Unwetter wie diesem verhält.«

Bill Woods hat bei seinen Live-Auftritten ein Gefühl von Hilflosigkeit. Es gibt keinerlei Hinweise auf das wirkliche Ausmaß der Katastrophe. Immer, wenn man glaubt, schlimmer könne es nicht mehr kommen, geschieht etwas noch Schrecklicheres. Erst war es die *Amro Challenge*, dann die *Team Jaguar*, die *Stand Aside*. Jetzt geht sogar das Gerücht um, daß der von der *Sword of Orion* über Bord gegangene Mann ertrunken ist. Und was ist mit all den anderen Booten, von denen man noch nichts gehört hat? Da draußen sterben Menschen, weiß Woods, aber niemand hat eine Ahnung, wie viele es sind. Immer wenn wieder ins Channel 10-Studio in Sydney umgeschaltet wird, wird der eklatante Gegensatz zwischen Woods' betroffener Miene und den bemüht aufgeräumten Gesichtern der Moderatoren deutlich.

»Es war einer dieser Abende«, sagt Sportjournalist Peter Gearin später, »an denen einem Cricketergebnisse und Resultate von Pferderennen schlichtweg frivol vorkommen.«

Der CYCA und das BOM haben mittlerweile begonnen, einander den Schwarzen Peter zuzuschieben. Der CYCA betont die Verantwortung jedes einzelnen Skippers, sagt aber auch, daß das Rennen abgesagt worden wäre, hätte man gewußt, wie übel das Wetter wird. Das BOM verweist darauf, daß seine Sturmwarnung vor Beginn der Regatta hätte ausreichen müssen. Es wäre wissenschaftlich nicht zu verantworten gewesen, Winde von Hurricane-Stärke und mehr als dreißig Meter hohe Wellen vorherzusagen.

Die Männer in der AusSAR-Einsatzzentrale in Canberra haben nur einen Wunsch: einmal kurz durchatmen zu können. Zwischen drei Uhr nachmittags und sieben Uhr abends werden alle ihre Worst-Case-Szenarien bittere Realität. Boote sinken, Boote verschwinden, mehrere Rettungsaktionen müssen gleichzeitig durchgeführt werden, es gibt nicht genügend Hubschrauber, und sogar der von einem Tanker von Sydney nach Mallacoota gebrachte Treibstoff reicht nicht aus. Das AusSAR-Team hat das Gefühl, gegen Windmühlenflügel anzukämpfen. Ganz gleich, wie gut die Helfer sich bewähren – und die Hilfe für die *Stand Aside* und die Rettung von John Campbell sind brillante Leistungen, die an jedem anderen Tag Schlagzeilen machen würden –, es ist kein Ende der Probleme abzusehen.

Jedem geretteten Mann, jedem gesichteten Boot folgt ein neuer Notruf. Als Pluspunkt für die Rettung erweist sich die Nähe der Boote zur Küste: Von Mallacoota, Merimbula und Eden aus brauchen die Hubschrauber weniger als eine Stunde zu den havarierten Booten. Befände sich die Flotte hundert Meilen weiter draußen auf See, hätten die Helikopter beim Eintreffen an der Unglücksstelle gerade noch genügend Benzin für den Rückflug. Sie könnten nicht so lange wie zur Abbergung nötig vor Ort bleiben. Nicht einmal die Hälfte der *Stand Aside*-Crew hätte gerettet werden können. John Campbell wäre mit Sicherheit ertrunken. Es hätte also wesentlich mehr Opfer gegeben. Das AusSAR-Team bezieht Trost aus der Tatsache, daß die Katastrophe des Sydney to Hobart Race 1998 noch bedeutend tragischer hätte ausfallen können.

Das Verschwinden der *Winston Churchill* und der von der *Sword of Orion* gespülte Mann sind die Gipfelpunkte in einer ständig weiter eskalierenden Folge von Katastrophen. Da die *B-52* nicht einmal einen Notruf sendet, ist ihre Position unbekannt. AusSAR entschließt sich zur »Splittertaktik«: Ausgehend von der letztgenannten Position der *Sword*, macht sich eine Hälfte des Teams auf die

Suche nach dem Mann über Bord, die andere konzentriert sich auf die Fahndung nach der *Winston Churchill* und der *Solo Globe Challenger*. AusSAR ersucht die Marine um Unterstützung, die sofort zugesagt wird, und bezieht Fischerboote aus Eden in die Suche mit ein. Die *Polair*-Besatzung ruht sich zu diesem Zeitpunkt in Mallacoota aus, während ihr Chopper aufgetankt wird. Bald werden sie wieder starten und mit Infrarotkameras nach den Booten suchen. Weitere Hubschrauber von Rettungsorganisationen aus dem gesamten australischen Südosten treffen ein: *Helimeds, Careflight*-Helikopter, *Westpac Lifesaver*.

Die Royal Australian Naval Maritime Headquarters in Sydney teilen AusSAR mit, daß sie bereits zwei *Sea Hawks* und einen *Sea King* in der Luft haben. Mit nur halber Besatzung wird die HMAS *Newcastle* sofort aus Sydney auslaufen – nichts soll unversucht bleiben. Bei Tagesanbruch werden siebzehn weitere Maschinen aufsteigen, darunter auch die effektivsten Suchflugzeuge, zwei *PC-3 Orion* der Tenth Squadron und zwei *C-130 Hercules* der Thirty-seventh Squadron. Sie sollen von Edinburgh aus starten. Für den Krankentransport steht ein Ambulanzflugzeug bereit.

Um neun Uhr klingelt in Berry das Telephon, als Shane Pashley gerade vor dem Fernseher sitzt. »Gehen Sie schlafen«, ertönt der Befehl, »und melden Sie sich morgen früh um sieben auf dem Stützpunkt.« Da sich Pashleys Crew von der HMAS *Newcastle* noch im Urlaub befindet, wird er einer Sea Hawk-Crew von der HMAS *Melbourne* zugeteilt. Sein Pilot wird Nic Trimmer sein, Co-Pilot Rick Neville, der Mann an der Winsch heißt Aaron Abbott. Pashley ist der Rettungsschwimmer, er wird sich am Kabel ins Wasser hinablassen.

»In aller Herrgottsfrühe, etwa gegen sechs, begann das

Telephon zu klingeln und hörte nicht mehr auf. Da niemand sonst Anstalten machte, an den Apparat zu gehen, kletterte ich mürrisch aus dem Bett.

›Hello, hier Nigel Russell‹, sagte eine Stimme. Sie sagten mir einmal, falls wir jemals Mastbruch erleiden sollten, würden Sie kommen und uns einsammeln. Nun, hier bin ich.‹

›Wo genau?‹

›Im Pambula Hospital. Meine Sachen sind klatschnaß, und ich habe nur noch fünfzig Dollar. Könnten Sie mir mit ein paar Kleidungsstücken aushelfen?‹

Im Krankenhaus traf ich Dutzende erschöpfter und ramponierter Männer an, die in blaugestreiften Schlafanzügen herumsaßen. Unfähig zu schlafen, hockten sie dichtgedrängt auf plastikbezogenen Couches und starrten wortlos auf den Fernseher, auf dem die *Today Show* von den ungeheuerlichen Ereignissen berichtete.

Stacey George, dessen Farm sechzig Kilometer nördlich von Eden gelegen ist.«

Jenseits von Eden

27. Dezember, 23.30 Uhr, bis 28. Dezember, acht Uhr

Früher einmal war Eden tatsächlich ein Garten Eden: idyllisch und romantisch. Inzwischen ist es ein halb touristischer, halb industrieller Ort zwischen den nördlichen Ausläufern der Twofold Bay und den Australian Alps. Tief eingeschnitten und geschützt, ist die Twofold Bay ein beeindruckender Naturhafen. Einst war hier der Walfang der Haupterwerbszweig, dann die Jagd auf den Thunfisch, und jetzt, da sich seit Jahrzehnten keine Thunfische mehr blicken lassen, verdienen die Leute ihren Lebensunterhalt mit der Abholzung der nahen Wälder für den Export nach Japan.

Die Einheimischen rühmen sich eines unverfälscht einfachen Ortes und ihrer Eigenständigkeit. Mit einem halben Dutzend oder mehr Stämmen beladene Langholztransporter rattern ununterbrochen zur nahen Sägemühle. In der großen Marina liegt eine Vielzahl robuster Fischerboote. An der Hafenpromenade gibt es eine Reihe preiswerter Touristenhotels, ein paar Souvenirläden, Milchbars, diverse Geschäfte und etliche Pubs, in denen mehr Wert auf den Service als auf die Ausstattung gelegt wird.

Im Winter, wenn man die Wale von den Klippen der Twofold Bay am besten beobachten kann, wird es ziemlich kalt und trostlos in Eden. Doch im Sommer ist das Wetter ideal und lohnt durchaus die 9-Stunden-Fahrt aus Sydney. Dennoch sind die besten Tage der Erholungsindustrie vorüber. Wenn die Touristen überhaupt herausfinden, kommen sie vor allem aus den Regierungsgebäudekomplexen von Canberra oder dem seriösen Victoria hierher, um einen Tag lang Lokalgeschichte zu tanken und die Nacht dann weiter nördlich an den Stränden zu verbringen.

Bis zum 27. Dezember waren die spektakulärsten Vorfälle in Eden die anhaltenden Auseinandersetzungen zwischen Holzfällern und Umweltschützern. Aber gegen Mitternacht sind keine zänkischen Stimmen mehr in Eden zu vernehmen. Es ist zu einem Ort der Zuflucht geworden. Rennboote mit unterschiedlichsten Schäden laufen unter Motorkraft in den geschützten Hafen ein. Die offizielle Zählung beläuft sich auf siebenunddreißig Yachten, aber genau kennt niemand die Zahl. Segelboote legen an, werden festgemacht, und Männer mit jahrelanger Erfahrung im Hochseesegeln springen an Land und küssen die Erde. Sie lachen zunächst, als wäre alles ein Riesenjux. Aber es ist Realität, und mehr als ein Seemann bricht anschließend unvermittelt in Tränen aus, als er seine Familie anruft, um mitzuteilen, daß er mit dem Schrecken davongekommen ist.

Die siebzehnjährige Melissa MacCabe aus Eden, die mit der entmasteten *Team Jag* gekommen ist, fungiert als eine Art »Mittelsmann« für die Flotte. Sie besorgt Übernachtungsmöglichkeiten, bringt Segler ins Krankenhaus oder zum Flughafen.

Die Situation ist von Widersprüchlichkeiten geprägt: Während die Segler vor dem Sturm Zuflucht suchen, stehlen sich die Fischer, die den Seegang für zu hoch halten, um ihrem Gewerbe nachzugehen, vor Tau und Tag auf See, um die weniger Glücklichen zu retten. Für gewöhnlich sind sich Fischer und Sportsegler nicht besonders grün, aber nach ein paar Bieren im Pub sind sie alle nur noch Seeleute. Die Fischer lauschen den Horrorerlebnissen der Yachties – wobei sie nur deren Erleichterung nachvollziehen können, nicht aber die Gründe, warum man bei einem solchen Rennen überhaupt teilnimmt. Am Tresen lehnend, schwört ein Hochseesegler nach dem anderen, nie wieder an einem Syd-Hob teilzunehmen. »Und«, fügen sie betont hinzu, »diesmal ist es mein Ernst.«

Viele der nach Eden geflüchteten Boote hatten Notrufe gefunkt und ihr EPIRB aktiviert. Besonders diejenigen, die ihren Mast verloren haben. Aufgrund totaler physischer Erschöpfung und noch immer nicht ganz überzeugt, daß sie endlich in Sicherheit sind, haben die Besatzungen der entmasteten, gekenterten Boote den abwesenden Blick von Kriegsveteranen. Wenn sie sich gegen den Tresen lehnen und schwören, nie wieder an einem Sydney to Hobart Race teilzunehmen, glaubt man ihnen. Viele kippen sich in der Nacht vom 27. auf den 28. Dezember mächtig einen hinter die Binde.

Da Eden kein Anlaufhafen des Syd-Hob ist, gibt es auch keine Kontakt- oder Meldestelle. Schließlich wird die CYCA Vertreter schicken und die Koordination mit Sydney und AusSAR beginnen, aber bislang ist davon nichts zu sehen. Und ohne offizielle Verpflichtung, die Organisatoren zu informieren, halten die meisten Segler die Sache für erledigt, nachdem sie angedockt haben. Daher haben weder CYCA noch AusSAR einen Überblick, wer sicher in Eden gelandet ist und wer nicht. Als viele der Boote, nach denen SAR-Helikopter noch fieberhaft suchen, in Eden aufgespürt werden, witzelt Steve Francis von AusSAR: »Ihnen muß das Bier ausgegangen sein.«

Francis' Scherz ist ein Hinweis darauf, daß sich die Situation zu entspannen scheint. Doch das scheint nur so. Die Wahrnehmung des AusSAR-Teams beruht ausschließlich auf den eingehenden Informationen, vor allem der Zahl der EPIRBS auf ihren Computerschirmen – und die ist von fünfzehn auf sechs gesunken. Ein weiteres gutes Zeichen ist das Aufspüren der *B-52*. Gegen halb sieben ging sie über Kopf und tauchte mit ihrem Bug in einem Wellental unter. Mehrere Crewmitglieder wurden über Bord gespült, aber später geborgen. Mit dem Mast verlor das Boot sein Funkgerät, daher konnte es auch dann keinen Kontakt zu AusSAR aufnehmen, nachdem eine zweite Welle die *B-52* wieder aufgerichtet hatte. Die Besatzung glaubt, das Ärgste hinter sich zu haben. Und obwohl eine Sea King gegen Mitternacht mit der Bergung beginnen könnte, beschließen die Männer, an Bord zu bleiben und per Motorkraft Eden anzusteuern.

Darüber hinaus ist jedem AusSAR-Mitarbeiter in der Zentrale klar, daß nach sieben Uhr kein einziges Mayday mehr eingegangen ist. Entweder gewöhnen sich die Segler an die Bedingungen, oder sie haben das Schlimmste überstanden. AusSAR glaubt sogar, einen Trend ausmachen zu können: Nahezu alle beschädigten Boote haben gewendet und Eden angesteuert. Sie sind aus dem Rennen ausgeschieden. Die Wellen liegen hinter, nicht vor ihnen. Die Crews werden nicht mehr vom Konkurrenzdenken beherrscht, sondern geben sich einem gewissen *Laissez-faire* hin. Lassen mit der Wachsamkeit nach. Beim Fastnet Race führte das zu den meisten Unglücksfällen.

Aus zwei Gründen hofft man bei AusSAR mehr denn je, daß die Zeit der Kenterungen und Rollovers vorüber ist. Erstens ist das Regattafeld inzwischen über mehr als die

Hälfte der Bass Strait hinaus. Die Boote, die Zuflucht in Eden suchen, haben bereits gewendet. Die anderen Yachten rasen auf Tasmanien zu.

Zweitens wäre bei dieser Entfernung an eine sofortige Rettung nicht zu denken. Die Besatzung eines sinkenden Bootes würde auf die Rettungsflöße gehen und auf ein Rettungsschiff warten müssen. Und bei den anhaltend schlechten Wetterbedingungen sind die Überlebenschancen auf einem Rettungsfloß immer noch mehr als dünn.

Ein Blick auf die aktuellen BOM-Satellitenphotos beweist, daß es bislang keine Hoffnung auf eine Wetterbesserung gibt. Die Wetterbombe hängt weiterhin über der Flotte und zeigt keinerlei Anzeichen, sich aufzulösen. Und irgendwo hinter den Wolkenwirbeln stecken die *Winston Churchill* und die *Solo Globe Challenger*.

Suchhubschrauber haben einen Kontakt zur *Sword of Orion* hergestellt und erfahren, daß das unablässige Wasserschöpfen ihre Lage stabilisiert hat. Aber der von Bord gespülte Mann, ein Brite namens Glyn Charles, ist noch immer vermißt, und man beschließt, die Suche nach ihm die ganze Nacht hindurch fortzusetzen. Alle Militär-, Handels- und Privatschiffe in der Bass Strait werden zu erhöhter Wachsamkeit aufgefordert. Bis die Suche abgebrochen wird, haben das Syd-Hob und AusSAR offiziell keine Opfer zu beklagen.

Während die Suche nach Glyn Charles fortgesetzt wird, soll gegen zwei Uhr morgens ein Sea King der RAN damit beginnen, die verletzten Crewmitglieder von der *Sword* zu bergen.

Enttäuschend ist, daß die Navy nicht über die erhofften Nachtsichtgeräte verfügt. Ihre Autohover-Kapazität ermöglicht ihnen Rettungsaktionen, sobald ein Boot lokalisiert wurde. So bleibt *Polair 1* der einzige Rettungshubschrauber mit Nachtsicht. Allerdings ist die Crew zur

Zeit nicht unterwegs. Irgendwann muß sie sich ausruhen, und AusSAR braucht sie bei Tagesanbruch in der Luft. Zu Tode erschöpft, haben sich Darryl Jones, David Key und Barry Barclay für sechs Stunden schlafen gelegt, obwohl das EPIRB der *Winston Churchill* von den Bildschirmen verschwunden ist.

Ein EPIRB bestätigt schließlich, daß die *Business Post Naiad* den Motor gestartet und Kurs auf Eden genommen hat. Ihr halber Mast steht noch, ist aber wegen des verbogenen Baums nicht funktionsfähig.

Die Probleme der *Business Post Naiad* begannen kurz nach der Positionsdurchgabe um 14.05 Uhr. Wie Ed Psaltis segelte sie mitten durch das Schwarze Loch. Als die *Sword* während der Positionsmeldung vor starkem Wind warnte, löste das im Navigationsraum der *Business Post* Kopfnicken aus, und Skipper Bruce Guy entschied, ein paar Stunden vor Topp und Takel vor dem Wind abzulaufen, um dann nach Hobart zu preschen. Diese Tasmanier waren schließlich Rennsegler, keine Touristen. Mehrere Siege bei Sommerregatten in der Bass Strait sprachen für ihre Kompetenz. An Bord dieses Meisterschaftsbootes glaubten sie, die Träume und Hoffnungen von ganz Tasmanien zu verkörpern.

Aber eine Fehlberechnung von Rob Matthews wurde ihnen zum Verhängnis. Rob stand am Ruder und steuerte eine Welle hinauf. Die *Business Post* neigte sich zu sehr in die achtzehn Meter hohe Welle, daher konnte ihr Kiel nicht fassen. Das Boot rutschte zur Seite weg und wurde von der Welle überrollt. Die *BP* richtete sich zwar wieder auf, aber die fünf Mann, die alle an Deck waren, wurden von Bord gespült. Glücklicherweise hielten ihre Sicherheitsgurte.

Fluchend hievten sich die Männer wieder an Bord. Als Tasmanier kennen sie »ihre« Bass Strait. Sie sind mit ihren Launen und Tücken vertraut. Insgeheim sind sie stolz auf die Bass, und wenn sie die Probleme bewältigen, weist sie das als hervorragende Segler aus. Wie kann die Bass es also wagen, sich ihnen zu widersetzen? Wie kann sie es wagen, ihr Rennen zu beenden? Denn damit ist es tatsächlich vorbei, das sehen sie auf den ersten Blick. Die Hälfte des Mastes ist abgebrochen, der Baum so verbogen, daß er aussieht wie ein Bumerang. Von Deck aus ist Wasser in den Schiffsraum geströmt, der Herd aus seiner Verankerung gerissen. Bestecke treiben durchs Wasser. Der Kühlschrank ist aufgegangen und gibt seinen Inhalt preis. Die wasserdichten Gefäße und Plastikbeutel tanzen in den Wellen und geben der Kajüte das Aussehen eines Lebensmittelladens nach einer Überschwemmung.

Die Männer der *Business Post Naiad* verdrängen ihre Enttäuschung (»Das ist also nicht unser Jahr gewesen!«) und bemühen sich um Schadensbegrenzung. Bruce Guy startet den Motor, der erstaunlicherweise nicht überflutet wurde, und nimmt Kurs auf Norden. Matthews, Phil Skeggs, Steuermann Steve Walker und Tony Guy zerren die Mastspitze an der linken Bootsseite fest – werfen sie nicht einfach ins Meer, wo sie andere Boote gefährdet hätte – und die Baumspitze an einer Backbordverstrebung. Bruce Guy beschließt, alle Möglichkeiten zu Notrufen zu nutzen. Behelfsmäßig wird eine Antenne installiert, ein Notruf gefunkt und das EPIRB aktiviert.

Aber das VHF-Signal der *Business Post* ist zu schwach, um von Lew Carter an Bord der *Young Endeaver* empfangen zu werden. Die vier Stunden von der *BP* entfernte Yacht *Yendy* fängt jedoch den Notruf auf und gibt ihn weiter.

Während die *BP* auf Hilfe wartet, geht die Sonne unter. Es sind die Stunden, in denen pausenlos Maydays eingehen. Ein Hubschrauber entdeckt die *Sword*, von der

Stand Aside wird der letzte Mann durch Michelle Blewitt zum Chopper hinaufgewinscht, *Polair 1* rettet John Campbell aus dem Meer, die *Winston Churchill* ist und bleibt verschwunden. Trotz ihrer Schäden kommt der *Business Post* wegen ihrer Seetüchtigkeit keine Sonderstellung zu. Schließlich sinkt sie nicht. Bestünde die Crew aus weniger fähigen Seglern auf einem weniger seetüchtigen Boot, hätte man ihnen sofort Beistand geschickt.

Eine Stunde später forscht die *Young Endeavour* nach, ob sich die Lage der *Business Post* stabilisiert hat. Möchten die Männer vielleicht die Dringlichkeit ihres Mayday zurücknehmen?

Da sie kaum noch Fahrt machen, lautet die Antwort der *PB*, man hätte während der Nacht gern ein Begleitboot.

Aber Telstra Control ist mit der Suche des Fischtrawlers nach der *Team Jaguar* beschäftigt und hört nichts vom Hilfeersuchen der *Business Post Naiad*. Über weite Strecken des Sonntagabends beherrschen der Trawler-Skipper und Telstra Contral den Funkverkehr. Da die *Yendy* inzwischen zu weit entfernt ist, um als Relaisstation zu fungieren, hat die *BP* keine Möglichkeit, ihre Bitte um ein Begleitschiff zu wiederholen. Als besonders frustrierend empfindet die Crew, daß sie das ihren Hilferuf blockierende Gespräch zwischen Telstra und dem Skipper auch noch mit anhören müssen. Ein Besatzungsmitglied kann sich die Bemerkung nicht verkneifen, daß der Skipper der *Team Jag* eben zum CYCA-Vorstand gehört …

Als es dunkel wird, packt die Männer dann doch Furcht. Bei Tageslicht dem Toben und Tosen der Wellen ausgesetzt zu sein ist eine Sache. Aber nachts, wenn man alles hören, aber nichts sehen kann, kann einem schon die nackte Angst in den Nacken springen. Flüchtig läßt sich der Mond sehen, ein Zeichen, daß der Sturm nachlassen könnte. Doch das ist nur eine Täuschung. Der Mond, Puppenspieler von Wind, Wellen, Gezeiten und Strömung, wirft nur einen kurzen Blick durch den Vorhang, um die Anwesenden zu zählen. Dann verschwindet er hinter einer Wolkenbank, und die Nacht wird wieder pechfinster. Die Männer an Bord der *Business Post Naiad* sind wieder allein mit ihren Befürchtungen und den angsteinflößenden Wellen, die darauf aus zu sein scheinen, sie zu holen.

Eine halbe Stunde vor Mitternacht befindet sich Phil Skeggs, ein athletischer, spitzbärtiger junger Schlosser, mit Rob Matthews an Deck. Skeggs ist nicht nur im Segeln unerfahren, sondern auch im Reisen. Am Weihnachtsfeiertag war sein Heimweh so intensiv, daß er seine Familie zwölfmal anrief, nur um die Stimmen seiner Frau und Kinder zu hören. Selbst mitten im heftigsten Sturm denkt Skeggs nur daran, rechtzeitig zu seinem vierzehnten Hochzeitstag wieder zu Hause zu sein.

Matthews steht am Steuer, während Skeggs ein paar Schritte entfernt den Kompaß liest und Richtungshinweise ruft. Normalerweise macht das der Steuermann selbst. Aber in dieser Finsternis muß sich Matthews ganz auf den Seegang konzentrieren, um herauszufinden, wo der Horizont endet und die Wellen beginnen. Und dafür sind Geräusche weit bessere Indikatoren als die Sicht.

Dann beginnen sie wieder zu rollen. Aus dem Nichts erhebt sich eine Welle und läßt das Boot kentern. Weder Matthews noch Skeggs hören die ansteigende See. Urplötzlich ist sie da. Eine Sekunde lang befindet sich das Boot im freien Fall. Kopfüber prallen sie in das Wellental, und Matthews wie Skeggs haben das große Glück, nicht fortgerissen oder zerschmettert zu werden. Unter Deck eingeschlossen, versucht Steve Walker, an Deck zu kommen, aber das verhindern die geschlossenen Luken. Zwei der Jungs tragen Stroboskoplampen, daher ist die Dunkelheit nicht total. Bruce Guy tritt schließlich das Luk aus der Halterung. Wasser strömt ein, bis sich der Druck ausgleicht. Die sechs Männer unter Deck stehen bis zur Taille im Wasser, und Bruce Guy watet auf das Rettungsfloß zu. Er reißt es herunter und wartet darauf, daß das Boot wieder umschlägt, damit er das Rettungsfloß an Deck bringen kann.

Direkt vor Bruce Guy und Walker, hinter zwei Laminatschichten und einer Hartschaumschicht, befinden sich Matthews und Skeggs. Sie haben sich unter Wasser in Leinen, Takelage und ihren Sicherheitsgurten verfangen. Jeder nestelt verzweifelt an seinem Sicherheitsgurt. Aber Skeggs' Oberkörper und Arme stecken in einem Gewirr aus Deckleinen, er kann den Clip nicht öffnen. Matthew spürt, daß ihm die Luft knapp wird. Auch er ist von Tauen und Seilen eingeschnürt, wird aber nach oben, in eine Luftkammer unter dem Cockpit getrieben. Er ringt nach Luft, gewinnt seine Energie wieder.

»Phil«, schreit er in der Annahme, Skeggs befände sich mit ihm in dem stockdunklen Luftloch. Er weiß nicht, daß Phil nur wenige Schritte entfernt versucht, sich aus der Umschnürung seiner Leinen und des Sicherheitsgurts zu befreien. »Phil!«

Er erhält keine Antwort. Da wird das Boot von einer weiteren Welle getroffen. Sie drückt die noch immer kieloben treibende *BP* noch tiefer ins Wasser und donnert auf Matthews' Kopf wie ein Hammer auf einen Nagel. Die Luftkammer gibt es nicht mehr, und Matthews befindet sich wieder unter Wasser.

Inzwischen ist Matthews fast direkt neben Skeggs. Beide setzen – füreinander unsichtbar – ihren einsamen Kampf fort. Der Drang, Luft zu holen, wird überwältigend, löst Panik aus. Die Seile zerren beide hinunter, und immer dann, wenn sie endlich einen Arm befreit haben, scheint sie eine neue Leine zu umschlingen. Es ist ein nicht endender Kampf, und Matthews wie Skeggs greifen auf ihre letzten Reserven zurück, um sich zu befreien.

Eine dritte Welle richtet das Boot wieder auf. In der Kabine stürzt Walker auf den Boden und hält den Atem an, als weiteres Wasser einströmt. Als die Steuerbord-Kante aus dem Wasser taucht, wird ersichtlich, daß die *Business Post Naiad* genauso zu sinken beginnt wie die *Winston Churchill*.

Blitzschnell will Walker an Deck springen, aber Bruce Guy kommt ihm zuvor. Er macht einen Schritt, noch einen – und bricht zusammen. Es sieht aus, als wäre er gestrauchelt, doch in Wirklichkeit hat er einen Herzanfall.

»Bruce? Was ist mit dir, Junge? Alles in Ordnung?« Steve Walker beugt sich über den Freund. Schlaff sinkt Guy ins Wasser zurück. In ihrer Panik, endlich der klaustrophobischen Enge der Kabine zu entkommen, steigen andere Crewmitglieder über Guy hinweg. Nur Steve Walker bemerkt, daß mit seinem Freund irgend etwas Schwerwiegendes nicht stimmt. Guys Gesicht versinkt im Wasser. Schnell packt Walker Guy bei den Schultern, zieht ihn hoch und wiegt ihn in seinen Armen. Ihre Gesichter sind nur Zentimeter voneinander entfernt.

»Bruce? Kannst du mich hören? Ist mit dir auch alles in Ordnung?«

Aber nichts ist in Ordnung. Und noch bevor Steve Walker seinem Freund zuschreien kann, sich endlich zusammenzureißen und um sein Leben zu kämpfen, ist Bruce Guy tot. Walker zieht Guy zu einer Koje und versucht, ihn mit Mund-zu-Mund-Beatmung wiederzubeleben, aber erfolglos.

Erschüttert verläßt Walker Guy und begibt sich an Deck, um den anderen die traurige Nachricht zu überbringen, muß aber feststellen, daß auch sie mit Rettungsversuchen beschäftigt sind. Bei Rob Matthew gelingt es ihnen. Aber Phil Skeggs ist ertrunken. Da er seinen Sicherheitsgurt nicht öffnen konnte, wurde er von Leinen und Takelage unter Wasser gehalten, bis ihm die Luft ausging. Der liebenswerte junge Mann hinterläßt seine Frau Stephanie und zwei Kinder, die neunjährige Kirsty und den sechsjährigen Joshua. Sein Körper wird unter Deck getragen und auf der Koje über Bruce Guy festgezurrt.

Zwei Stunden später erscheint der Rettungshubschrauber *NRMA CareFlight*. Als der Suchscheinwerfer das schwer angeschlagene Boot erfaßt, erkennt Pilot Dan Taylor auf Anhieb, daß die *Business Post Naiad* sinken wird, wenn sie nur noch eine Breitseite einstecken muß. Er beauftragt den Mann an der Winsch, Graham Fromberg, mit der unverzüglichen Rettung. Fromberg läßt Kabel und Rettungsgeschirr hinunter und zieht mit bewundernswerter Präzision Mann für Mann nach oben. Als die Männer der *Business Post* endlich im Chopper sind, stellen Taylor und Fromberg überrascht fest, wie betroffen sie sind. Keine überschwenglichen Umarmungen, nicht einmal ein Lächeln. Zu Tode erschöpfte, mit Öl und Benzin bedeckte Männer murmeln abwesend Dankesworte und seufzen tief und erleichtert auf. Sie wünschen sich nur, daß Tyler so schnell wie möglich zurückfliegt, damit sie ihre Familien anrufen können, bevor die Medien über die Tragödie berichten.

Die sterblichen Überreste von Bruce Guy und Phil Skeggs bleiben unter Deck zurück.

Zwei Tage später sieht das Polizeiboot die *Business Post Naiad* hundert Meilen nordöstlich von Eden im Meer treiben. Im Dunkel der Nacht wird die Yacht zu einer privaten Anlegestelle in Eden geschleppt – weit entfernt von den anderen Booten, die in Eden Zuflucht gesucht haben. Gerichtsmediziner holen Phil Skeggs und Bruce Guy an Land, legen sie auf Bahren und fahren mit ihnen davon.

»Dad hat das Segeln geliebt«, sagt Guys Sohn Mark zu Reportern. Normalerweise segelte Mark stets mit seinem Vater, aber eine andere Verpflichtung verhinderte die Teilnahme des Sechsundzwanzigjährigen am Syd-Hob 1998. Jetzt äußert er sich in einer Weise über seinen Vater, wie es alle Männer – Abenteurer oder nicht – mit Freude hören würden. »Er liebte den Wettkampf. Er liebte nach dem Rennen ein Bier und ein gutes Gespräch. Ganz einfach: Er liebte das Leben. Dad war immer für Mum, meine Schwester Karen und mich da. Er hat mich bei allen meinen Vorhaben und Interessen unglaublich unterstützt.«

Gegen zwei Uhr nachts erscheint Arthur Psaltis auf Deck. »Geh schlafen, Ed«, schreit er seinem Bruder ins Ohr. Seit sechs Stunden sind sie aus dem Auge des Sturms heraus. Der Wind heult und pfeift heftiger denn je. Ein anderes Geräusch ist dazugekommen: Gischt prasselt auf das Boot ein wie mehrere Ladungen Schrot – auch auf Eds Gesicht. Wegen der Dunkelheit hat er jetzt seine Sonnenbrille abgenommen. Er blinzelt nur dann und wann in den Wind, konzentriert sich die meiste Zeit auf das Ruder. Aber wenn er aufblickt, treiben ihm die salzigen Nadeln die Tränen in die Augen.

Ed glaubt, nur seine Pflicht zu tun. Deswegen will er das Steuer nicht verlassen. Doch Erschöpfung zehrt an ihm und der gesamten Crew der *Midnight Rambler*. Ed kann kaum noch aufrecht im Cockpit sitzen. Seine Augen schmerzen von der Anstrengung, Wellen und Horizont auseinanderzuhalten. Arthurs Bemühungen um den Zusammenhalt der Crew sind für den Kampf der *MR* gegen die Wellen so wichtig geworden wie Eds Steuerkünste und Bobs Navigationsfähigkeiten. Aber wie lange können sie noch durchhalten? Arthur befürchtet, der Einsatz der Besatzung ohne Rücksicht auf sich selbst könnte zur Tragödie führen. Übermüdung bedingt Fehler, und schon ein winziges Versehen kann alle umbringen. Nur eine Sekunde der Unaufmerksamkeit, und die nächste Monsterwelle läßt das Boot umschlagen.

»Ich bin völlig okay, Arthur.«

»Unsinn. Das bist du nicht. Geh endlich schlafen.«

Ed schweigt eine Minute lang. Dann reckt er sich, bringt sein Gesicht so nahe wie möglich an Arthurs heran und flüstert so leise, daß kein anderer es hören kann: »Was hältst du von unserer Position?«

»Was meinst du damit?«

Nervös leckt sich Ed die Lippen. »Ich weiß nicht mehr, wo wir sind.«

»Was sagt Bob?«

»Er weiß es auch nicht. Die Instrumente sind hin, und Sterne sind nicht zu sehen.«

Eine kleine, dunkle Welle schwemmt über das Deck, durchtränkt Ed und Arthur bis auf die Haut. Vom Bug ruft Wellenbeobachter Chris eine Entschuldigung. Macht nichts, denkt Ed. Niemand hat die Welle bemerkt.

»Und wo befinden wir uns deiner Meinung nach, Ed?«

»Nun, da die Wellen an Steuerbord auftreffen, segeln wir noch immer nach Süden. Aber die Strömung drängt uns nach Osten ab. Wir könnten vom Kurs abgekommen sein.«

»Im Ernst?«

»Im Ernst.«

»Wie weit ab?«

»Dran wage ich nicht zu denken.«

Die Enttäuschung ist fast greifbar. Niemand an Bord

der *Midnight Rambler* hat es ausgesprochen, aber die Motivation für den Kampf gegen den Sturm war der Griff nach dem Sieg gewesen. Sonst wären sie in dem Moment umgekehrt, als sich Chris den Kopf aufschlug. Spätestens aber nach der zweiten Kenterung.

Doch nun ist das Rennen verloren. Vom Kurs abgekommen zu sein bedeutet, fast einen ganzen Tag lang gegen den Wind wieder auf Richtung Tasmanien aufkreuzen zu müssen. Jetzt sieht es so aus, als wäre es eine Fehlentscheidung von Ed gewesen, so weit westlich wie möglich zu bleiben und mitten in den Sturm hineinzusegeln. Dadurch hatten sie es nicht nur früher und heftiger als andere Boote mit dem Unwetter zu tun bekommen, sondern die Strömung hatte sie auch weit abgesetzt. Ebensogut hätten sie wie die *Chutzpah* Neuseeland ansteuern können, kommt es ihnen doch so vor, als befände sich die *Midnight Rambler* bereits auf halbem Wege nach Auckland. Die *MR* ist nicht mehr Peter Pan, fliegt nicht mehr vom zweiten Stern von links geleitet durch die Nacht. Und die Crew ist nichts anderes als eine Handvoll Narren, die alles riskiert haben, ohne dafür belohnt zu werden. Für die Teilnahme am Sydney to Hobart Race muß es einen größeren Ansporn als den möglichen Ruhm geben, und nun, da die Chancen auf einen Sieg dahin sind, gäbe Ed fast alles, um diese Motivation zu finden.

Schließlich läßt er sich doch dazu überreden, unter Deck zu gehen.

Gegen vier Uhr morgens wird Richard Winning von seiner Erschöpfung nahezu überwältigt. Er ist ein pflichtbewußter Mann und daran gewöhnt, für andere Verantwortung zu übernehmen. Er hat Rynan und Lumtin seinem Rettungsfloß zugeordnet, weil er sich für ihr Schicksal persönlich verantwortlich fühlt. Er weiß nicht, wie er ihren Familien in die Augen blicken sollte, falls ihnen etwas zustößt. Das gleiche gilt für Bruce Gould. Der Mann ist nicht mit Gold aufzuwiegen.

Also schwimmt Winning jedesmal durch die enge Öffnung im Verdeck hinaus, sobald eine Woge das Floß umgeschlagen hat, und richtet es wieder auf. Dann schwingt er sich über den Rand und läßt sich zwischen seine Kameraden fallen. Sie reden kaum, machen sich lediglich auf nahende Wellen aufmerksam. Natürlich könnte niemand etwas gegen sie unternehmen, aber die Männer lauschen dennoch angestrengt, weil es besser ist, vorgewarnt zu sein, bevor man in die Luft fliegt. Seit acht Stunden geht das nun schon so, und kein Hubschrauber ist auch nur in ihre Nähe gekommen. Sie haben das Wellenrauschen satt, wollen endlich das Rattern eines Choppers hören.

Auch Lumtin ist die Berg-und-Talfahrt leid, vor allem, nachdem eine besonders große Woge das Floß überrollt und in ein Durcheinander aus Armen, Beinen, Ellbogen, Knien verwandelt. Als sich die Lage beruhigt, steht das Floß voller Wasser, und Lumtin ist unter einem Berg von Körpern begraben. Sein Gesicht wird in den Floßboden gedrückt. Einen Moment lang ist es gespenstisch still. Nur ein Gedanke beherrscht Lumtin: daß er ertrinkt. In panischer Angst zwängt, drängt und tritt er sich frei. Nur langsam rutschen die Körper von ihm herunter, und es kommt ihm vor, als wäre er schon seit Stunden unter Wasser. Mühsam, aber beharrlich zwängt er seinen Kopf zwischen den Körpern der anderen in eine kleine Luftkammer. Das dauert Ewigkeiten, aber sobald Lumtin sicher sein kann, daß sein Kopf wirklich aus dem Wasser ist, reißt er Mund und Augen weit auf. Er atmet tief durch, bis die Panik nachläßt, und verflucht die Nacht, das Meer, das Syd-Hob und das Segeln ganz allgemein.

Sobald das Durcheinander entwirrt ist, fordert Winning die Männer auf, Wasser zu schöpfen – mit ihren Stiefeln. Aber anstatt komplett zu ösen, läßt Winning ein paar Zentimeter als Ballast stehen. »An der Auskühlung seines Arsches ist vermutlich noch niemand gestorben«, bemerkt Lumtin trocken, als er sich ins Wasser setzt.

Doch der Schreck sitzt Lumtin noch immer in den Knochen. Er sehnt sich danach aufzugeben. Alle wünschen sich das. Die Erschöpfung laugt ihre Widerstandskräfte aus. Durch die Öffnung im Verdeck strömt weiteres Wasser ins Floß. Die Männer schöpfen und schöpfen, ohne zu wissen, wie lange sie noch durchhalten können. Sie sind am Verdursten, die Zungen kleben ihnen am Gaumen. Später danach befragt, woher sie die Kraft nahmen, Stunde um Stunde Wasser zu schöpfen, werden einige Gott erwähnen, nur Lumtin verweist offen auf seine Angst. Angst vor den monströsen Wellen, die mit dem zerbrechlichen Floß Fangen spielen. »Etwas Vergleichbares habe ich in meinem ganzen Leben noch nicht gehört«, sagt er über das unheimliche Donnern, das nicht nachlassen will. »Grauenhaft. Unbeschreiblich.«

Es mag sich unglaubwürdig anhören, aber die Situation der fünf Männer auf Steamers Rettungsfloß ist fast noch desolater. Seit Stunden klammern sie sich verzweifelt an den Floßrand. Obwohl das Verdeck einen gewissen Schutz gewährt, beginnt sich Unterkühlung bemerkbar zu machen. Die im Wasser hängenden Beine der Männer werden gefühllos, Hunger wird übermächtig. Da es kein Trinkwasser gibt, zehrt zusätzlich der Flüssigkeitsmangel an ihren Kräften.

Wie alle anderen lauschen auch Steamers Männer in dieser Nacht auf das Donnern der Seen. Inzwischen können sie recht gut zwischen nahen und fernen Wellen unterscheiden. Manche sind klein, andere riesig, und es hängt von ihrer Größe ab, wie gut man sich wappnen muß. Manchmal genügt es, den Kontakt zu den Luftkammern nicht zu verlieren und die Welle über sich hinweggehen zu lassen, aber manchmal trifft das Wasser mit der Wucht der Niagarafälle auf. »Jungs«, ruft Steamer, wenn sie wieder einmal hören, daß ein besonders großes Monster auf sie zukommt, »jetzt müssen wir uns ums Verrecken gut festklammern.«

Die Monsterwellen kann man natürlich nicht ausmachen. Sie strudeln irgendwo in den Bass Plains zusammen, drängen an die Oberfläche und rasen voller Algen und Überreste irgendeines jahrtausendealten Aborigines-Lagerfeuers als gewaltige Strömungen dahin. Und so hören die fünf Männer in dem deutschen Rettungsfloß auch die Riesenwelle nicht, die ihr Leben für immer verändern wird. Mit den Beinen im Wasser sitzen sie ganz still und lauschen auf Wellen, als das Floß plötzlich absackt. Es ist, als befänden sie sich in einem Fahrstuhl, dessen Boden wegbricht und alle in den Schacht stürzen läßt. Das ProSaver saust abwärts und kracht in ein Wellental. Sekunden später schlagen Tonnen von Wasser über den Männern zusammen. Das Floß wird unter Wasser gedrückt und heftig zur Seite geschoben. Mike Bannister, Jim Lawler und John Dean verlieren den Halt. Stanley und Gibson, die sich noch immer krampfhaft an das Floß klammern, drückt es unter Wasser. Wegen der Salzwasser-»Therapie« schmerzt Gibsons offene Wunde zwar seit Stunden nicht mehr, aber er kann seine Hand nicht so einsetzen, wie er es möchte. Um sie zu schonen, muß er den Floßrand mit beiden Armen »umschlingen«.

Wie auf einer Rutsche rasen Steamer und Gibson mit der Woge durchs Wasser. Als ihre Wucht endlich nachläßt, hat Stanley den Eindruck, für Ewigkeiten die Luft angehalten zu haben.

»Irgend jemand in der Nähe?« keucht Stanley.

»Ich ... Gibbo.«

Stanley sieht sich um. Das Floß hat sich in einen Rettungsring verwandelt, denn die Welle hat das Verdeck weggerissen. Nirgendwo eine Spur von Jim Lawler, dem Freund von Bill Psaltris. Auch keine Spuren von Mike Bannister, dem Lastwagenfahrer und Ehemann, sowie von John Dean, dem Anwalt, Rugbytrainer und Vater zweier halbwüchsiger Söhne, die ihn verehren und seinem Beispiel nacheifern.

Im Umkreis von vierhundert Metern nur Gischt und Schaum. Aber dort, wo ihr wilder Ritt begann, erspäht Stanley zwei Rettungswesten. Wind und Strömung treiben Stanley und Gibson jedoch immer weiter fort. Die in den Westen Steckenden sind sich selbst überlassen. Für Steamer Stanley und Gibbo Gibson gibt es keine Möglichkeit, sie zu erreichen. Gegen die Strömung zu schwimmen ist nicht einmal einen Versuch wert. Ähnlich aussichtslos wäre es – vor allem angesichts von Stanleys gebrochenem Knöchel –, die Floßreste irgendwie mit den Füßen zu den beiden Männern zurückbugsieren zu wollen.

»Wir können nichts tun«, stellt Stanley fest. »Der Wind ist zu stark. Es ist aussichtslos.«

»Ich weiß.«

Stanley sieht Gibbo an. Im Moment gibt es nur sie beide auf der Welt. Sie müssen einander unterstützen, Kraft geben. »Wir sind nur noch zu zweit. Drei Jungs hat es fortgerissen, und bedauerlicherweise können wir nichts dagegen unternehmen. Leicht wird es nicht, aber wenn wir überleben wollen, müssen wir uns an dieses Floß klammern.«

Immer wieder spähen sie in die Dunkelheit, suchen nach Wellen. Es ist ihnen zur zweiten Natur geworden. Schließlich holt Gibbo tief Luft. »Dann wollen wir uns auch festklammern«, erklärt er entschlossen.

Furchtsam sehen sie sich an. Das wär's also. Sie sind zwei Männer in mittleren Jahren, nicht allzuweit vom Rentnerdasein entfernt, leiden unter Auskühlung und klammern sich an gummiummantelte Luftkammern, als wären die das Leben selbst. Der Sturm tobt mit einer Geschwindigkeit von nahezu hundertfünfzig Kilometern die Stunde. Sie schießen mehr als dreißig Meter hohe Wogen hinauf und wieder hinunter. Bis zum Morgen sind es noch etliche Stunden. Wer einschläft oder den Ring losläßt, wird davontreiben und einen einsamen Tod in der Bass Strait sterben. Sie haben kein EPIRB, um Hilfe herbeizurufen. Keine Signalkugeln, kein Leuchtfeuer. Ihre letzte Nahrung war ein Keks aus Stanleys Tasche, doch der wurde bereits kurz nach dem Sinken der *Winston Churchill* aufgeteilt. Es gibt kein Trinkwasser – nur die salzige See, die darauf lauert, alle umzubringen.

Nur drei Männer auf der Welt sind im Moment hilfloser als Steamer Stanley und Gibbo Gibson: Mike Bannister, John Dean und Jimmy Lawler. Seit Jahren war kein Segler in einer ähnlich desolaten Lage. Selbst Isabelle Autissier und Tony Bullimore befanden sich immerhin noch auf dahintreibenden Booten. Aber Bannister, Dean und Lawler wurden vom Floß und voneinander fortgetrieben. Jeder ist allein. Bannister und Lawler stecken noch in ihren Rettungswesten. Dean hat seine verloren – am Pro-Saver hängt eine leere Weste, wahrscheinlich Deans –, daher tritt er verzweifelt Wasser. Alle drei Männer fühlen sich den Elementen ausgeliefert und sehnen sich nach der Sicherheit des Rettungsfloßes. Verglichen mit der Einsamkeit ihres Kampfes gegen die Wellen war der Aufenthalt in dem zerfetzten Floß geradezu idyllisch. Irgendwie läßt das Alleinsein die Kälte noch schneller in den Körper kriechen.

Wie konnte das alles nur geschehen?

Weder Steamer noch Gibbo sind große Plauderer, daher sind im Grunde alle fünf Männer in der Bass Strait allein. Wortlos – obwohl sie am liebsten getobt, geschrien und Gott gefragt hätten, warum Er ausgerechnet sie für diese Qualen auserwählt hat – wappnen sie sich für den vor ihnen liegenden mentalen Kampf, reden sich ein, daß sie schon jemand finden wird, wenn sie es schaffen, bis zum Tagesanbruch am Leben zu bleiben. Und die Nacht zieht sich hin.

Im Gegensatz zu Ed Psaltis' *Midnight Rambler* hatte man auf der *Midnight Special* keine allzu großen Ambitionen auf einen Sieg. Die Besatzung der 44-Fuß-Yacht, die zum Mooloolaba Yacht Club gehört, besteht aus neun Freunden in den besten Jahren, die insgesamt an sieben Syd-Hobs teilgenommen haben. Zwei Männer sind noch nie über die Bass Strait gesegelt, aber Hochsee-Veteranen wie Neil Dickson (mit neunundvierzig Jahren der Jüngste der Crew) und Roger Barnett, der Präsident des Mooloolaba Yacht Club, verfügen über genügend Erfahrung. Die offizielle Regatta-Broschüre bezeichnet die Besatzung der *Midnight Special* als »handfeste Burschen, die auf ein bißchen Spaß aus sind und verhindern wollen, mitten in der Bass Strait von der Midlifekrise überwältigt zu werden«.

Dennoch kommt es zu einer Art Midlifekrise. Dicksons und Barnetts Fähigkeiten zufolge liegt die *Midnight Special* am Sonntag morgen auf dem achtzehnten Platz. Die Crew kann ihr Glück kaum fassen (Vielleicht ist es *unser* Jahr!), und obwohl die Seekrankheit vier Männer dauerhaft in die Kojen verbannt, ist an Umkehr nicht einmal zu denken.

Die *Midnight Special* gehört fünf Crewmitgliedern, und kurz vor der Positionsmeldung um 14.05 Uhr ruft

Dickson sie unter Deck zusammen, um für eine Umkehr zu plädieren. Die Männer der *Midnight Special* sind den Streß nicht gewöhnt und könnten unter der Überbelastung zusammenbrechen. Einige stehen, die anderen liegen auf den Kojen. Aber den engen Zusammenhalt abenteuerlustiger Freunde gibt es nicht mehr, und es kommt zu einem hitzigen Wortwechsel. Die Ambitionierten sehen keinen Grund für eine Umkehr, während die Seekranken wertvolle Teile ihrer Anatomie dafür hingeben würden, wieder festen Boden unter die Füße zu bekommen.

Aber bevor die Auseinandersetzung allzu giftig werden kann, nimmt der Sturm der *Midnight Special* die Entscheidung ab. Sie wird von einer plötzlichen Welle auf die Seite gelegt. Ian Griffiths, ein Gegner des Umkehrgedankens, wird gegen das Spind geschleudert, bricht sich das Bein und demoliert den Aufbau. Fast genau in diesem Moment meldet sich Rob Kothe mit seiner Sturmwarnung über Funk. Abrupt beendet Dickson die Diskussion damit, daß er die *Midnight Special* wendet, den Motor startet und Kurs auf Eden nimmt. Über HF-Radio informiert er die *Young Endeavour* über den Abbruch des Rennens. »Zur Zeit«, präzisiert Dickson, »befindet sich die *Midnight Special* sechzig Kilometer vor Gabo Island.« Und damit fast genau im Zentrum des schwarzen Lochs …

Die Fahrt durch dieses berüchtigte Seegebiet setzt ihr schwer zu. Zweimal lassen die Wellen sie kentern. Die Besatzung – schon älter und nicht mehr so behende – wird übel zugerichtet. Peter Carter verstaucht sich die Wirbelsäule. Zwei Männer erleiden Nasenbeinbrüche. Gebrochene Rippen, Schnittwunden, Prellungen, wohin man blickt. Blutflecken überall, wo die Köpfe aufgeschlagen haben. Blut tropft auf den Boden und vermischt sich mit Erbrochenem.

Die Kenterung zerstört jede etwa noch verbliebene Widerstandskraft. Neulinge wie alte Hasen gleichermaßen werden von Furcht überwältigt. Verbitterung, Verwirrung, Hoffnungslosigkeit, Angst und Seekrankheit gehen eine unheilige Allianz ein und führen zu regelrechter Panik. Dann versetzt eine über dreißig Meter hohe Monsterwelle die *Midnight Special* ins Kreiseln, zerbricht den Mast, zerschmettert Bullaugen, überflutet die Kajüte, zieht einen Teil der Takelage in die Schiffsschraube. Am Rumpf reißt die Beschichtung auf. Wasser dringt ein, auch nachdem die Welle vorüber ist. Bei seinem Sturz hat Dickson das Bewußtsein verloren, aber sobald er zu sich kommt, beginnt er damit, Schlafsäcke und Spinnakerfetzen in die Leckritzen zu stopfen. Die Schlafsäcke erfüllen ihren Zweck nur, bis sie sich vollgesaugt haben. Aber die Segel halten das Einströmen des Wassers ab. Entsetzt springen die Männer von den unteren Kojen hoch, als das Wasser zu ihnen hochschwappt.

Dickson kommandiert die Schöpfbrigade. Fast jeder hat sich irgend etwas gebrochen oder leidet unter Seekrankheit, aber das ist jetzt nebensächlich, denn ein sinkendes Boot bedeutet den sicheren Tod. In Schichten schöpfen sie die ganze Nacht hindurch Wasser. Trevor McDonagh, ein sechzigjähriger Maurer, löst das EPIRB aus. Mayday können sie nicht funken, da alle elektronischen Geräte überflutet wurden. Ohne Fahrt wartet die *Midnight Special* auf Rettung und hofft inständig, daß keine weitere Welle ihr vorzeitig den Garaus macht.

Der Tagesanbruch bringt zwar neue Zuversicht, zwingt aber auch zu einer realistischen Einschätzung der Lage. Das Ösen hat die Überflutung zwar reduziert, aber auf keinen Fall kann es die *Midnight Special* bis zur Küste schaffen. Zunächst einmal müßte jemand unter das Boot tauchen, um die Schiffsschraube zu befreien. Vielleicht kann man den Motor dann wieder in Gang bringen und eine Art Notsteuerung installieren. Aber niemand reißt sich um den Tauchgang. Auch um sechs Uhr morgens sind Wellen und Strömung so gewaltig wie zum Zeitpunkt der Wetterbombenexplosion vor sechzehn Stunden. In fünfunddreißig Meter hohe Wellen zu springen ist so, als würde man sein eigenes Todesurteil unterschreiben.

Dann ein neues Geräusch.

Nicht wie das Heulen des Sturms, anders als das Donnern der Wogen – ratternder, monotoner. Ein Flugzeug. Eine PC-3 Orion im langsamen Tiefflug. Jetzt schwenkt die Maschine die Tragflächen – das internationale Zeichen für Kenntnisnahme. Jubel und spontane Liebe zu den unbekannten Fliegern bricht auf der *Midnight Special* aus. Als wenig später auch noch ein *SouthCare*-Ambulanzhubschrauber über der *Midnight Special* auftaucht, kennt die Begeisterung keine Grenzen mehr. Sanitäter David Dutton springt ins Wasser und bedeutet den Crewmitgliedern hastig, auf das Rettungsgeschirr zuzuschwimmen. »Schnell, schnell«, versucht er sich über das Getöse hinweg verständlich zu machen. Denn der Treibstoff wird knapp. Die Besatzung schickt den Dermatologen David Leslie als ersten von Bord. Als Arzt kann er über die Verfassung der Männer Auskunft geben.

Leslie holt tief Luft, schätzt die Entfernung zu Dutton ab und springt mit den Füßen voran ins Wasser. Es schlägt über ihm zusammen, und er muß sich wieder an die Oberfläche kämpfen. Er taucht mit dem Kopf aus dem Wasser, blickt sich nach Dutton um. Da ist er, direkt unter dem Chopper.

Hinter Leslie warten McDonagh und der Baumschulenbesitzer Bill Butler darauf, auch springen zu können. Der Rest der Besatzung ist zu angeschlagen, um an Deck zu gehen. Die Männer sollen mit der Winsch hochgezogen werden. Die Anspannung der letzten Stunden fällt von ihnen ab, wird von ungeheurer Erleichterung über die bevorstehende Rettung ersetzt. Mit ihren strahlenden Gesichtern, dem freudigen Schulter- und Rückenklopfen ähneln sie wieder den »handfesten Burschen, die auf einen Spaß aus sind«. Die Midlifekrise ist vorüber.

Leslie legt sich den Stropp um Arme und Schultern. Dutton reckt den Daumen, und die Reise durch die Luft beginnt. Sie beginnen sich langsam zu drehen, während oben das Kabel eingeholt wird. Leslie blickt zum Boot hinunter und sieht, wie seine Kameraden von Deck aus seine »Himmelfahrt« verfolgen. Leslie lächelt in sich hinein. Sich langsam drehend, blickt er zur offenen Hubschraubertür hinauf, spürt den Druck von Duttons Knien an seinen Rippen und wird von einem nie gekannten Glücksgefühl überwältigt. Er lebt. Was für ein berauschendes Gefühl.

Wieder schaut Leslie zu seinen Kameraden hinunter. Gerade rechtzeitig, um zu sehen, daß eine weitere Monsterwelle die *Midnight Special* überrollt. Die gesamte Crew starrt zu Leslie und Dutton, so bemerkt keiner die Welle. Und im nächsten Augenblick treibt das Boot kieloben in den Wellen. Im Wasser ist niemand zu sehen. Es gibt absolut nichts, was Leslie tun könnte. Sein Glücksgefühl schwindet dahin, als der Helikopter schnell Fahrt aufnimmt. Aus Treibstoffmangel fliegt der Pilot schnell auf die Küste zu. Wie gebannt starren Leslie und Dutton zur Tür hinaus in die Richtung, in der die *Midnight Special* in der Ferne verschwindet.

Rund vierzig Meilen von der *Midnight Special* entfernt sehen Steamer und Gibbo die Sonne aufgehen – eine glatte Übertreibung, da sich lediglich der Horizont von

Schwarz in ein düsteres Grau verfärbt. Während der mehr als unruhigen Nacht haben sie eine Strategie entwickelt. Sie sitzen Rücken an Rücken und drücken die Beine gegen den Außenrand des Floßes. So können sie sich beide innerhalb des Rings halten. Jeder hängt seinen Gedanken nach und sucht den Himmel unablässig nach einem Flugzeug ab. Sie hören und sehen nichts, aber ihre Zweisamkeit ist irgendwie tröstlich. Wie schrecklich muß es für die anderen sein, so etwas allein durchzustehen ... Am bedrückendsten ist das Gefühl des Aufgegebenseins, als hätte die Welt sie irgendwie verloren und es noch nicht für nötig befunden, nach ihnen zu suchen.

»Wie geht's, Gibbo?«

»Ich lebe.« Die Worte kommen zäh wie Sirup. Vom Salzwasserschlucken ist Gibsons Zunge ganz dick.

»Gut, Junge.«

Die *Polair 1*-Crew übernachtet in Mallacoota. Um halb fünf Uhr früh sind alle wieder auf dem Flugplatz. Um sechs steigen sie auf, um nach der *Winston Churchill* zu suchen. Und erneut werden sie abberufen. Diesmal zur *Midnight Special*. David Key, Barry Barclay und Darryl Jones wissen nicht, was sie erwartet. Die letzte Information über das Boot stammt vom *SouthCare*-Hubschrauber: Die *Midnight Special* sei von einer Monsterwelle getroffen worden und gekentert. Notfalls muß sich Key – wieder ist er der Rettungsschwimmer und Barclay bedient die Winsch – hinunterlassen, auf das Boot klettern und gegen den Rumpf klopfen, um festzustellen, ob Männer darin gefangen sind.

Aber das ist nicht nötig. Als *Polair 1* die *Midnight Special* entdeckt, hat sie sich wieder aufgerichtet. Doch die Zeit wird knapp. Alle Mann sind an Deck, und die Yacht beginnt schnell zu sinken. Nach seiner Glanzleistung bei der Rettung der *Kingurra* äußert sich Key geradezu nonchalant über die Bedingungen und spricht Jones gegenüber von »gerade einmal siebzehn Meter hohen« Wellen und Windgeschwindigkeiten von »nur« hundertzehn Kilometern. Aber dann fürchtet Key doch um sein Leben. Wieder und wieder schleudern ihn die Wellen gegen den Rumpf der *Midnight Special*. Er schluckt so viel Seewasser, daß ihm übel wird, und er befürchtet, zu schwach für die Rettungsaktion zu sein. Doch er zwingt sich dazu, schneller zu arbeiten. Die Sache muß schließlich erledigt werden, und da die *Midnight Special* sinkt, ist keine Zeit, sich von Barclay ablösen zu lassen. Einen nach dem anderen hievt er die erschöpften Crewmitglieder in den Hubschrauber.

Als Key zum letzten Mal hinuntergeht, sieht er eine Monsterwelle auf das Boot zukommen. Noch ist sie eine halbe Meile entfernt, aber sie ist sehr schnell. Key läßt sich ins Wasser fallen und schwimmt eilig auf den Seemann zu. Der Mann ist zu entkräftet und ausgekühlt, um auch nur seinen Namen nennen zu können, daher hat Key keine Ahnung, um wen es sich handelt. Die Körpertemperatur des Seglers ist inzwischen so niedrig, daß ihm seine Lage nicht bewußt wird. Als Key mit Engelszungen auf ihn einredet, sich das Rettungsgeschirr umlegen zu lassen, weigert sich der Mann hartnäckig. Er ziehe es vor, mit dem Boot unterzugehen, erklärt er Key.

Inzwischen ragt die *Midnight Special* kaum noch aus dem Wasser. Schließlich springt der Mann doch, das heißt, er watet auf Key zu. Das Rettungsgeschirr wird umgelegt. Barclay bekommt sein Daumenzeichen, dann geht es himmelwärts. Noch schwimmt die *Midnight Special*. Aber weniger als dreißig Sekunden später, noch bevor Key den Helikopter erreicht hat, versinkt sie in der Bass Strait.

Unverzüglich richtet Darryl Jones die Choppernase in den Wind. Wenigstens hat er diesmal genügend Treibstoff für den Heimflug.

Es ist elf Uhr vormittags, aber bislang hat sich noch kein Hubschrauber oder Flugzeug in Gibbos und Stanleys Nähe gezeigt. Die Unterkühlung setzt den Männern zu, und beide zittern wie Espenlaub. Sie sind am Verhungern, zu Tode erschöpft. Beim Absuchen des Horizonts können sie keine Spur von den Rettungswesten ihrer Kameraden entdecken. Sie sagen es zwar nicht, aber jeder ist schockiert, wie kreidebleich der andere aussieht. Dennoch schöpfen sie wieder Mut, zumindest ein wenig.

Der Seegang ist mäßig, der Wind abgeflaut, der Regen legt Pausen ein. Für Gibbo und Steamer ist die längste Nacht eindeutig vorüber. Irgendwo, allein, bemerken auch Mike Bannister, Jimmy Lawler und John Dean die Wetterveränderung.

Die Wetterbombe hat sich ausgetobt.

»Verhängnisvolles Yachtrennen: Zwei Tote
Sydney, Australien. – Zwei Segelsportler fanden den Tod, und fünfzehn wurden vermißt gemeldet, als am Montag Winde von Orkanstärke und haushohe Wellen über das Sydney to Hobart Race hereinbrachen. Unter den 56 Geretteten befindet sich auch ein Amerikaner.

Bei den beiden Toten handelt es sich um zwei Australier, die sechzig Meilen vor Merimbula in New South Wales an Bord der 40-Fuß-Yacht *Business Post Naiad* gefunden wurden. David Gray, dem Sprecher der Australian Maritime Safety Authority zufolge, erlitt Bruce Guy, der Eigner und Skipper des Bootes, einen Herzschlag, während Phil Skeggs, der erstmals an diesem Rennen teilnahm, sich nicht aus seinem Sicherheitsgurt befreien konnte und ertrank. Man ließ sie an Bord zurück, traf aber Vorkehrungen, sie so schnell wie möglich zu bergen. Böen mit Geschwindigkeiten von siebzig Knoten zerbrachen Masten, rissen Decks und Rümpfe auf und stellten die Crews vor so immense Probleme, daß mindestens 37 Boote gezwungen waren, die Regatta abzubrechen, die mit knappem Vorsprung von der amerikanischen Yacht *Sayonara* angeführt wurde.

Neun Besatzungsmitglieder befanden sich an Bord der vermißten Kutteryacht *Winston Churchill*, und zu den fünf Männern auf der *Solo Globe* brach der Kontakt ab.

Der britische Segler Glyn Charles wurde Sonntag nacht von der *Sword of Orion* gespült und wird zur Zeit noch vermißt. Charles hat nach Aussagen der Rennleitung an vier Admiral's Cup-Rennen teilgenommen und Großbritannien bei den Olympischen Spielen 1996 in Atlanta mit einem Star-Boot vertreten.

Eine der vermißten Yachten, die *B-52*, konnte mit Kurs auf Eden an der Küste von New South Wales ausfindig gemacht werden. Es wird davon ausgegangen, daß es der neunköpfigen Crew den Umständen entsprechend gutgeht, denn das Boot kam aus eigener Kraft voran.

Der Amerikaner John Campbell konnte von einem Polizei-Helikopter aus dem Meer geborgen werden, nachdem er zweiundzwanzig Meilen südlich von Gabo Island von Bord der *Kingurra* gespült worden war.

Los Angeles Times, 28. Dezember 1998«

Der Mahlstrom

Montag, 28. Dezember

»Syd-Hob-Unwetter fordert Menschenopfer«, schreit es von der Titelseite des *Sydney Morning Herald*, aber das Debakel des Sydney to Hobart Race reicht über die übliche lokale Berichterstattung weit hinaus. Schon bald erfährt alle Welt von der Wetterbombe. Gesicherte Informationen sind nur schwer zu bekommen, denn viele Unglücksfälle ereigneten sich am späten Sonntagabend oder in der Nacht, daher erscheinen zwischen Tokio, Paris und Los Angeles in den Medien widersprüchliche Angaben darüber, wie viele Besatzungen und Boote vermißt werden. Die genaue Zahl kennt ohnehin niemand, nicht einmal AusSAR oder der CYCA. Nach dem Einlaufen der *B-52* in Eden ruft Don Buckley seine Frau Fiona an, die außer sich vor Angst nahezu stündlich mit dem CYCA telephoniert hatte. Aber dort wußte man nichts, konnte nichts sagen. Als Don ihr versichert, es gehe ihm gut, gibt sie das dem CYCA weiter.

»Don ist in Eden?« lautet die ungläubige Rückfrage.

»Ich habe gerade mit ihm gesprochen.«

»Könnten Sie ihn vielleicht noch einmal anrufen? Es wäre hervorragend, wenn er uns die Namen aller Boote nennen könnte, die inzwischen in Eden eingetroffen sind.«

Weil das Funkgerät seines Bootes ausgefallen ist, weiß bis zum späten Sonntagabend nicht einmal CYCA-Präsident van Kretschmar über das wahre Ausmaß des Unwetters Bescheid. Als er die *Assassin* auf die Küste zusteuert, erreicht er den CYCA vor Wollongong schließlich über Handy. »Als ich um zehn Uhr abends im Club anrief und einen Direktor an die Strippe bekam, wußte ich, daß irgend etwas nicht stimmte«, erzählt er am nächsten Tag. »Was man mir mitteilte, hat mich erschüttert. Die gesamte Crew war tief betroffen. Menschen sind gestorben, Menschen, die ich kannte.«

Van Kretschmar, ein hochgewachsener, zugänglicher Mann, kündigt eine Untersuchung durch den CYCA an, bei der Skipper ausführlich nach den Bedingungen des Rennens sowie über Konstruktion und Ausrüstung der Boote befragt werden sollen. Privat äußert van Kretschmar, daß es nur wenige Möglichkeiten zur Verhinderung derartiger Katastrophen gebe. Das Problem wären die Wettervorhersagen und Fehlentscheidungen der Skipper. »Wir sollten Seminare veranstalten, um die Leute darüber zu informieren, unter welchen Bedingungen sie besser nicht auslaufen sollen. Aber wir brauchen auch aktuellere Daten von den Meteorologen. Im Rahmen der bisherigen Praxis sind Ostküstentiefs kaum rechtzeitig vorherzusagen: Sie entwickeln sich zu schnell. Kenn Batt und Roger Badham begannen ganz intuitiv, sich Sorgen zu machen, konnten aber keine offizielle Warnung veröffentlichen, weil das als zu subjektiv betrachtet worden wäre. Aber es wäre ein riesiger Gewinn für das Sydney to Hobart Race, wenn solche Burschen ihre Spekulationen wenigstens laut äußern dürften.«

Künftig soll auch eine Umrundungsboje vor Eden oder

Gabo dafür sorgen, daß sich die Flotte nicht zu weit von der Küste entfernt. »Wenn es zu Problemen kommt, können die Boote schneller den Schutz eines Hafens aufsuchen.«

Zu keinem Zeitpunkt erwogen van Kretschmar oder ein anderer CYCA-Offizieller – aus Sicherheitserwägungen oder aus Respekt vor den Toten – einen Abbruch des Rennens. »Hätte sich der Cruising Yacht Club of Australia nach der Explosion der Wetterbombe zu einem Abbruch der Regatta entschlossen, wäre der Verlust an Booten und Besatzungen noch sehr viel größer gewesen, weil die Flotte bei der Umkehr in den ärgsten Einflußbereich des Sturms hineingeraten wäre«, erklärt CYCA-Sprecher Peter Campbell und erinnert daran, daß alle Skipper in einem Vorbereitungsgespräch am 24. Dezember auf Regel Nummer vier hingewiesen worden sind.

Mit Empörung reagiert die australische Öffentlichkeit, als Premierminister John Howard die Fortsetzung des Rennens rechtfertigt: »Ich bin kein Yachtsportler. Ich habe Respekt vor den Wünschen der Menschen, die Segler sind und sich auf See auskennen. Mir erscheint es nicht mehr als vernünftig, daß jeder Skipper die Verantwortung für sein Schiff trägt und deshalb selbst darüber zu entscheiden hat, was mit dem Boot geschieht«, sagte Howard.

In den folgenden Wochen sollte es über diese Äußerung zu Auseinandersetzungen kommen, die das Land spalteten. Da gab es jene, die über die Opfer (und über Howards mangelndes Mitgefühl) erschüttert waren und auf den Verlust der *Winston Churchill* verwiesen. Sie betonten, das Syd-Hob hätte nach dem Ausbruch des Sturms gestoppt werden müssen, und Howard hätte kein Recht, die Segelsportler zu verteidigen. Solange öffentliche Gelder für die Rettungsmaßnahmen ausgegeben würden (und die AusSAR bezifferte später die Kosten für diesen privaten Einsatz mit 650 000 Dollar, darin sind die Kosten für die Militärflugzeuge und für die HMAS *Newcastle* nicht enthalten), käme der Nation das Recht und die Pflicht zu, von Abenteurern die Einhaltung bestimmter Regeln zu verlangen.

Andererseits gab es jene, die darauf beharrten, daß Australien eine auf Selbstbestimmung begründete Nation sei. Das zeige sich am deutlichsten an den australischen Sportlern und Abenteurern. Seeleute wären eine ganz besondere Spezies, die auch vor scheinbar unüberwindbaren Risiken nicht zurückschreckten. Wie die 18-Fuß-Skiff-Segler, die vor langer Zeit ihren Wettkampf in Sydney Harbour mit den Fäusten austrugen, gehe es den Skippern des Syd-Hob um den Wettkampf in seiner ausgeprägtesten Form.

Um die öffentliche Erregung zu beschwichtigen, leitete die Regierung später eine Untersuchung der Tragödie ein. Im Mai 1999 führt das Bureau of Meteorology eine eigene Überprüfung durch und spricht sich von allen Vorwürfen frei. Da sie »die Bedeutung der veröffentlichten Sturmwarnung« nicht ganz verstanden hätten, heißt es im BOM-Bericht, käme allein den Seglern die Verantwortung zu.

Das BOM würde seine Bemühungen dahingehend intensivieren, heißt es weiter, den Segelsportlern weiterhin erstklassige Wetternachrichten zu liefern sowie dafür Sorge zu tragen, »daß die meteorologischen Informationen auch verstanden werden«. Das Büro in Sydney, schließt die Verlautbarung, hätte während der gesamten Regatta ausgezeichnete Arbeit geleistet.

Eine Woche später kontert der CYCA mit dem Fazit seiner eigenen Untersuchungen, wobei dem BOM vage und unzuverlässige Vorhersagen vorgeworfen werden. Die Erklärung schließt mit der Feststellung, daß die BOM-Wetterinformationen für künftige Syd-Hobs durch regelmäßige Expertenberichte an Bord der *Young Endeavour* bereichert werden müssen. Der Wetterexperte soll Roger »Clouds« Badham sein.

Rob Kothe wird sich die Aura eines Kämpfers für mehr Sicherheit auf See und ein striktes Einhalten der Bestimmungen für Hochseeregatten geben.

Doch das alles liegt in der Zukunft. Während des gesamten 29. Dezember weitet sich die Medienberichterstattung aus, obwohl der Sturm nachläßt. Die Katastrophe berührt einen Nerv. Was viele Menschen betroffen machte und dieses Desaster von der Everest-Katastrophe 1996 unterschied, die gleichfalls weltweites Interesse auslöste, war die Tatsache, wie »durchschnittlich« die Syd-Hob-Segler waren. Normale Menschen mit normalen Berufen gingen bis an ihre mentalen, physischen und psychischen Grenzen. Viele hatten alles, was man sich wünschen kann – beruflichen Erfolg, Familie, Geld –, und doch ließ sie die Faszination des Risikos Grenzen überschreiten, vor denen andere haltmachen würden. War dies vielleicht eine Lektion, eine Aufforderung an andere, ihr Leben zu betrachten und sich zu fragen, warum sie sich nicht mehr abverlangten?

Journalisten aller Couleur – Photographen, Reporter, TV-Berichterstatter – belagerten den CYCA in Sydney, seine Dependenzen in Eden, Merimbula und Mallacoota. Jede größere Nachrichtenagentur der Welt berichtete über die Vorfälle. AusSAR nahm Stellung über einen offiziellen Sprecher und lud ein paar ausgewählte Journalisten in die Einsatzzentrale ein, damit sie das SAR-Team bei seiner Arbeit beobachten konnten. Das BOM verpaßte allen seinen Meteorologen einen Maulkorb und verwies Journalisten an die Abteilung für Öffentlichkeitsarbeit.

Zur Website des BOM, zuvor eine stets sprudelnde Quelle von aktualisierten Wetterkarten und Voraussagen, gab es plötzlich keinen Zugang mehr. Die Syd-Hob-Website der Telstra wurde von Nachfragen überschwemmt. Jeder der Beteiligten wußte ein bißchen: Wetterbedingungen, Situation der Boote, Stand der Rettungsmaßnahmen. Doch jeder behielt es mehr oder weniger für sich. Es gab keine Koordination und schon gar keine Offenheit gegenüber der Presse. Das führte dazu, daß von insgesamt sechzig Todesopfern ausgegangen wurde und nahezu ebenso vielen gesunkenen Booten. Die Desinformation war total. Neun Crewmitglieder der *Winston Churchill* trieben wie Korken irgendwo in der Bass Strait, und verletzte Seeleute füllten die Betten der Krankenhäuser von Merimbula und Mallacoota sowie des Perimbula District Hospital, wo ein einziger Arzt rund um die Uhr mehr als vierzig Patienten (vor allem mit Knochenbrüchen, Schnittverletzungen und schweren Prellungen) versorgte, aber einige Männer versuchten bereits, ihre Spuren zu verwischen, um Schuldzuweisungen zu entgehen.

Die widersprüchlichen Informationen erwiesen sich mitunter als verhängnisvoll. Sue Psaltis konnte sich vor Anrufen und Besuchen nicht mehr retten, als in der Berichterstattung die *Midnight Special* mit der *Midnight Rambler* verwechselt wurde.

Am Montag vormittag erfuhr Annie Goodman in Melbourne, daß Glyn Charles vermißt wurde. Kein gewöhnlicher Einwohner von Sydney war von Bord der *Sword* gespült worden, sondern ein britischer Olympionike, elfter in Atlanta mit Medaillenaussichten in Sydney. Als in aller Ausführlichkeit über Glyns Leben und Tod berichtet wurde, weigerte sich Annie, es zu glauben. War er wirklich tot? Sie konnten ihn doch nicht schon aufgegeben haben, oder?

Berichte über Rettungsversuche erschienen auf den Titelseiten, nur noch übertroffen vom Verschwinden der *Winston Churchill.* In Großbritannien trauerte man um Glyn Charles. Auch in Londoner Zeitungen erschienen Berichte über seinen Tod, neben einem Artikel über vier Bergsteiger, die am selben Nachmittag im schottischen Hochland von einer Lawine getötet worden waren. In vielen Zeitungen kritisierten Kommentare abenteuerfreudige Männer und Frauen, die in ihrem Wagemut zu weit gingen und dann mit öffentlichen Geldern gerettet werden müßten. Besonders in Sydney.

Als Glyns Tod offiziell bestätigt wurde, flog Annie nach London zurück und versteckte sich bei Freunden. Sie lehnte es ab, mit irgend jemandem über Glyns Tod zu sprechen.

Margaret Charles, die ihren einzigen Sohn verloren hatte, sah sich zu ihrem Entsetzen Horden von Journalisten ausgesetzt. »Er war ein guter Junge und ist in der Ausübung seines geliebten Sports gestorben«, erklärte sie und forderte die Reporter dann höflich auf, sich aus ihren Blumenbeeten zu entfernen. »Er war ein wunderbarer Sohn, seiner Schwester Merrion ein guter und verständnisvoller Bruder und hat seine Freundin Annie sehr geliebt.«

Es dauerte fast sechs Wochen, bis Margaret Charles Glyns Tod akzeptierte und eingestand, wie sehr sie ihn vermißte. »Am schwersten für mich ist, daß er nicht wiederkommen wird. Nie wieder. Um das zu verstehen, braucht es Zeit, und ich beginne erst jetzt, mich langsam damit abzufinden.«

Die Crew sah die *Sword of Orion* nicht untergehen, aber man ging davon aus, daß sie gesunken war. »Die *Sword of Orion* wurde nicht gefunden, und die Besatzung geht davon aus, daß sie in schwerem Seegang gesunken ist«, stellte Kothe in einer Erklärung fest. Trotz seiner Knieverletzung gehörte Kothe nicht zu den ersten Crewmitgliedern, die die Besatzung des *Sea King*-Hubschraubers rettete. Er wurde drei Stunden später zusammen mit der zweiten Gruppe abgeborgen.

Angesichts der Tragödie hat Steve Kulmar zu einer neuen Einstellung zu seiner jahrzehntelangen Leidenschaft für Hochsee-Regatten gefunden. »Meine nagelneuen Stiefel und mein Ölzeug befinden sich noch immer auf der *Sword of Orion*«, sagte der Mann, der als letzter von Bord gerettet wurde. »Sie ist gesunken. Einen besseren Ort für die Sachen gibt es nicht. Ich werde niemals wieder an einem Syd-Hob teilnehmen.«

Die Bergung der *Sword*-Crew verlief nicht ohne Zwischenfälle. Die Männer sprangen ins Wasser und warteten auf den rettenden Strop. Als der zu Kulmar hinabgelassen wurde, gelang es ihm wegen seiner Rettungsweste nicht, den Gurt über die Schultern zu streifen. Dreimal begann sich die Winde zu drehen, und dreimal fiel er ins Meer zurück. Beim letzten und schwersten Sturz renkte er sich die Schulter aus. Die Strömung hatte Kulmar bereits zweihundert Meter vom Boot fortgetrieben, als die Sea King endlich einen Rettungsschwimmer zu ihm hinunterschickte.

Benommen und verletzt bekam es Kulmar kaum mit, daß der Rettungsschwimmer ihn angurtete. Als er durch die Luft schwebte, bemerkte er über sich einen gleißenden Lichtstrahl. Es war der Sea King-Scheinwerfer, aber Kulmar glaubte, das Leuchten käme direkt vom Himmel. Er wußte nicht mehr, ob er noch lebte oder schon tot war. »Das war ein entscheidender Moment«, sagte er später. »Ich beschloß, nie wieder nach Hobart zu segeln, wenn ich überleben sollte. Dafür bedeuten mir meine Frau, meine Kinder, Familie und Freunde zuviel. Alles andere ist nebensächlich.«

In Newcastle hören die Familien der *Solo Globe Challenger*-Crew voller Freude, daß Tony Mowbrays Männer von einem Helikopter von Bord geholt wurden. Mowbray will nach Eden segeln, muß aber aufgeben und wird von der HMAS *Newcastle* gerettet. Ein Fischtrawler aus Eden sichtet sein Traumboot, und es wird zur Küste geschleppt.

Am Montag funken zwei andere Boote Notrufe. Um 9.55 Uhr bekommt Roger »Hicko« Hickmans *Atara* vor Gabo Island Probleme. Ein bißchen weiter östlich im Schwarzen Loch gerät die Yacht *Miintinta* in Seenot, deren Eigner vor dem Rennen erklärte, genügend Zeit für ausgedehnte Abendessen mit einem Glas guten Wein eingeplant zu haben, »um das Ganze einen Hauch angenehmer zu machen«. Wellen überrollen das Boot, und Wasser dringt ein. Die *Atara* nimmt ihr Mayday später zurück und schafft es aus eigener Kraft nach Eden. Aber die *Miintinta* nimmt weiter Wasser über und sinkt. Ein Fischerboot rettet die Crew gerade noch rechtzeitig. Verärgert erklärt Emerson, er wolle den CYCA und den Bootsbauer auf Schadenersatz verklagen. Nach und nach werden Informationen über Aufenthaltsort und Befinden aller Segler und Boote bekannt, und überall in Australien atmen Verwandte und Freunde auf. Als letztes Boot nimmt die *New Horizons* Kurs auf Eden. Mit ihrem Eintreffen wird am Dienstag bei Tagesanbruch gerechnet. Bei einer von vier Kenterungen verliert die *New Horizons* ihr Funkgerät durch Wassereinwirkung und ruft per Handy Hilfe herbei. Skipper Mike Keliher teilt AusSAR mit, der Mast wäre gebrochen und ihr Motor funktioniere nicht. Ein Polizeiboot wird in die Bass Strait geschickt, um die *New Horizons* in den Hafen zu schleppen.

Die einzigen, deren Schicksal noch nicht geklärt werden konnte, sind die neun Crewmitglieder der *Winston Churchill*. Stündlich berichten Rundfunk und Fernsehen über den aktuellen Stand der Suche. Die Angehörigen der Crew zwingen sich zur Geduld und warten auf Nachrichten über die Sichtung der Rettungsflöße. Mike Bannisters Frau Shirley stellt eine Flasche Champagner bereit, um sie nach geglückter Rettung zu entkorken. Das Paar hat sich vor zwanzig Jahren bei einer CYCA-Veranstaltung kennengelernt, und Shirley scherzt gerne, sie hätte Mike geheiratet, um »die Freude am guten Segeln« mit ihm zu teilen. Sie wiederholt es auch jetzt, wenn auch mit einem kläglichen Lächeln. Bruce Goulds Familie erneuert ihre Versicherung, daß er öfter als jeder andere gefährliche Situationen überlebt hat und auch diesmal mit einem blauen Auge davonkommen wird. Seine Tochter Nancy äußert die Überzeugung, daß das Meer Goulds Leben ist. »Er hat ein sicheres Gespür für die See, kennt sich mit ihr aus. Das wird ihm helfen«, glaubt sie.

Diesen Optimismus kann keiner der auf See treibenden Männer teilen. Nirgendwo ist ein Anzeichen für Rettung zu entdecken. Auf Winnings Floß macht sich Verzweiflung breit. Die Männer leiden unter Austrocknung, Unterkühlung, Entkräftung. Ihre größte Furcht ist es, einzuschlafen und nicht mehr zu erwachen. Lumtin ist überzeugt, eine weitere Nacht im Wasser nicht zu überstehen, und kämpft gegen die Vorstellung an, seine Frau und seine Töchter nie wieder zu sehen. Sobald er die Augen schließt, sieht er die Gesichter seiner Töchter vor sich. Er ist sicher, daß es den anderen ähnlich geht.

Darüber hinaus halluzinieren die Männer und sehen oder hören ständig imaginäre Schiffe und Flugzeuge. Lumtin hat das Gefühl, sich von seinem Körper zu trennen und sieht sich mit dem Gesicht nach unten tot im Floß treiben. Also so sehe ich aus, wenn ich tot bin, stellt er verwundert fest.

Am Nachmittag beginnt sich auf beiden Rettungsflößen die Befürchtung durchzusetzen, daß noch eine weitere Nacht im Wasser überstanden werden muß. Winnings Floß hat sehr viel Luft verloren, und die Männer machen sich darauf gefaßt, nur in ihren Rettungswesten durchs Meer zu treiben. Steamer und Gibbo – der sich zusätzlich mit seiner Rettungsweste an den Floßrand »gekettet« hat – schwören, gegen 15 Uhr ein Rettungsflugzeug gehört zu haben. Aber das Flugzeug entdeckt die Verschollenen nicht. Im Gegensatz zu den jüngeren und unverletzten Männern auf Winnings Boot sind Steamer und Gibbo dem Tod nahe. Das Zusammenwirken von Verletzungen und Auskühlung hat sie bedenklich geschwächt, und keiner der beiden könnte eine weitere Nacht lang gegen das Meer ankämpfen. Der Wind hat zwar nachgelassen, aber noch immer sind die Wellen vier bis sieben Meter hoch, und der Wind bläst mit dreißig Knoten. Wenn vor Einbruch der Nacht sie kein Flugzeug findet, werden die Männer nicht überleben.

Hoch über der Bass Strait sucht Shanes Pashley fieberhaft nach den Männern der *Winston Churchill*. Ungeachtet der Zeitungsartikel, die die Männer bereits für tot erklärt haben, zwingt sich Shane Pashley zur Konzentration, während sein Sea Hawk über die Wogen flitzt. Vierzig Flugzeuge befinden sich über der Bass Strait, und die meisten von ihnen fahnden nach der *WC*. Zusammen mit Aaron Abbott sitzt Shane hinten und sucht Stunde um Stunde den Ozean ab. Seit dem frühen Morgen sind sie in der Luft. Die Aufgabe ist die gleiche geblieben: Mit auf den Horizont gerichteten Augen in der rechten offenen Tür zu sitzen und die Blicke langsam über die Wellen gleiten zu lassen, damit sie jeden dunklen Fleck im Wasser identifizieren. In einem engen Raster sucht Pilot Nic Trimmer über dem Meer. Die Monotonie wird nur unterbrochen, wenn gelegentlich ein PC-3 über ihn hinwegfliegt oder man zum Auftanken zur *HMAS Newcastle* zurückkehren muß. Sobald sich Routine einschleichen will, wechseln Aaron und Shane ihre Positionen. Shane bevorzugt den Platz auf der linken Seite. Da ist die Tür geschlossen, und er kann zum Fenster hinausblicken. Aber weil das sein Gesicht vor dem schneidenden Wind schützt, verlockt es auch zum Einschlafen. Nicht, daß er dieser Gefahr erläge. Dazu dröhnt und vibriert der Rotor des Hubschraubers zu stark.

Hin und wieder verfolgen sie ein EPIRB und sind sich jedesmal sicher, die *Winston Churchill* gefunden zu haben. Doch immer wieder ist es nur ein verlassenes Boot, dessen Crew bereits gerettet wurde. Bei einer dieser Yachten handelt es sich um die *Business Post Naiad*, in der sich noch immer die sterblichen Überreste von Guy und Skeggs befinden. Sie entdecken auch die leere *Solo Globe Challenger*, die darauf wartet, an Land geschleppt zu werden.

Nicht mehr lange, und wir müssen wegen Dunkelheit abbrechen, denkt Pashley. Vielleicht noch ein Auftanken, dann geht es zurück.

Gegen sechzehn Uhr überfliegt ein Suchflugzeug Winnings Floß. Hastig schießt Winning eine Signalkugel ab. Aber die Maschine läßt nicht erkennen, daß man sie gesichtet hat, und enttäuscht sinken die vier zurück. Es sieht nicht so aus, als würde der Himmel aufklaren, und die Wellen branden noch immer hoch auf. Die Männer fragen sich, ob ihre letzte Chance vorüber ist.

Zwanzig Minuten später kommt ein weiteres Flugzeug. Diesmal werden die Landelichter an- und ausgeschaltet.

Die vier Männer brechen in Jubelschreie aus. Tränen treten ihnen in die Augen, und sie beginnen, von ihren Familien, warmen Betten, gefüllten Tellern und trockenem Boden unter den Füßen zu träumen. Hoffnung durchpulst ihre Adern. Sie haben endlose Stunden im Fegefeuer verbracht – nicht mehr ganz lebend, noch nicht ganz tot. Plötzlich ist der Tod eine ferne, fast irreale Vorstellung.

Das Flugzeug fliegt auch über Steamer und Gibbo hinweg. Wie verrückt winkt Steamer mit der im Floß zurückgebliebenen Rettungsweste. Da er eine weiße Jacke trägt, ist Stanley überzeugt, daß sie gesehen wurden. »Sie haben uns gefunden, Gibbo. Wir sind gerettet.«

Dann hören sie noch einen Hubschrauber. Ihre Glücksgefühle kennen keine Grenzen. Endlich findet das Drama ein Ende, und die beiden Freunde atmen auf. Sie haben es geschafft.

Aber der Hubschrauber rattert über sie hinweg. Es ist *Helimed 1* auf dem Weg zu Winnings Floß. Beide Rettungsinseln sind in den dreiundzwanzig Stunden seit dem Untergang der *Winston Churchill* fast hundert Meilen abgetrieben worden. Die Suche hat so lange gedauert, weil niemand auf den Gedanken kam, so weit entfernt von der letzten Position der *WC* zu suchen.

Fassungslos starren Steamer und Gibbo *Helimed 1* hinterher. Bestimmt dreht der Helikopter um. Er muß doch zurückkommen. Aber schnell verschwindet der Chopper hinter dem Horizont. Das war's also. Sie werden auf einem zerfetzten deutschen Rettungsfloß in der Bass Strait sterben.

Ganz anders ist die Lage auf Winnings Floß. Als das rettende Kabel herabgelassen wird, brechen die Männer in Freudenschreie und Glückstränen aus. Erst als sie sich sicher an Bord des Hubschraubers befinden, denken die vier an ihre Kameraden und daran, daß sie noch immer irgendwo da unten sind. Die Männer von Winnings Floß werden nach Mallacoota gebracht, und ganz Australien beginnt, ihre Rettung zu feiern. Bei der Nachricht von Michael Rynans Rettung schluchzt seine Mutter hemmungslos. Sie setzt sich mit ihrem Mann unverzüglich ins Auto, um nach Mallacoota zu fahren. Bei den Familien von Richard Winning, Paul Lumtin und Bruce Gould fließen Sekt und Bier in Strömen. Ihre Freude wird zwar durch die Vorstellung gedämpft, daß ein zweites Rettungsfloß noch nicht gefunden ist, aber die Männer in Sicherheit zu wissen ... Das Glück der vier Familien ist grenzenlos. Als Michael Bannisters Angehörige erfahren, daß ein Floß der *WC* gefunden wurde, entkorken auch sie eine Flasche Sekt. Bestimmt ist ihr Dad unter den Geretteten.

Inzwischen beginnt es zu dämmern. Zwei PC-3 Orion kurven über dem Ozean und versuchen, Steamer und Gibbo zu orten, bevor es dunkel wird. Man hatte schon angenommen, sie gefunden zu haben, doch die Sichtung erwies sich als falsch. Als das Flugzeug zurückkehrte, waren die Männer verschwunden, und von einem Floß ist nichts zu entdecken. Auch als die RAAF Orion das Meer mit Wärmesensoren absucht, bringt das keinen Erfolg. Für Steamer und Gibbo sieht es nach einer weiteren Nacht auf See aus.

Gegen acht Uhr entdeckt jemand von der Orion das Floß. Aber da die Wärmesensoren nicht reagieren, hält das Besatzungsmitglied die Männer für tot. Es wird nach einem Rettungshubschrauber gefunkt.

In Shanes Pashleys *Sea Hawk* hört man den Funkspruch, als die Suche gerade abgebrochen werden soll. Nic Trimmer hat zwar genügend Treibstoff für eine Rettung, aber schnell muß es gehen: Es wird dunkel. Als der Hubschrauber endlich über Steamer und Gibson anlangt, ist es Nacht. Per Funk gibt Trimmer durch, sie hätten ein Floß mit zwei Überlebenden gesichtet. Pashley steckt bereits in seinem Taucheranzug und gleitet zum Floß hinab. Als Trimmer zum Fenster hinunterblickt, beeindruckt ihn Steamers und Gibbos »Routiniertheit«. Rettungscrews schätzen es, wenn Überlebende die Verdecke ihrer Flöße entfernen, um die Bergungsarbeiten zu erleichtern. Normalerweise müssen sie erst dazu aufgefordert werden.

Gegen eine starke Strömung schwimmt Pashley langsam auf das Floß zu. Der Wind kommt immer noch in Böen, und die Wellen sind überraschend steil und aggressiv. Er packt die Griffringe, schwingt sich ins Floß und erwartet, auf dem Hartgummiboden zu landen, befindet sich jedoch wieder im Wasser. Irgendwie geht ihm gar nicht auf, daß das Floß keinen Boden mehr hat. Pashley müht sich wieder an die Oberfläche und sieht sich nach den Überlebenden um. Die beiden Burschen, erzählt er später, ließen Arme und Beine über den Rand hängen, als säßen sie in einer Badewanne. Gibson trägt sein Ölzeug, aber Steamer nur Shorts und eine leichte Windjacke. Auf den ersten Blick erkennt Shane, daß beide unter Schock stehen.

»N'Tag«, sagt Pashley lässig.

»Wir freuen uns, Sie zu sehen, Mann«, erwidert Steamer so ausdruckslos, als wäre Pashley ein alltäglicher Anblick. Er würde ja gern mehr Begeisterung zeigen, aber dazu fehlt ihm die Kraft. Die beiden sehen aus wie der Tod auf Latschen, denkt Pashley, als er Gibbos Sicherheitsgurt vom Floß löst und ihm das Rettungsgeschirr umlegt.

Gibson und Shane Pashley treten ihre Reise in die Lüfte an. Aber ganz scheint sich die Wetterbombe von ihrem Spielzeug noch nicht trennen zu können. Mit voller Wucht entlädt sich eine letzte Jetstreambö gegen die *Sea*

Hawk. Trimmer kann seine Position nicht halten, und der Chopper wird zweihundert Meter zur Seite gedrückt. Das andere Ende des Kabels zerrt Pashley und Gibson durch die Wellen. Nachdem er achtundzwanzig Stunden lang Salzwasser geschluckt hat, ist Gibsons Zunge buchstäblich auf doppelte Mundgröße angeschwollen. Jetzt dringt noch mehr in seine Kehle, und Gibbo beginnt zu würgen. Er möchte erbrechen, als das Salzwasser seinen Magen aufbläht, aber das kann er nicht. Er würgt nur und würgt.

Schnell verändert Pashley ihre Positionen, so daß Gibson höher am Kabel hängt, über den Wellen. Es vergeht eine Ewigkeit, bis sich das Kabel wieder in Bewegung setzt. Schließlich ist Gibson im Helikopter, wird sofort in eine Thermodecke gewickelt und bekommt einen Schluck Süßwasser zu trinken. Seine Hand muß mikrochirurgisch behandelt werden, und es heißt, daß er nach Canberra geflogen wird, sobald Stanley geborgen ist.

Shane Pashley tritt wieder an die Hubschraubertür und nickt Abbot zu, das Kabel hinunterzulassen. Doch in diesem Moment dringt Trimmers Stimme aus Abbots Kopfhörer: »Die Böen machen den Autohover unwirksam.« Wenn Pashley in dieser Dunkelheit hinunterrutscht und aus irgendeinem Grund nicht zum Strop zurückfindet, gibt es keine Garantie, daß sie ihn wieder nach oben holen können. Er muß also im Chopper bleiben. Der Strop wird ohne Rettungsschwimmer hinabgelassen.

Nachdem er so lange auf die Stars des australischen Rettungswesens gewartet hat, ist Steamer Stanley nun doch noch allein für seine Rettung zuständig. Sein Schicksal liegt in seinen eigenen Händen. Für einen Hochseesegler eine durchaus passende Entwicklung der Angelegenheit.

Der Strop wird hinuntergeworfen. Aber Steamer ist zu schwach, um die Arme über dem Geschirr zu verschränken. Als sich die Winsch in Bewegung setzt, rutscht er aus dem Rettungsgeschirr. Beim zweiten Versuch erhebt er sich sieben Meter in die Luft, bis er erkennt, daß ihm das Floß folgt, weil er sich mit einem Bein am Gummiring angeseilt hatte. Freiwillig läßt sich Steamer ins Wasser zurückfallen. Er ist zutiefst entmutigt. Es bedarf einer ganzen Anzahl weiterer Versuche, bevor er aus dem Wasser gezogen werden kann. Mit angehaltenem Atem sehen Pashley und Abbot ihm entgegen. Wird er abstürzen oder nicht? Als Stanley nahe genug ist, beugen sich beide vor, packen ihn und ziehen ihn in den Hubschrauber. Fassungslos starrt die *Sea Hawk*-Besatzung auf Steamers nackte Beine, die Arme, die Hände. Nie hätten sie geglaubt, daß menschliche Haut so runzlig werden kann.

»Wo sind die anderen?« fragt Pashley.

»Über Bord gegangen.«

Am nächsten Morgen werden Jim Lawler und Mike Bannister von einem Rettungsteam entdeckt, zu dem auch Tanzi Lea gehört, der RAF-Hubschrauberpilot, der sich an Rettungsflügen über der Irischen See während des Fastnet Race 1979 beteiligt hatte. Die Männer tragen noch immer ihre Rettungswesten. John Dean bleibt verschollen.

»Ich habe gewußt, wen ich heirate«, sagt Shirley Bannister, als sie die Todesnachricht erhält, und lehnt sich haltsuchend an ihren Sohn Stephen. »Und ich akzeptiere das.«

Erschüttert erfährt Bill Psaltis, daß sein alter Freund Jim Lawler nicht wiederkommen wird. Angst durchzuckt ihn, die Furcht, daß Ed und Arthur ein ähnliches Schicksal erlitten haben könnten. Schnell verdrängt er diesen Gedanken. Seine Jungen werden es schaffen, hofft Bill Psaltis. Sie werden heil zurückkommen.

»Festliches Finale des Telstra Sydney to Hobart Race 1998

Böllerschüsse, ein spektakuläres Feuerwerk, Jazzbands, Champagner und eine feierliche Pokalübergabe am historischen Constitution Dock werden die ersten drei Yachten begrüßen, die das Telstra Sydney to Hobart Race 1998 beenden.

Der Cruising Yacht Club of Australia und der Royal Yacht Club of Tasmania vertreten die Ansicht, daß das Finale dieses 54. Hochsee-Rennens in einer ähnlich festlichen Atmosphäre stattfinden sollte wie das Whitbread Round the World Race und Grand Prix-Regatten.

Sobald die Sieger-Yacht die Ziellinie im Derwent am Geschützplatz überfährt, feuert die Armee eine Kanone ab. Bei ihrer Fahrt zur Anlegestelle am Constitution Dock wird die Yacht ein über die neue Kings Pier Marina in Sullivan Cove gespanntes Band durchtrennen – empfangen von Jazzbands, Feuerwerk sowie Tausenden von Tasmaniern und auswärtigen Gästen.

Der ›Line Honors‹-Gewinner wird – wie auch die zweite und dritte Yacht – längs einer großen am Constitution Dock vertäuten Barke anlegen, wo erstmals in der 54jährigen Geschichte dieser klassischen Hochseeregatta sofort nach dem Anlegen der Preis der ›Line Honors‹, die JH Illingworth Trophy, übergeben wird. Alle Crewmitglieder der Gewinner-Yacht erhalten eigens entworfene Telstra-Medaillen. Damit werden – mit Ausnahme des Jubiläumsrennens von 1994 – erstmals die Verdienste der Crew gewürdigt.

Eine weitere Neuerung sind die Auszeichnungen mit Preisen für die Yachten, die die Regatta über 630 Seemeilen als zweite und dritte beenden. Skippern und Crews der Sieger-Yachten wird dabei die Gelegenheit gegeben, den Medien und der Öffentlichkeit über eine Lautsprecheranlage von ihren Erlebnissen während des Rennens zu berichten.

Presseerklärung vom 17. November 1998«

Hobart

29. und 30. Dezember

Eine einzige Kanonensalve kündigt die Ankunft der *Sayonara* in Hobart an. Auf Feuerwerk und andere Festlichkeiten wurde verzichtet. Anstelle von Jazzbands spielt ein Dudelsackpfeifer einen Choral. Klagend hallen die Klänge über das Constitution Dock. Benommen und wie unter Schock legt die *Sayonara*-Crew an. Wegen des Ausfalls ihres Funkgeräts hat sie erst eine Stunde zuvor durch ein Channel 10-Boot von den Katastrophen erfahren, das ihr entgegenkam und um Stellungnahmen bat. Tief betroffen und nach Worten ringend gehen die Männer von Bord. Einige werden von ihren Frauen erwartet, die sich nun mit Freudenschreien auf sie stürzen. »Ich dachte schon, ich würde dich nie wiedersehen«, ist immer wieder zu hören, während sich Ehepaare glücklich in den Armen liegen, einander küssen und liebkosen.

Bill Woods sieht aus der Ferne zu. Der Channel 10 beendet seine dreitägige Berichterstattung aus Hobart. Was eine unbeschwerte, festliche Show am Derwent River werden sollte, hat mit dem Bekanntwerden der Verlustzahlen immer mehr die Form einer Trauerfeier angenommen. Fünfunddreißig Segler aus Seenot gerettet, sechs tot.

Zwei Opfer – Glyn Charles und John Dean – auf See verschollen. Normalerweise führt Woods das Rudel der informationshungrigen Journalisten an. Als er jetzt sieht, wie Larry Ellison von Reportern geradezu überfallen wird, wahrt Woods Distanz. »Damit wollte ich nichts zu tun haben«, sagt er später. »Ich hatte gerade einen Livebericht abgeliefert und eine Stunde Zeit bis zum nächsten. Ich wollte nicht zu den Booten. Ich wollte diese Männer in Ruhe lassen.«

Lachlan Murdoch betritt das Constitution Dock. Nachdem er die Bewährungsprobe bestanden hat, wird er innerhalb eines Monats im Medienimperium seines Vaters die Zügel übernehmen.

Die *Sayonara* konnte den Rekord der *Morning Glory* nicht unterbieten, verfehlte ihn um fünf Stunden. Und obwohl sie am südlichen Rand des Unwetters entlangsegelte, hätten Wind und Wellen die *Sayonara* fast zerbrochen. Sie pflügte schnurgerade über Wellenkämme, um nahezu im freien Fall in ein Wellental zu stürzen. Das hob die Männer an Deck während des Fünf-Sekunden-Falls fast einen Meter hoch in die Luft. Bei einem derartigen Sturz brach sich Phil Kiely, der Besitzer von Oracle Australia, den Knöchel. Auch das Boot erlitt Schäden. Die Beschläge schienen sich aufzulösen, und am Rumpf riß die Beschichtung auf. Später spielte ein Oracle-Sprecher die Schäden herunter und betonte, es ginge lediglich um ein paar fortgewehte Spinnaker und die Lockerung der Vorliekschiene am Mast. Es könne keine Rede davon sein, daß das Deck erneuert werden müsse oder daß das Boot nicht mehr seetüchtig gewesen wäre. Aber die Schäden waren jedenfalls schwerwiegend genug gewesen, Ellison so in Panik zu versetzen, daß er vorzeitig anordnete, auf die tasmanische Küste zuzuhalten. Navigator Mark Rudiger wandte ein, daß das der *Brindaballa* Chancen zum

Aufholen geben würde. »Wenn das Boot sinkt, können wir auch nicht gewinnen«, entgegnete Ellison trocken und befahl Rudiger, über Stag zu gehen.

Jetzt kämpft Ellison vor den Reportern mit den Tränen. »Das Segeln sollte gewisse Anforderungen stellen. Aber nicht gefährlich sein und schon gar nicht lebensbedrohlich. Und wenn ich tausend Jahre alt werden sollte, nehme ich an keinem Syd-Hob mehr teil. Nie wieder.«

Graeme Freeman, ein weiteres Besatzungsmitglied der *Sayonara* und mit fünfundzwanzig Teilnahmen ein Syd-Hob-Veteran, zeigt typisch australische Nonchalance. »'84 war es schwieriger«, erklärt er knapp. Aber dann fügt auch er hinzu, daß es sein letztes Syd-Hob gewesen sei.

Am frühen Dienstagmorgen, fünf Stunden bevor die *Sayonara* in Hobart anlegt, entdeckt Ed Psaltis Riementang im Wasser. Das ist ein gutes Zeichen. Es bedeutet, daß Land in der Nähe ist. Obwohl Bob ein hervorragender Navigator ist, hat sich Ed Sorgen um die Position der *Midnight Rambler* gemacht. Seit nach dem GPS auch das Ersatzgerät ausfiel, navigierte Bob nach Koppelbesteck. Dazu muß der Steuermann genau über seine Peilung informieren. Bei ihrem direkten Südkurs liegt dieser Winkel zwischen 175 und 180 Grad.

Danach muß Bob den Leeweg berechnen, die Abdrift, um die Wellen und Strömung die *MR* vom Kurs abbrin gen. Das ist nicht so einfach, weil Bob über keine Instrumente mehr verfügt, um Windgeschwindigkeit und Strömung zu messen. Auch die Bootsgeschwindigkeit kann er nicht messen – nur schätzen, da sie vor dem Ausfall des Fahrtmessers 7,5 Knoten betrug. Während des gesamten Unwetters hatte Ed die Sturmfock gesetzt, war nie vor Topp und Takel gelaufen, so daß sich keine Veränderung der Segelfläche auf die Geschwindigkeit ausgewirkt haben kann.

Dann faßt Bob alle Informationen zusammen und trägt unter Beachtung der Mißweisung ihre ungefähre Position auf seiner Karte ein. Er überprüft alle Daten noch einmal und bestimmt ihre Position dann aus dem Bauch heraus. »Ein guter Navigator verfügt über einen sechsten Sinn, der ihn erkennen läßt, wie alle Faktoren aufeinander einwirken«, sagt Ed gern. Ein solcher Navigator ist Bob. Daher »verkauft« Bob bei den Meldungen ihre angenommene Position als die wahre. Am Montag nachmittag befinden sie sich nicht unter den ersten zehn Booten und hören mit Enttäuschung, daß Bruce Taylor das Rennen abgebrochen hat. Vor allem ging es Ed darum, die *Chutzpah* zu schlagen. Er wünschte sich sehnlichst, die *Chutzpah* weit hinter sich zu lassen, das wäre Genugtuung genug gewesen. Doch damit wird es nun nichts mehr.

An Deck ist es stockdunkel, als Bob unter Deck die 3.05 Uhr-Meldungen abhört und Positionen festhält. Es ist klar, daß die *Sayonara* gewinnen wird, in zweistündigem Abstand gefolgt von der *Brindabella*. Der Sturm hat sich mit der *MR* nach Süden bewegt, und so segelt er noch immer bei Windgeschwindigkeiten von vierzig Knoten. Aber er ist in angriffslustiger Stimmung, und das Hauptsegel ist gehißt. Plötzlich kommt Bob an Deck gestürmt und schreit Ed zu, das Hauptsegel einzuholen.

Sofort gibt Ed den entsprechenden Befehl. Da Bob eine solche Forderung nicht leichtfertig äußern würde, ist Ed davon überzeugt, daß unter Deck etwas ganz Entscheidendes nicht stimmt.

»Was ist? Was ist los?«

»Die Meldung ...«

»Was ist damit?«

»Wir liegen ganz gut.«

»Wie gut?«

»Ed, Junge ... wir gewinnen!«

Ed verschlägt es die Sprache. Vor Freude und Verblüffung bringt er kein Wort über die Lippen.

»Wir liegen sogar so gut«, fährt Bob fort, »daß wir schon etwas unsagbar Dämliches machen müßten, um das Rennen noch zu verlieren – zum Beispiel uns das Großsegel fortreißen zu lassen.«

Die Partner sehen sich an und wissen nicht, ob sie lachen oder weinen sollen. Es ist ein Augenblick, den sie in ihrem ganzen Leben nicht mehr vergessen werden. Ed ruft der Deckmannschaft die frohe Botschaft zu, während Bob unter Deck geht und den Rest weckt. Eine begeisterte Crew versammelt sich um das Cockpit und heult den Mond an. Sie packen es! Hundert Meilen vor Hobart, und das nach einer Abkürzung mitten durch den schlimmsten Sturm in der Syd-Hob-Geschichte. »Sind wir nun großartige Segler oder nicht?« schreien sie einander in die Ohren. »Es ist doch unser Jahr!«

In den nächsten vierundzwanzig Stunden bekommt keiner eine Auge zu. Die *Sayonara* läuft am Dienstag vormittag ins Ziel ein, danach die *Brindabella* und die *Ragamuffin*. Dann umrundet die *Midnight Rambler* Storm Point und fährt den Derwent River hinauf. Das ist der Moment, von dem Ed schon als Kind geträumt hat: Am Ruder seines eigenen Bootes zu stehen und es die letzten paar Meilen auf das Ziel zuzusteuern. Über Funk treffen die ersten Glückwünsche ein, als die anderen Regattateilnehmer mitbekommen, daß die *MR* wahrscheinlich gewinnen wird. Dann legt sich der Wind, und Ed liegt eine Weile in der Flaute. Doch dann treibt sie eine Bö auf das Constitution Dock zu. Es ist Mittwoch morgen, fünf Uhr früh, die Sonne ist kaum über den Horizont gestiegen. Aber auf dem Dock drängen sich Gratulanten und Medienvertreter.

Vertäut liegen die Maxis nebeneinander. Nur fünf haben das Ziel erreicht. Niemand an Bord der *MR* hat ein Handy, daher kann Ed die beiden Menschen nicht sofort anrufen, mit denen er sprechen möchte. Zunächst natürlich Sue. Sie hat zu ihm gehalten, ihn unterstützt, an ihn geglaubt. Er sehnt sich danach, mit ihr zu sprechen, ihr zu erzählen, was geschehen ist, mit ihr zu lachen. Vielleicht – nein, bestimmt – würde er sie bitten, die Jungs zu wecken und ihnen zu sagen, daß es Dad gutgeht und daß er das Sydney to Hobart Race gewonnen hat. Er würde Sue sagen, wie sehr er sie liebt und wie schön es wäre, wenn sie jetzt bei ihm sein könnte, um seinen großen Moment mit ihm zu teilen.

Danach würde er seinen Vater anrufen. Bill Psaltis würde ihm gratulieren – verhalten natürlich –, vielleicht an das Jahr erinnern, in dem es die *Meltemi* fast geschafft hätten und Ed Grüße an ein paar alte Segelfreunde auftragen. Dann würde Arthur das Handy übernehmen und müßte sich das gleiche anhören.

Aber niemand hat ein Handy. Und so hört sich Ed den scherzhaften Vorschlag seiner Kameraden an, eine Siegesrunde zu fahren, und steuert seine 35-Fuß-Schönheit an die Anlegestelle. Er zielt gut, und Arthur wirft die Leine aus. Und kurz bevor die *Midnight Rambler* – endlich wieder an Land, in Sicherheit – sanft gegen den Anleger stößt, fällt ihm ein Gesicht in der Menge auf. Aber er muß sich irren! Sie kann es unmöglich sein!

Sue!

Strahlend sieht sie ihn an. Neben ihr steht ein Kasten Bier. Ed kann gar nicht schnell genug von Bord kommen. Er fällt ihr in die Arme. Diese Frau ... Diese unglaubliche Frau ... »Herzlichen Glückwunsch«, sagt sie und drückt ihre Wange zärtlich an sein Gesicht.

»Ich liebe dich«, flüstert er. »Wie ich mich freue, dich zu sehen. Ich bin unendlich glücklich.«

Einen Moment stehen sie eng umschlungen da. Dann kommt Arthur und drückt Ed ein Mobiltelephon in die Hand. »Es ist Dad.«

Und dann hört Ed Psaltis etwas, was er noch nie gehört hat: Sein Vater schluchzt. Bill will Ed nur sagen, wie froh er ist, daß es seinen Jungen gutgeht. Ed und Arthur sind heil und gesund, und Bill will ihnen sagen, daß er glücklicher nicht sein könnte.

»Da ist noch etwas, Ed«, sagt Bill zögernd, nachdem sie über das Unwetter gesprochen haben. Noch wird Ed von maßlosen Glücksgefühlen (es ist tatsächlich unser Jahr!) beherrscht, aber irgendwo in seinem Hinterkopf lauert auch die Erkenntnis, wie knapp er und seine Männer einer Katastrophe entkommen sind. Nur eine Welle mehr bei den beiden Kenterungen, und sie wären entmastet worden. Man kann es als enormes seglerisches Können bewerten, daß sie die *Midnight Rambler* durch den Sturm gebracht haben, man kann aber auch sagen, daß sie eine Menge Glück hatten.

»Und was, Dad?«

Wieder stehlen sich Tränen in Bills Stimme. »Jim Lawler ist auf See geblieben.«

Ed ist tief betroffen. Jim war ein großartiger Segler. Und großartige Segler bewältigen alles. Eine solche Legende kann eine Crew ein gesamtes Rennen hindurch motivieren. Die Vorstellung zählt, daß ein so überragender Könner mit den Problemen fertig wird. Und alle wieder nach Hause bringt zu ihrer Familie und allem, was im Leben wirklich zählt. Aber Jim Lawlers Tod straft die Legende Lügen. Später, als Ed von den anderen Opfern erfährt, wird ihm klar, daß sie alle und ausnahmslos gute Seeleute waren. In den kommenden Monaten, in jenen stillen Momenten, in denen kein Raum für Renommier- und Imponiergehabe ist, wird Ed darüber immer wieder nachdenken. Und erkennen, daß er sich auf einem Boot in der Bass Strait nie wieder sicher fühlen wird.

Am Mittwoch um fünf Uhr nachmittags beendet das AusSAR-Team offiziell die fünfzigstündigen Such- und Rettungsbemühungen während der Sydney to Hobart Race. Die beiden verschollenen Segler werden nie gefunden.

»Leben ist keine gefahrlose Beschäftigung. Das Leben ist voller Risiken.«

Chris Dickson, Steuermann der Sayonara

Epilog

Portsmouth

Hugo van Kretschmar räuspert sich. »Wir werden euch vermissen«, sagt er dann ruhig, aber sehr klar. »Stets werden wir uns an euch erinnern. Aus den tragischen Umständen eures Todes werden wir Lehren ziehen. Möge euch die nie endende Fahrt, zu der ihr aufgebrochen seid, bei sanftem Wind über eine ruhige See führen. Möget ihr nie reffen oder neue Segel setzen müssen. Mögen eure Kojen stets warm und trocken sein.«

Fünftausend Seeleute, Fischer, Rettungsschwimmer, Hubschrauberpiloten und Einwohner von Hobart haben sich am Nachmittag des Neujahrstages am Constitution Dock versammelt. Sie sind gekommen, um von den sechs Toten des Sydney to Hobart Race Abschied zu nehmen. Auf allen Booten im Hafen stehen die Flaggen auf Halbmast. Eine kleine Seebrise weht den Derwent herauf und versetzt sie in leichte Bewegung.

Als nächste ergreift Karen Guy das Wort und erzählt von einem Vater, dessen Leidenschaft Weihnachten immer gleichbedeutend mit Segeln machte. »Für immer werden die Feiertage in mir unbeschwerte Erinnerungen wachrufen, glückliche, kostbare Erinnerungen.«

Steve Kulmar erinnert an Glyn Charles, rühmt seine Seglertalente und seine Kameradschaft. »Er war ein guter Kerl«, schließt ein ergriffener Kulmar. Neben ihm stehen die Außenseiter der *Sword of Orion* – alle verletzt und mitgenommen, ganz in Schwarz, sichtlich erschüttert.

Richard Winning spricht davon, daß er drei gute, alte Freunde verloren hat. »Das Meer ist ungeheuer groß, und unsere Boote sind so klein«, sagt er leise. Von seiner üblichen Gelassenheit ist nichts geblieben, er ringt um Fassung. Er habe nicht vor, wieder zu segeln, nie wieder. Er hat »drei wundervolle Kameraden« verloren, sagt er und erinnert an die vielen Jahre, in denen er mit Mike Bannister, John Dean und Jim Lawler gesegelt ist. Verloren und stumm steht Paul Lumtin in der Nähe. Der Alptraum, nachts allein auf einem Rettungsfloß durch die Wellen zu treiben, wird ihn sein ganzes Leben nicht mehr verlassen, und er hat angefangen, abends zu trinken, um überhaupt einschlafen zu können.

Unter den verhaltenen Glockenklängen der St. David Cathedral werden Blumenkränze ins Wasser geworfen. Hemmungslos beginnen die Segler des Sydney to Hobart Race zu schluchzen. Sie gedenken ihrer toten Kameraden, erinnern sich an ihre eigene Panik und Furcht, als die See versuchte, ihre Boote zu zerstören. Unendlich froh, mit dem Leben davongekommen zu sein, schütteln sich Richard Winning und Rob Kothe die Hände. Sue Psaltis klammert sich an Ed, als wolle sie ihn nie wieder loslassen. Wie kann sie ihn jemals wieder hinaussegeln lassen?

In Ed hat eine gewisse Leere die Freude über den Sieg ersetzt. Freunde sind gestorben, er hat seinen Traum verwirklicht, er braucht ein neues Ziel. Aber wie könnte das aussehen, nachdem er das Syd-Hob gewonnen hat? Diese Frage bedrückt ihn, gibt ihm zum ersten Mal ein Gefühl von Orientierungslosigkeit, seit er Barrenjoey Head bestiegen hat.

»Diese Abschiedszeremonie war notwendig«, erklärt van Kretschmar, als die Feierstunde ausklingt. »Jeder Segler hier braucht das Gefühl, mit Gleichgesinnten zusammenzusein, um die Ereignisse verarbeiten zu können.«

Das sieht man auch in Portsmouth so. Und so wird Glyn Charles' einen Monat später von jenen gedacht, die ihn kannten und liebten. Die Außenseiter der *Sword of Orion* fliegen nach England, um noch einmal Abschied zu nehmen. Darren Senogles erzählt Margaret Charles, wie unendlich traurig er ist, wie sehr er sich bemüht hat, ihrem Sohn zu helfen, aber es gab nichts, was er hätte tun können. Die Wellen waren zu monströs. Er empfindet heftige Schuldgefühle und erklärt immer wieder, wie verzweifelt er versucht hat, Glyn zu retten.

Und Margaret Charles tröstet den jungen Mann. Als Mutter eines Seglers weiß sie sehr viel mehr über die See als ihr Sohn, seine Freunde und andere Seeleute.

Die Kirchenglocken von Portsmouth läuten für Glyn Charles, wie sie im Lauf der Jahrhunderte immer wieder für Seeleute erklungen sind. Und von Portsmouth bis Australien werden Margaret Charles' Worte in dieser oder jener Form von allen Familien wiederholt, die einen Segler verloren haben. »Er ist auf dem Meer gestorben«, sagt sie zu Dags und sieht ihm so fest in die Augen, daß es seine Schuldgefühle ein wenig mildert. »Beim Segeln, das er über alles geliebt hat. Anders hätte er es nicht haben wollen.«

Über Abenteuer und die Motivation der Menschen, die das Abenteuer suchen, äußert sich Hugo van Kretschmar einen Monat später in Sydney am treffendsten. Ein Reporter will wissen, ob die Tragödie die Teilnehmerzahlen am Syd-Hob schrumpfen lassen wird.

»Ganz im Gegenteil«, entgegnet er und lächelt grimmig. »Ich rechne damit, daß die Ereignisse die Regatta nur noch attraktiver machen werden.«

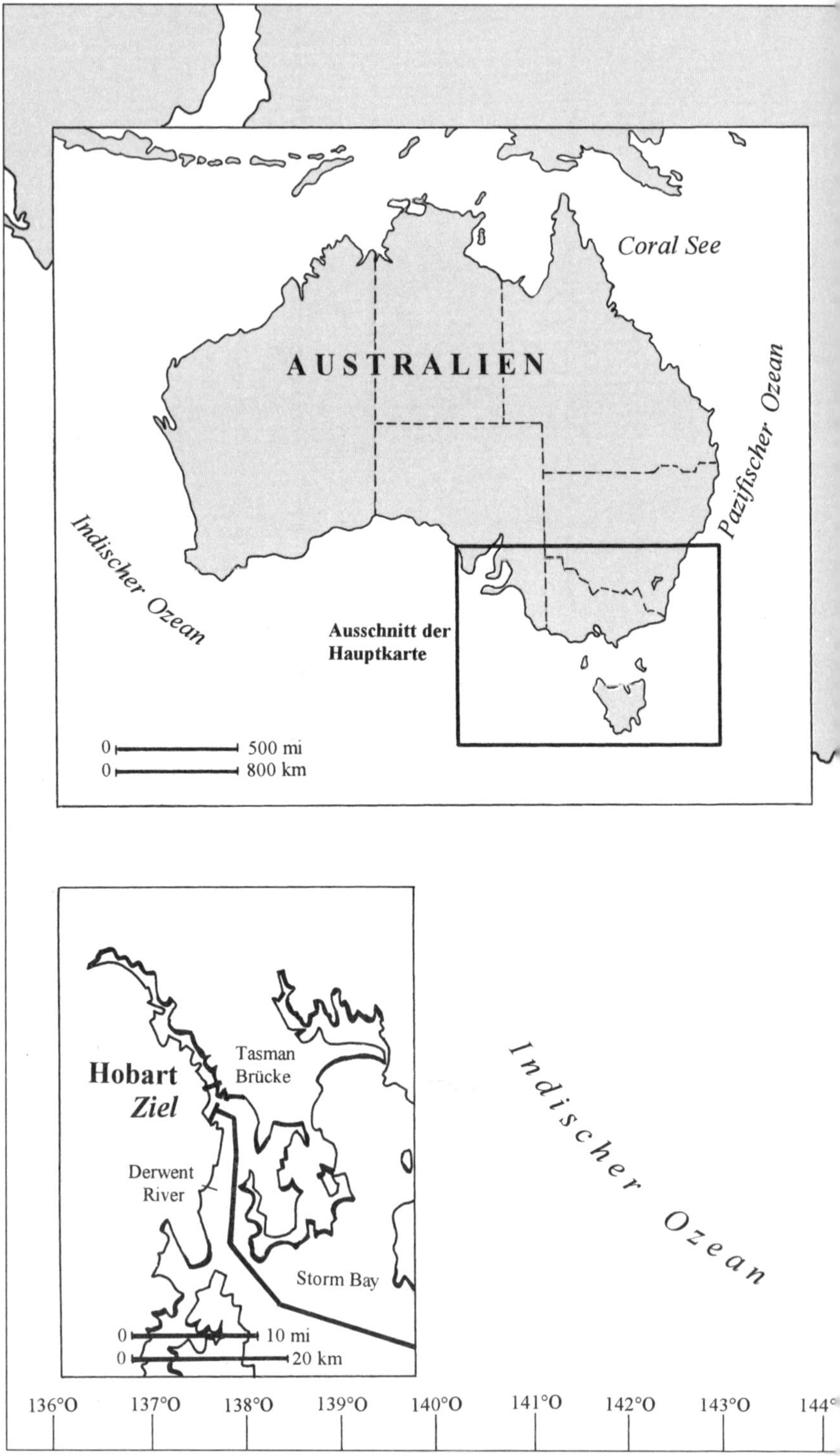
Coral See
AUSTRALIEN
Pazifischer Ozean
Indischer Ozean
Ausschnitt der
Hauptkarte
0 500 mi
0 800 km
Hobart
Ziel
Tasman
Brücke
Derwent
River
Storm Bay
0 10 mi
0 20 km
Indischer Ozean
136°O
137°O
138°O
139°O
140°O
141°O
142°O
143°O
144°